U1011559

对外经济贸易大学
远程教育系列教材

公司法

Company Law

丁丁　张娜　冯静茹　编著

对外经济贸易大学出版社
中国·北京

内 容 简 介

本书是为公司法的初学者以及对公司法感兴趣的读者所编写的简明教程，力求在较短篇幅内，用精练的语言诠释我国《公司法》的要旨和内涵，并对基础性的公司法原理、主要的公司法制度、主要西方国家公司法的相关规定加以介绍和阐述，便利读者了解法律条文背后的立法意图和考量。

图书在版编目（CIP）数据

公司法 / 丁丁，张娜，冯静茹编著. —北京：对外经济贸易大学出版社，2012（2014.05 重印）
对外经济贸易大学远程教育系列教材
ISBN 978-7-5663-0471-1

Ⅰ.①公… Ⅱ.①丁… ②张… ③冯… Ⅲ.①公司法-中国-高等学校-教材 Ⅳ.①D922.291.91

中国版本图书馆 CIP 数据核字（2012）第 223398 号

公 司 法

Company Law

丁 丁 张 娜 冯静茹 **编著**

责任编辑：张 洁

对外经济贸易大学出版社
北京市朝阳区惠新东街 10 号 邮政编码：100029
邮购电话：010-64492338 发行部电话：010-64492342
网址：http://www.uibep.com E-mail：uibep@126.com

北京京华虎彩印刷有限公司印装 新华书店北京发行所发行
成品尺寸：185mm×230mm 13.75 印张 276 千字
2012 年 10 月北京第 1 版 2014 年 5 月第 2 次印刷

ISBN 978-7-5663-0471-1
印数：3 001-4 000 册 定价：25.00 元

对外经济贸易大学远程教育系列教材

编审委员会名单

总　　序

中国远程教育的发展经历了三代：第一代是函授教育；第二代是广播电视教育；20世纪90年代，随着现代信息技术的发展，以网络为基础的第三代现代远程教育应运而生。到目前为止，教育部批准开展现代远程教育试点的高校共67所。对外经济贸易大学远程教育学院（简称"贸大远程"）是在中国加入WTO后的第一年，于2002年3月正式成立的。

现代远程教育作为新生事物，对传统的教学模式、学习习惯、获取新知的途径等产生了巨大的冲击。如何在网络时代打造学习型社会，构筑终身教育体系，是当今时代的重大课题，现代远程教育试点高校为此进行了许多卓有成效的探索。在网络教育的具体实践中，贸大远程始终坚持依托学校的整体优势和特色，坚持知识的内在逻辑性与职业、行业的市场需求的统一，坚持开展面向广大在职人员的现代远程教育，逐步形成了独具我校特色的"7+1"学习模式（即网络课堂、网上答疑、课程光盘、教材资料、适量面授、网上串讲、成绩检测，以及第二课堂活动），为学生个性化学习提供了广阔的空间。自2003年起，贸大远程连续3年蝉联新浪网、择校网、搜狐网和《中国电脑教育报》联合评出的全国"十佳网络教育学院（机构）"称号。值得一提的是，"国际贸易实务"课程荣获国家级奖项，"商务英语"等7门课程荣获北京市优秀教材一等奖和精品课程称号，另有10余门课程在全国性的远程教育课程展示会上获得大奖。

几年来丰富的现代远程教育实践和教学经验积累，为我们出版配套的贸大远程系列教材奠定了厚实的基础。目前，普通高等学校的现有教材并不完全适合远程教学，市面上真正用于现代远程教育的成规模的网络教材还不多见，与网络课件相配套的系列教材更是寥寥无几，因此为接受远程教育的广大莘莘学子专门设计符合他们需要的教材已成为现代远程教育发展的迫切需求。

基于以上原因，贸大远程按照学校一级教学管理体制，本着为社会、为学生服务的宗旨，致力于教学质量的保证和提高，特组织了国际经济与贸易学院、金融学院、国际商学院、英语学院、公共管理学院等学院的优秀教师，以目前开设的两个学历层次的7个专业为依据，以现有的导学课件为基础，编写了这套远程教育系列教材。本套教材共分为外语、经济贸易、工商管理、法律、金融与会计、行政管理、综合7大系列，全面覆盖两个学历层次7个专业的上百门课程。为了打造贸大远程优质教材品牌，我们与清华大学出版社和对外经济贸易大学出版社达成协议，计划3年之内全部出齐。

本套教材在策划编写过程中，严格遵循现代远程教育人才培养的模式与教学客观规律，充分考虑到远程学生在职和成人继续教育业余学习的实际情况，专门为远程学生量身定制而成，具有较强的针对性、实用性和可操作性。本套教材的编写具有如下特点：

一、在教材体系和章节的安排上，严格遵循循序渐进、由浅入深的教学规律；在对内容深度的把握上，考虑远程教育教学对象的培养要求和接受基础，其专业深度比本科有所降低，基础面相对拓宽，不是盲目将内容加深、加多，而是做到深浅适中、难易适度。

二、在每章开篇给出明确的学习目标与重点难点提示，涵盖了教学大纲的重点或主要内容。相对于传统的学校教育，远程教育更倚重于学生的自学能力和自控能力。明确的教学目标有利于学生带着任务有目的地学习。同时，教材中充分考虑到了学生学习时可能遇到的问题，给他们以提示和建议。由于本套教材的作者都是经过挑选的具有长期教学经验的优秀教师，且大多数作者都来自远程教学的第一线，是远程网络课件的主讲老师，能够为学生提供比较丰富的、切中要害的问题解答，从而使远程学生在学习时少走弯路。

三、在章后和书后分别设置“同步测练与解析”和“综合测练与解析”栏目，涵盖了本章及本书的重要知识点，并给出了详尽的参考答案，对难题还进行分析点评，列出解题思路与要点，更加方便学生自学。测验是检验教学目标是否达到的有效手段。由于远程学生是在虚拟的网络课堂上课，远离教师，处于相对独立的学习环境；教师不能通过直接交流，了解学生对学习内容的掌握情况；学生也由于与教师、同学之间的分离，无法判断自己的学习状况。针对这种情况，我们在教材中设置了大量自测自练题目。旨在通过这种自测自练方式，积极引导学生及时消化和吸收所学知识，不断加深对教材内容的理解，阶段性检查学习效果，全面复习和掌握所学知识，综合评判自己对知识的掌握程度，巩固最终学习成果。

四、考虑到有些专业课程具有较强的社会实践性，在教材的编写上也力争做到理论联系实际，注重案例的引入。尽可能安排一个或多个案例，并进行详细的分析讲解。旨在通过案例教学，对课程重点难点进行深化分析和实操训练，加强学生对知识点的理解和记忆，强化学生分析问题、解决问题的能力以及动手操作能力。

在本套教材的编写与出版过程中，我们得到了众多业界专家学者的真诚理解与支持，得到了清华大学出版社与对外经济贸易大学出版社的通力合作，在此向他们一并致以衷心的感谢。在前所未有的战略机遇期和“十一五”期间，相信本套教材的出版，必将是全国远程教育界一件很有意义的事情。衷心祝愿现代远程教育在建立学习型社会、构筑终身教育体系的进程中，在推动中国教育事业向现代化大教育形态的历史转变中，迈出更大更坚实的脚步。

对外经济贸易大学远程教育学院院长

2006 年 7 月于北京

前　　言

公司法是规范市场组织——公司及其行为的法律，是商事法的重要组成部分。在当今世界经济的背景下，对公司组织的作用和意义怎么评估都不过分。据统计，仅在2009年，公司就为全球81%的人口提供了工作机会，构成了全球经济力量的90%，创造了全球生产总值的94%，在当年全球最大的100个经济体中，51个是公司，其余49个才是国家。正如2001年诺贝尔经济学奖获得者、美国斯坦福大学商学院的迈克尔·斯宾塞教授所称："公司是创造社会财富的主要工具。公司的出现有助于带动投资，而投资是创造财富的主要方式。……我们还没有找到公司的替代品，可以在市场经济中从事商品活动；同时，我们也没有找到市场经济的替代品。"①

1978年，我国开始改革开放；1992年，我国正式确立社会主义市场经济体制；1993年年底，《中华人民共和国公司法》（以下统一简称《公司法》）颁布，我国公司迎来了前所未有的飞速发展期。市场经济是法制经济，各种市场主体都要在法律的规制之下开展活动；同时，法律也必须不断适应市场的需求。我国在1999年、2004年和2005年分别对《公司法》进行修订，其中尤以2005年的修订范围广、内容多、规模大，凸显法律界、实务界乃至普通公众对《公司法》的重视和期待。

随着资本跨境流动日益增多，跨国公司也早已成为市场主体中最引人注目的一支生力军。世界500强多数大公司都在中国落户扎根，而500强的群体里也不断出现更多的"中国面孔"。公司在全球范围的竞争已是常态。它们的竞争反映了彼此在产品、

① 中央电视台《公司的力量》节目组. 公司的力量. 太原：山西教育出版社，2010：4.

服务、人才、资本乃至经营理念、企业文化层面的碰撞和实力的此消彼长，不仅如此，根植于不同制度环境下的公司的竞争也彰显了不同制度，包括法律制度的竞争。因此，在公司法领域，法律的借鉴与移植不可避免。我国在制定和修改《公司法》的过程中总是伴随着对其他国家或者经济体的公司法制的考察和取舍。

本书是为公司法的初学者以及对公司法感兴趣的读者所编写的简明教程，力求在较短篇幅内，用精练的语言诠释我国《公司法》的要旨和内涵，并对基础性的公司法原理、主要的公司法制度、主要西方国家公司法的相关规定加以介绍和阐述，便利读者了解法律条文背后的立法意图和考量。在每章内容之前，作者都提供了本章的主要知识要点和关键内容，有助于读者对核心内容的认知和掌握。在每章内容的后面都附有练习题目，其中的案例取材于真实的案件，以便读者检验自己对各个章节主要知识点的把握情况。

本书是作者结合自己多年的教学经验，在原有的教案、课件材料的基础上补充修订而成。参与本次教材编写的有丁丁教授、张娜博士和冯静茹博士。三人的分工如下：

丁丁（第一章、第二章、第三章）；张娜（第四章、第五章）；冯静茹（第六章、第七章）。

全书由丁丁、王云鹏、冯静茹审校。

在撰写本书的过程中，作者不断得到对外经济贸易大学出版社的张洁和汪友年编辑的大力支持和帮助，在此致以最诚挚的谢意！

作者

2012 年 8 月

目　　录

ONTENTS

Contents

第一章

CHAPTER ONE

公司与公司法概述

学习目标

熟悉和掌握公司与公司法的基本概念、知识点和理论；了解公司与公司法的发展历史及其作用；了解公司的法律渊源以及各国公司法的概况；了解我国《公司法》制定和修改的基本阶段。

重点难点提示

- 公司的概念
- 独立法人、有限责任与“揭开公司面纱”的原理
- 公司的营利性与公司社会责任的关系
- 公司的社团性与一人公司的关系
- 公司与合伙的区别
- 公司法的特点
- 公司的作用

第一节　公司的概念和法律特征

公司的出现和兴起，是社会经济生活中具有重要意义的事件，社会财富的很大部分是经由公司的活动而产生，公司又是现实生活中人们经常选用的商事组织（Business Organizations）形式。

一、公司的概念

公司（Corporations/Companies）的概念多种多样，在各国的立法和学术界并不统一。以立法为例，大陆法系国家的立法者在相关法律中表述公司概念时，多采用两种方式：其一是在立法中直接规定公司的定义，比如，《日本商法典》中规定，所谓公司，指以经营商行为目的而设立的社团。我国台湾地区的“公司法”也采用概括式的定义方式，规定“本法所称公司，谓以营利为目的，依照公司法组织登记成立的社团法人。”其二，采分别定义的方式，针对不同类别的公司分别概括，或直接制定不同类别公司的单行法，以《德国股份公司法》和《德国有限责任公司法》为例，它们分别对两种公司加以定义。《瑞士债务法典》也采此种分别概括的方式。另有一种合二为一的方法，以法国的立法为代表，在《法国民法典》中第九编为“公司”，其中第1832条规定：“公司由二人或数人通过契约约定将其财产或技艺集于一共同的企业，以分享由此产生的利润和经营所得的利益而设立。”而在《法国商事公司法》中，具体指明了合股公司、简单两合公司、有限责任公司和股份公司等几种公司类型，并分别加以定义。

我国《公司法》在第2条明确了该法调整的是两种公司类型——有限责任公司和股份有限公司，即“本法所称公司是指依照本法在中国境内设立的有限责任公司和股份有限公司”。第3条第1款归纳了两类公司的共同法律属性，都是企业法人；第3条第2款分别给出了两类公司的定义。

英美国家的公司法一般不直接概括公司的定义，习惯上，多由法官或学者在特定情形下给出个人的理解，可能仅关乎特定目的、说明某人的观点或描述某一特定情境下的公司现象。比如《美国示范商事公司法》，在该法的专用名词释义部分，对“公司（本国公司）”一词的说明是，指依据该法设立的、非外国公司的营利公司。从大陆法系的角度看，后者的定义不具有普遍性、权威性和高度的概括性，甚至不能称其为定义。不过英美国家的学者和立法者普遍认为，公司以多种多样的形态活跃于社会和经济生活，不可能也不必在立法层面提炼出该定义的统一和精确内涵。英国学者高尔（Gower）的观点很有代表性：“‘公司’一词没有严格的法律含义。”

二、公司和企业的关系

如同“公司”一样，“企业”（Enterprises）一词在日常生活、经济学和法学上也各有不同的含义。经济学上或将“企业”定义为实现利润最大化的经济单位，或将其解释为可以和市场相互替代的资源配置机制，即“价格机制的替代品”①；而法学上对“企业”的定义也不一致。在我国，学术界普遍认可企业的如下特征：

其一，从事生产、经营活动，提供商品或服务的组织体。

其二，营利性。企业设立和运营的目的是为成员谋取盈利，是其成员实现利润最大化的工具。企业区别于其他组织体的显著特征即为此。

企业的法律形态也有不同的划分标准。西方国家比较普遍采用的是按照出资形式和出资者承担责任的方式加以划分，将企业主要分为个人独资企业（Sole Entrepreneurs）、合伙企业（Partnerships）和公司三种形式，按此标准，公司是企业的一种。从企业的发展历史看，公司的组织构架往往比前两种更为复杂精妙。公司中的有限责任公司和股份有限公司，更是聚集了巨大的社会财富，代表了现代企业的发展方向。

随着我国经济体制改革的不断深入，我们对企业和市场经济规律的认识也不断深刻和全面。过去的立法中对企业的分类基本采用所有制的单一标准，1993 年党的十四届三中全会通过了《关于建立社会主义市场经济体制若干问题的决定》，提出建立现代企业制度的改革方向和指导思想。相应也出台了与三种企业形态对应的单行法：1993 年的《公司法》、1997 年的《合伙企业法》和 1999 年的《个人独资企业法》。这三部立法在 2005 年、2006 年和 2007 年分别进行了修订，以满足我国当前企业发展的需求。从 20 世纪 90 年代开始，我国传统国有企业纷纷进行“股份制”改革，在企业形态上选择有限责任公司或股份有限公司的形式，以求实现资源的合理有效配置，提高劳动生产率。

对于企业当中公司和其他两种组织形式的区别，可以从下面的公司法律特征中进一步找寻答案。

三、公司的法律特征

公司的定义多种多样，表明人们对公司的理解是多面的。我们在此以我国《公司法》和其他主要西方国家有关公司法的规定为蓝本，总结公司的主要法律特征。

（一）独立法人（Independent Legal Entities）

公司是依法成立的、具有独立民事主体资格的法人实体。所谓“法人”，按照《中华人民共和国民法通则》（以下简称《民法通则》）第 37 条的规定，应当满足以下条件：（1）依法成立；（2）有必要的财产或者经费；（3）有自己的名称、组织机构和场所；

---

① 科斯．企业、市场和法律．上海：上海三联书店，1990：3.

(4) 能够独立承担民事责任。

赋予公司独立法律人格，使之区别于其股东、董事或经营管理人员，也区别于其他公司、企业或组织。它可以自己的名义独立拥有或支配财产，申请营业许可，从事生产经营活动，以自己的全部资产对外承担民事责任。它可以自己的意愿订立合同、提供捐赠、起诉或应诉，等等。具有独立法人资格的公司与个人独资企业和合伙企业有显著的不同。在我国，个人独资企业和合伙企业依法都不具有独立法人资格，不能以自己的名义独立享有民事权利和承担民事义务。而公司如同股东和公司债权人之间的一道藩篱，除非法律有相反的规定，股东不与公司的债权人发生直接的关系。独立法人是公司的根本属性，它为后面的股东有限责任、存续性等特点提供了基础性的理论准备。

在公司法的发展历史上，有关法人的理论主要有三种：

1. 法人拟制理论（Artificial Entities）

该理论比拟自然人，将公司实体拟制成具有独立人格的“人”（Artificial Person），形象地说明了公司与其组成人员（股东）和经营人员是彼此独立的。公司有自己的存续目的，为自己的目标为法律行为，不是股东的另一个自我（Another Egos of Shareholders）或股东的影子（Shadow of Shareholders）。从当前主要国家的立法来看，在公司法初期的理论构建中，该理论对于解释公司的法律属性、形象描述公司及其成员（股东）的关系具有至关重要的意义。比如，英国第一个依据独立法人理论审理的案件是 Salomon v. Salomon AC①。该案的 MacNaughten 法官是这样解释拟制的独立法人的：

“公司在法律上是独立于设立者（股东）的——尽管公司成立前后的业务可能刚好相同、仍是同样的人管理公司、同样的人收取利润，但是，公司在法律上不再是股东的代理人（Agent）或受托人（Trustee）；同样，公司的股东也不用像以前在独资企业时一样承担无限责任，他们对公司承担责任的程度和方式由公司法加以规定。”

2. 法律现实学派（Legal Realists）

法人理论固然是构建整个公司法框架的基石之一，但是，如同其他学理一样，它不能解释全部公司现象。如果试图将法人理论用于公司的全部活动，可能出现僵化教条的结果。法律现实学派的学者强调的是，法人理论也有例外的情况或者不能适用的场合。在该学派看来，无论如何，按照自然人拟制公司，后者都不是“有血有肉的人”，它并不能够真正像自然人一样思考、行动。如同个人独资企业和合伙企业一样，公司无非为自然人追逐利润提供了另一个可行的工具。虽然，在法律上公司有独立的主体资格，可是在它的“躯壳”里，总是由自然人形成公司的意志，对外表达公司的意愿，公司的利润和损失最终是由个人享有或承担的，自然人是构成公司的基础。可见，如同自然人组成合伙一样，公司最终也无非是自然人组成的集合体。“公司”一词无非为集合在一起的自然人活动提

① AC 22, 1897.

供了简便的表述方式。

法律现实学派并不意图在根本上否定法人理论，它提醒立法者和执法者应更全面和客观地观察和理解公司这一组织体。比如，按照法人组织体的理论，在设计公司内部决策机制时，各国立法普遍采用资本多数决的原则，这样，多数资本持有者的意志就成为公司的意志，而少数股东的愿望和声音就被忽略不计了。如果没有对多数股东的监控机制，很容易出现公司的“弱势群体”利益受损的结果。法律现实学派的理论可以帮助立法者从公平、正义的原则出发，设计制约多数股东利益膨胀的条文，最终使得公司的发展更加顺应现实的需求。

3. 公司人格否认理论

在英美国家的案例中被形象地称为“揭开公司面纱”（Piercing/Lifting the Veil of a Corporation），该理论最早形成于英美国家的案例，由衡平法的规则升华而成。为防止股东（多为控股股东或多数派股东）利用公司独立法人的属性和股东有限责任的特点而逃避自身责任，转嫁投资风险，损害其他人的合法权益，法院漠视或忽略（disregard or ignore）公司的独立主体资格，直接要求股东对公司的债权人承担责任。一般而言，此类诉讼多为公司债权人对股东提出，而法院一般不接受公司自身或公司股东提起的否认公司人格的诉讼。

揭开公司面纱的目的一般有：（1）实现股东、公司和债权人间的公平正义；（2）防止欺诈；（3）制止违法行为；或（4）保护善意的债权人。

该理论在英美国家出现并发展成为法律规则后，在大陆法系国家也得到响应。比如，德国有“责任贯彻”理论，日本公司法学界习惯称其为“法人格剥夺”，而法国也有类似的“法人格滥用”的理论。

早期的公司人格否认规则主要适用于公司与个人股东的关系场合。比如，股东设立公司从事非法经营，为个人获取暴利，当债权人追偿时，却面对资不抵债的公司。随着公司集团的兴起，公司之间直接和间接持股越来越常见，公司之间的股权关联关系变得复杂和微妙，该规则更多地适用于公司集团成员之间滥用法人人格的情形；比如，母公司利用其优势地位，通过操纵股东会或者股东大会作出决议等形式，损害子公司或其股东的利益，损害子公司债权人利益。对此等情形，该规则可以起到防范或制约作用。

在英美国家，法官决定适用揭开公司面纱规则时，必须考虑证据的可信度，比如，在母子公司的场合，下列因素是法院要考虑的：

在子公司设立过程中存在瑕疵，母公司对子公司的注资不足，与子公司拟开展的经营义务无法匹配；子公司没有建构独立的组织机构，无法满足独立法人的资格需求；在公司运作过程中，母子公司财务不分，人员不分，业务不分，无法让第三人将两者视为彼此独立的实体，出现母子公司人格混同的情况。此类因素的累积，使得法官更加倾向于将母子公司视为一体，要求它们将资产合并起来对公司外的债权人承担责任。从案件类型来看，揭开公司面纱的场合主要是合同案件和侵权案件。合同是建立在各方当事人自愿的基础上，所以，在处理此类案件中，法官会考虑当事人的自愿及合理谨慎的成分，区分属于揭开公司面纱的立法意旨和当事人自行防范及承担商业风险的案件。在侵权案件中，由于债权人是非自愿的债权人，无法事先有效防范和规避风险，所以，法官的考虑会有所区别，从而彰显揭开公司面纱规则的立法。

公司人格否认或揭开公司面纱并非永久剥夺公司的独立法人资格，而只是在特定场合，为实现特定目的而采取的措施，所以，它不同于吊销公司营业执照等行政处罚方法。后者的法律后果是彻底地消灭公司的法人资格。

还须强调的是，在具体案件中应用公司人格否认规则，限制了公司法人资格的适用；但是，这并未从根本上动摇公司是法人实体这一根本前提，而是为了防止一部分投资者（股东）滥用公司法人地位，利用独立法人的屏障，凭借股东有限责任的优势，损害另一部分投资者（债权人）的利益。从两者的关系上看，独立法人理论是公司法的基础，而公司人格否认是例外的情形，起到规避和矫正滥用前者的作用。正如最高人民法院在2003 年 11 月 4 日公布的《关于审理公司纠纷案件若干问题的规定（一）》（征求意见稿）中所申明的，公司法规定的公司独立人格和股东有限责任是公司法的原则性规定，而人民法院仅可以具体法律关系中存在滥用公司人格的特定事由时，判令控制股东对公司债权人直接承担民事责任。而且，人民法院在具体案件中适用公司人格否认规则的，不得将对公司判决效力扩张适用于未参加诉讼的其他公司或者股东。

2005 年修订的《公司法》增加了防止股东滥用权利的规定。该法第 20 条规定如下："公司股东应当遵守法律、行政法规和公司章程，依法行使股东权利，不得滥用股东权利损害公司或者其他股东的利益；不得滥用公司法人独立地位和股东有限责任损害公司债权人的利益。公司股东滥用股东权利给公司或者其他股东造成损害的，应当依法承担赔偿责任；公司股东滥用公司法人独立地位和股东有限责任，逃避债务，严重损害公司债权人利益的，应当对公司债务承担连带责任。"按照这一规定，公司股东滥用股东权利而给公司自身和其他股东造成损害，应当对公司和其他股东承担赔偿责任；公司股东滥用公司法人独立地位和股东有限责任，比如，规避法律，逃避债务等，进而严重损害公司债权人利益的，应对公司债权人承担连带责任。后一方面的规定是借鉴英美法系中的"揭开面纱规则"而来。至于如何判断"损害公司债权人利益"的"严重"程度，尚需司法实践的摸索和经验积累。

《公司法》第 64 条又特别针对一人公司规定了揭开公司面纱的情形。

（二）有限责任（Limited Liability）

有限责任指的是股东以其出资额或认购的股份额为限对公司承担有限责任。以我国《公司法》第 3 条第 2 款的规定为例，"有限责任公司，股东以其出资额为限对公司承担责任"。

有限责任是相对于无限责任而言。我们知道，个人独资企业的企业主对企业债务承担无限责任，当个人独资企业出现债务时，企业主是以自己的全部资产对外清偿。在法律上对企业主的个人财产和企业的财产不予区分，因为企业主是企业的所有者。合伙企业的合伙人对企业连带承担无限责任，合伙企业的债权人有权向任一合伙人请求其全部清偿债务。这类无限责任使得投资者的个人财产和企业的风险直接联系在一起。一方面，无限责任固然有利于维护企业的信誉和保护债权人的利益，但是，另一方面，它限制了投资者的投资选择。由于担心投资失败可能造成的财产流失，投资者必然谨慎选择投资伙伴、投资项目和投资规模。所以，无限责任也限制了个人独资企业和合伙企业的数量和规模。

和个人独资企业和合伙企业的投资者相比，有限责任可以使公司股东减少投资风险。股东以部分财产投资于公司，如果投资失败，仅损失该部分投资额，不会影响股东其他的财产。利用公司独立法人和股东有限责任的特点，股东可以选择投资不同的公司实现组合投资收益，分散和减弱风险。所以，原来选择个人独资企业或合伙企业的投资者可以转而投资公司，争取以较小的代价换取更大的利润。同时，有限责任也吸引更多的人参与投资。当公司吸引到更多的投资者时，风险也得以在更多的人中间按投资比例或认购的股份数进一步分散。因此，有学者甚至认为，股东享有有限责任的公司对人类社会的贡献远远大于蒸汽机和电，是对人类更有意义的发明①。

还要进一步说明的是，有限责任仅指股东对公司的责任形态，而公司对其债权人应以全部资产承担责任，不能以有限责任作为逃避或减轻责任负担的托词。如我国《公司法》第 3 条第 1 款规定，公司以其全部财产对公司的债务承担责任。

另外，公司的独立法人属性和有限责任不是必然结合在一起。从企业形态的发展历史看，从简单企业形态向高级和复杂形态的探索是缓慢的，在合伙和现代有限责任公司和股份有限公司之间还有一些具有混合形态的企业类型，比如，无限公司和两合公司，此等公司虽然取得法人人格，但是仍由股东（或一部分）对公司的债务承担无限责任。而合伙中的有限合伙，由至少一个普通合伙人和至少一个有限合伙人组成，其中有限合伙人对企业债务承担以出资额为限的责任。我国 2006 年修订的《合伙企业法》中还加入了“有限责任合伙”（Limited Liability Partnerships，LLP）的形式，在有限责任合伙中，只有发生过错的合伙人对债权人承担无限责任，而其他合伙人只在其出资范围内对债权人承担连带责任。这是借鉴西方国家的做法，满足实践中诸如医生、会计师、律师等专业人士从事实务工作的需求，减少其合作风险，鼓励其从事具有较强专业技能要求和风险的职业。

（三）营利性

股东设立和投资公司的目的是为了实现投资利益的最大化（Profit Maximization），这使公司区别于其他的非营利法人。为实现这一目的，公司从事营利活动，并将由此获取的

① ［英］Len Sealy. Company Law and Commercial Reality. Sweet & Maxwell，1984：1.

利润在股东之间分配。相反，非营利法人也在法律许可的范围内从事营利活动，但是，其获取的利润只能用于法人的目的，比如，从事慈善事业、科研活动或其他公益事业，但不能在法人的成员/捐款者之间分配利润。公司也可以介入非营利活动，但是不能偏离其营利性的终极目标，比如，公司可以为公益事业捐款，但是，此种捐款不得影响公司的正常经营活动和营利目标。

在西方传统的公司法理念中，公司是股东的公司，是股东实现投资利益的途径和工具。公司的董事、经营管理人员都是为实现这一目标而履行职责，营利性是判断公司、董事、经理的行为是否符合公司目的的价值准则。

另一方面，我们也需要看到，公司也是社会成员之一。随着公司在社会经济生活中的影响越来越大，特别是巨型的股份公司和公司集团的兴起，即使普通百姓的生活也和公司有着千丝万缕的关联。公司聚集了庞大的社会财富，为成千上万的人提供了就业机会，赞助许多公益事业，可以成为具有高度影响力的社会成员。但是，它们也可以是污染环境、损害消费者利益的"罪魁祸首"。随着跨国公司的发展，他们在跨境获取高额利润的同时，也可能把这些负面的影响输送到不同国家。所以，有学者指出，公司不仅是经济的"人"，也是社会的"人"。众所周知，自然人对社会其他成员承担义务和责任，不能为实现一己私利而损害他人和社会利益，那么，按照自然人拟制的公司，其影响可以比自然人更为广泛和深远，难道就可以标榜营利性行事而不顾其他人的利益吗？所以，公司的社会责任成为公司法领域讨论的热点话题，而且，已经有相应的修改现行法的建议。比如，美国法学会（ALI）在1994年提供的《公司治理准则：分析与建议》（*Principles of Corporate Governance：Analysis and Recommendations*）中，就"公司的目的和行动"建议，扩大公司的目的，使公司不仅具有追逐公司利润和股东利益的目的，而且，对社会也负担一定的责任。这种观点也体现在一些国家修改后的公司法中，以英国公司法规则的转变为例，直至20世纪80年代初期，公司的雇员被视为"局外人"（Outsiders），除非照顾雇员的福祉对公司的长期发展有利，否则公司的董事不得将其列入决策的优先考虑之列。1985年《英国公司法》的第719条才明确规定，在结束公司经营之时，公司应为自己或其子公司现在和过去雇员的未来做出安排。我国《公司法》也规定了公司从事经营活动的基本原则。《公司法》总则第5条规定："公司从事经营活动，必须遵守法律、行政法规，遵守社会公德、商业道德，诚实守信，接受政府和社会公众的监督，承担社会责任。"但这一条只具有宣示意义，在《公司法》中没有对公司就此应承担的具体法律责任加以规定。除此之外，《公司法》还特别规定了保护职工合法权益以及职工参与公司决策的内容：公司必须保护职工的合法权益（第17条）；公司研究决定生产经营的重大问题、制定重要的规章制度时，应当听取公司工会和职工的意见和建议（第18条）；国有独资公司董事会中应有职工代表（第68条），两个以上的国有企业或者两个以上的其他国有投资主体投资设立的有限责任公司，其董事会成员中应当有公司职工代表（第45条），等等。

与此同时，对公司社会责任法律化的做法也一直有反对的观点，反对派的主要担心是，公司董事可能以考虑其他利害关系人（Stakeholders）的利益为借口，行损害股东利益之事。从法律规范层面考虑，公司社会责任的内容和对象都过于笼统和模糊，难以在规范中准确规定和在实践中操作。总之，在他们看来，从一般社会意义和道德范畴探讨公司的社会责任无伤大雅，但是，将其提升到法律高度的条件并不具备。固然，除了股东之外，尚有其他的主体对公司有权利提出利益诉求，可以在理论上归为公司社会责任的范畴，但是，这些利益主体可以合同法、劳工法、环保法、竞争法等对公司主张权利之时，公司法再做抽象意义的概括规定，实属画蛇添足之举。

在实践中，公司是否考虑以及如何平衡各种利益关联者的利益？这是通过公司董事以及管理者的行为表现出来的，所以，对于公司社会责任的立法尝试最终将影响到公司董事及管理者的责任问题。一些为董事和管理者提供服务的机构曾出版了董事行为指南类的文件，提醒董事及管理者注意在执行职务时应考量的因素，比如，商业圆桌会议出版的《公司治理原则》一书中有如下的表述：

"人们常说，公司对股东以及其他主体负有义务，这些主体包括雇员、公司所在的社区以及政府。但是，公司对这些主体的义务最好被视为促进股东长期价值最大化这个最重要的义务组成部分。商业圆桌会议成员相信，当公司善待其雇员，善待其客户，与供应商保持良好的关系，笃实遵守法律以及履行其作为社会成员应尽的义务时，股东的价值也随之提高了。①"

（四）社团性

从大陆法系国家的法人分类理论看，公司为社团法人之一种。所谓社团法人，是指由复数成员组成的组织体，社团独立于其各个社员。按照大陆法系国家对法人的分类，社团法人又可按设立目的区分为营利社团（Profit Associations）和非营利社团（Non-profit Associations）。公司即为营利的社团法人。如《韩国商法》第169条规定，"公司是指以商行为及其他营利为目的的社团"②。受大陆法系立法影响的台湾地区"公司法"也将公司直接归入社团法人，视社团性为公司的基本法律属性。

英美国家虽不采大陆法系的法人分类法，但也在案例和成文法中指明公司是人的集合体（Association）。各国公司法设计公司设立条件、内部架构和行事规则时，也都是以公司的社团性为要件的。比如，许多国家的公司法都有类似的规定，公司股东不得少于两人。如果因转让使得股东人数少于两人，公司即行解散。

传统公司法一般对有限责任公司和股份有限公司的下限人数都有规定，比如，《英国公司法》曾规定，封闭型公司（也有人译成"闭锁公司"，Private Companies）的股东人

① 转引自：马丁·洛伊．公众公司董事指南：公司治理．刘燕，译．北京：法律出版社，2005：11.
② 韩国商法．吴日焕，译．北京：中国政法大学出版社，1999：36.

数为 7 人到 21 人，超过 21 人时应采用公众公司（Public Companies）的形式。《法国商事公司法》规定，股份公司股东不得少于 7 人①。

对于公司社团性的要求主要基于以下的考虑：

第一，多数成员组成的公司可以实现资本的联合，而且成员之间的相互监督可以使得公司的运作对公司的目标更有裨益；防止个别成员利用公司形式独揽大权，以个体的投入资本支配众人的全部资本，实现一己私利；避免可能损害公司债权人合法权益的不当行为。

第二，对于公司社团性的要求，也是吻合公司发展初期的特点。早期的公司是由自然人股东组成的，而且，多为对外封闭的公司形式，缺乏对外输送信息的有效渠道。所以，单个股东可能控制公司的弊端非常明显，如果许可一人公司的存在，公司以外的第三人很难便利了解公司内部的情况，也很难对其债权实现的可能性作出正确的判断。如果不对此种公司形式加以限制，事实上也很难有一人公司的市场。

一人公司（Single Member Company），也被称为“单一股东公司”，它的出现对公司的社团性提出了挑战。一人公司有两种情形：一是形式上的一人公司，即由一个民事主体单独设立的公司，或因为股份转让等原因造成公司股东人数少于 2 人的情形出现；二是实质上的一人公司，即公司的名义股东人数符合法律的下限规定，但其中只有一个实质股东，其他人皆为名义股东或虚拟股东，公司实由一个股东完全控制。对于一人公司的限制是包含上述两种情形的，但是，比较而言，形式上的一人公司容易控制，而实质上的一人公司则难以发现或证实；而且，由于立法禁止或限制形式上的一人公司，反而可能造成实质上一人公司的增多。

我们在此只探讨第一种意义上的一人公司，即形式上的一人公司。长期以来，人们对形式上的一人公司担心主要在于：公司和股东身份易发生混同；由于缺乏股东彼此之间的内部监督，易产生股东滥用公司人格和有限责任的危险。由于诸如此类的顾虑，传统公司法坚持社团性为公司的必备要素，不认可一人公司的合法地位。但是，一人公司的出现也确有其必然性，比如，公司作为股东设立全资子公司，已是公司发展和扩张的必然选择。股东之间因转让股份而形成的一人公司，如果成为解散公司的理由，对于公司的稳定性也构成时时的威胁。而且，承认形式上的一人公司的合法性，也有利于减少股东为满足法律的形式要件，而刻意制造实质上的一人公司的现象。毕竟，后者更难以辨别，也更难以监管。而且，与形式上的一人公司一样，实质上的一人公司也会产生相同的问题——滥用公司法人人格。所以，许多国家纷纷修订立法，许可设立形式上的一人公司，顺应投资者的需求。

《欧洲公司法第 12 号指令》规定，所有成员国应允许股东设立单一股东的公司。成员国也在为此修正本国公司法，以英国 1992 年《单一股东有限责任公司条例》为例，它

---

① 法国公司法规范．李萍，译．北京：法律出版社，1999：55.

删除了以往公司法中对公司股东最低人数的要求，从此，股东不必寻找“影子”伙伴，以满足立法对于股东下限的要求，而可独自设立公司。当然，为防止单一股东利用公司的法人外壳损害债权人的利益，对一人公司的股东责任形式和信息披露方面应有特别的规定。

在2005年修订之前，我国公司法原则上不承认形式上的一人公司，但是规定了两种例外情形：（1）国有独资公司；（2）外商独资的有限责任公司。而对于实质上的一人公司，一些地方的工商部门通过地方规章加以限制，比如，明确有限责任公司中最大股东的出资上限，以减少大股东滥用自身资本实力而损害公司债权人、其他股东和公司利益的可能性。最高人民法院《关于审理公司纠纷案件若干问题的规定（一）》（征求意见稿）中也借鉴了国外的立法经验，公司的实质股东对公司债务承担无限责任；有限责任公司因股权转让导致股东为一人，在6个月内既未吸纳新股东，又未进行企业性质变更登记的，该股东应当对公司债务承担无限责任。2005年修订的《公司法》第一次对形式上的一人公司作出了明确规定，在该法第二章第三节第58条规定允许一个自然人或者一个法人股东成立一人有限责任公司。为了防止一人公司出现单一股东滥用公司独立法人地位和股东有限责任的优势，损害公司债权人利益的情况发生，该法也在这一节规定了一些限制性的内容。归纳如下：

（1）对于一人公司注册资本的要求：一人公司最低注册资本为10万元，高于一般有限责任公司的3万元底线，而且，股东应当一次足额缴纳公司章程规定的出资额（第59条），不能像一般有限责任公司的股东那样，可分次出资。

（2）对于设立一人公司的数量限制：一个自然人只能投资设立一个一人有限责任公司。该一人有限责任公司不能投资设立新的一人有限责任公司（第59条）。

（3）对于一人公司的公示要求：一人公司要在公司登记中注明自然人独资或者法人独资，并在公司营业执照中载明（第60条）。

（4）对于一人公司财务审计要求：一人公司应当在每一个会计年度终了时编制财务会计报告，并经会计师事务所审计（第63条）。

（5）财产混同时的股东责任：一人公司的股东不能证明公司财产独立与股东财产的，应当对公司债务承担连带责任（第64条）。

鉴于在《公司法》颁布之前，1986年的《中华人民共和国外资企业法》（以下简称《外资企业法》）已经许可外商一人在我国境内投资设立有限责任公司，所以，在2005年修订《公司法》之后，为了协调《外资企业法》与《公司法》的关系，商务部、国家工商总局又联合发布了《关于外商投资的公司审批登记管理法律适用若干问题的执行意见》（以下简称《执行意见》），保证新设以及已设的外商投资的一人公司在变更注册、对外投资时符合现行《公司法》的规定，同时又照顾到已设的外商独资公司继续享有依照原来的规定已经获得的权利。在该《执行意见》中有如下规定：

"以外商独资的形式依法设立一人有限公司的，其注册资本最低限额应当符合《公司法》关于一人有限公司的规定；外国自然人设立一人有限公司的，还应当符合《公司法》关于一人有限公司对外投资限制的规定。2006 年 1 月 1 日以前已经依法设立的外商独资的公司维持不变，但其变更注册资本和对外投资时应当符合上述规定。"

（五）存续性（Continuity of Life）

公司独立于股东存在，即使只有一个股东，股东亦不得直接以本人身份决定公司财产的使用和公司的经营活动。任一股东的死亡、丧失行为能力、转让股份或出资，都不影响公司的正常经营行为和活动。除非公司解散、为其他公司吸收合并或出现其他影响其存续的事由，公司可以不受股东个人的影响而永久存在。股东投资到公司之后，在公司正常存续过程中，股东不得从公司抽走投资——除非通过转让股权或在资本市场抛售股份。以我国《公司法》的规定为例，第 36 条规定："公司成立后，股东不得抽逃出资。"第 201 条："公司的发起人、股东在公司成立后，抽逃其出资的，由公司登记机关责令改正，处以所抽逃出资金额百分之五以上百分之十五以下的罚款。"这使得公司表现出比个人独资企业和合伙企业更强的稳定性，有利于建立公司的信誉和投资者对公司的信心，特别是针对上市公司，这一特点使得投资公众可以比较放心地投资于资本市场，而不用担心上市公司受到某个股东的个体影响。

第二节　公司的沿革和作用

公司是"舶来品"，并非从我国的土壤中自然生成，而是萌芽于商品经济发展较早的欧洲大陆。所以，回顾公司的产生与发展的历史，必然要对西方国家公司的出现及发展做一简要介绍。

一、西方国家公司制度的萌芽和发展

（一）家族经营的模式——从家长制独资企业到家庭合伙

从简单到复杂的企业形态演化经历了漫长的过程，结构简单的个人独资企业最早可以追溯到罗马时代，当时的独资企业主要建立在有限的家庭财产基础上。随着法律许可多个家庭成员共同继承企业主（家长）的财产，独资企业演变成家庭合伙企业，家族的事业得以继续。家族成员为合伙企业的合伙人，他们按协议约定共同经营的规则。但是，在商品经济并不发达的奴隶社会和封建社会，公司形成的条件尚不具备。

（二）康孟达（Commenda）

现代公司的雏形可以追溯至 10 世纪的地中海城市国家。当时，在海上贸易比较兴盛的这些区域，出现了康孟达契约。该契约关系产生于资本家和船主之间。资本家参与投

资，船主出海贩运货物。利润由双方按出资额分配，出现亏损时，资本家承担有限责任，而船主承担无限责任。康孟达是临时性的契约，还不具有现代公司的法人性和存续性。后来，从康孟达契约发展出两合公司和隐名合伙形式。

（三）无限责任公司（Unlimited Liability Companies）

也被称为无限公司，是最早出现的公司形式。它的出现顺应了家族企业希望稳定和长远发展的需求。无限公司继承了合伙企业的特点，具有明显的“人合”特点，股东仍需承担无限责任。1673 年法国颁布的《商事敕令》第一次正式将“无限公司”纳入法律的约束范畴，并称之为“普通公司”。和合伙企业相比，无限公司受到更多的强制性规范的约束，以维系其稳定的组织形式和更加明确的、股东之间的权利义务内容。无限公司的信用基础是承担无限责任的股东的信用，在学理上被称为“一元公司”。

（四）两合公司

由至少一个承担无限责任的股东和至少一个承担有限责任的股东组成的公司形式，前者对公司债务承担无限连带责任，后者以其出资额为限对公司承担责任。因其股东责任类型不同，也被称为“二元公司”或“折衷公司”。该类公司的信用基础有两个：一是无限责任股东的信用，二是公司的资本；它既有人合的特点，也有资合的特点。两合公司是大陆法系国家特有的公司形式，与英美国家的“有限合伙”类似。

（五）股份有限公司（Companies Limited by Shares）

最早的股份公司是1600 年的英国东印度公司。它由国王的特许状（Charter）取得法人地位。早期的东印度公司是在每次航行前向投资者招募股份，在航行结束时在投资者间分配利润。1653 年开始，该公司向投资者发行永久性股份。随后，荷兰和法国都设立了东印度公司。这些公司都由国家特许设立，享有部分公法上的权力，非纯粹的营利性商事公司，直至1807 年《法国商法典》才将股份公司定为公司的一种形式。到英国1855 年颁布的《有限责任法案》时，股东有限责任终于为法律所认可①。现代股份有限公司可以在极短的时间内，通过资本市场向公众募集资本，使得公司快速集中大量的资本，完成公司筹资的需求，进而在丰厚资本的基础上快速开展业务和经营，为股东赚取收益。现代股份公司是典型的资合公司。

（六）有限责任公司（Limited Liability Companies）

股份有限公司逐渐成为大型公司的选择，国家也有诸多强制性的规定。对于规模较小的经营业务来说，股份公司的投资成本过大。而合伙人的无限责任也让追求持续收益的投资者裹足不前。投资者在实践中不断摸索新的企业形式。

有限责任公司（以下简称“有限公司”）是最晚出现的公司类型。1892 年《德国有

---

① 现代的股份公司皆为股份有限公司，所以，这两个名词在下文中不再区分，即将股份有限公司简称为“股份公司”。

限责任公司法》糅合了股份公司和合伙的优势特点，创制了有限责任公司形式，它成为中小企业和家族企业的选择。这一形式也为其他多数大陆法系国家所接受。

从规模上看，单个有限责任公司或者其他类型企业的实力也许不及单个股份有限公司，但是从数量上看，每个国家的股份有限公司都是极少数的，而选择有限责任公司形式及其他企业形式的公司或企业成为大量存在的企业实体。以我国为例，到2007年的统计显示，我国99%以上的企业都是中小企业。但是，它们整体对国民经济的贡献是不可忽视的，我国60%以上的国内生产总值（GDP）是由中小企业创造的。

二、公司的作用

公司的出现和发展不仅迎合了人们创造财富的愿望，而且，对于社会财富的创造和积累也起到了不可替代的作用。今天，公司和每个人的生活、工作都有着千丝万缕的联系。对于公司在推动社会经济发展以及增进人们福祉方面的作用，下面作一简要概括：

（一）公司促进了资本主义社会经济的发展

追踪现代公司的发展轨迹，我们可以发现，它和资本主义制度的兴起密不可分。当欧洲主要资本主义国家开拓海外贸易时，各种早期的公司帮助殖民者积累起最初的资本，以攫取更大的财富。随着商业活动的范围不断拓展，公司又成为在与海运、对外贸易密切相关的银行、保险等部门的企业形式选择。正如马克思所指："假如必须等待积累去使某些单个资本增长到能够修建铁路的程度，那么恐怕直到今天世界上还没有铁路。但是集中通过股份公司转瞬之间就把这件事完成了。"可见，公司，特别是股份公司通过快速和广泛地集中社会公众的资金，极大地促进了社会经济的快速发展。大小公司、不同形式的公司无所不在，影响甚至超出经济领域，对国家和普通公众的影响也是随处可见。所以，一些学者甚至将西方社会称为"公司的帝国"。

（二）公司为投资者提供了追求利润的企业新形态

如果从17世纪东印度公司成立起算，公司已有400多年的历史。和个人独资企业和合伙企业相比，法律赋予股份公司和有限责任公司的独立法人资格、股东有限责任和持续存在的特点，使之成为包括公司在内的众多投资者的选择。通过公司实现和积累了难以计数的社会财富，为成千上万的人提供了就业机会，同时使越来越多的普通公众成为公司的股东，改变了社会产权结构，为社会的稳定奠定了物质基础。今天的公司投资者（股东）已不再等同于过去的资本家，除了机构投资者外，普通公众也可以直接或间接地利用证券市场，实践自己的理财理念。

在我国，也有专家预计，再过5到10年，股份制经济占我国经济总量的比重将从现在的40%上升到80%以上，亿万劳动者将成为股票在手的股东。

（三）公司中的股份公司和有限责任公司成为现代企业的发展模式

在公司形态中，也有从简单到复杂的形式转变。其中的股份公司和有限责任公司被视为代表现代企业发展方向的模式。它们都具有投资主体多元化的特点，可以使投资者在减少投资风险的情形下追求利润最大化。其中的股份公司更以财富和管理技术的科学结合，实现大型企业资源配置的最佳组合。其精密的内部结构、权力配置和部门协作，都不是其他企业形态所能比拟的。因此，在各种企业形态中，有限责任公司和股份公司的数量固然不是最多的，但是它们的平均资本规模、雇员人数、对国家的税收贡献都遥遥领先。

在我国大力发展社会主义市场经济的时候，我们对公司这一企业形态的认识也在不断深入。过去的传统观念将公司和资本主义制度画等号，认为社会主义国家不能采用这一形式。随着改革开放的推进，人们的观念也不断开放。我们认识到，社会主义国家也可利用公司，特别是股份公司这一市场主体形式，即“股份制是现代企业的一种资本组织形式……资本主义可以用，社会主义也可以用”。

2003 年 11 月召开的十六届三中全会通过了《中共中央关于完善社会主义市场经济体制若干问题的决定》（以下简称《决定》），会议总结了多年改革实践，指出建立健全现代产权制度，是完善基本经济制度的内在要求，是构建现代企业制度的重要基础。现代企业制度的根本要求，就是产权清晰。这个问题解决得好，国有企业改革才能取得显著成效。根据目前我们所处的新形势，《决定》提出了进一步推进各方面改革的重大举措，在理论和实践上有许多重大的突破和创新，比如，提出大力发展混合所有制经济，使股份制成为公有制的主要实现形式的观点。正如《决定》指明的：“要适应经济市场化不断发展的趋势，进一步增强公有制经济的活力，大力发展国有资本、集体资本和非公有资本等参股的混合所有制经济，实现投资主体多元化，使股份制成为公有制的主要实现形式。”

同时，我们也得注意到，到 2006 年，我国注册登记的企业不到 700 万个，办企业审批环节平均达 20 个。在法律、行政乃至人们的观念上为建立健全现代产权制度铺平道路，仍是任重而道远。

第三节　公司法概述

一、公司法的概念和性质

（一）公司法的概念

公司法是调整公司组织和公司行为的规范总称。对公司法有狭义和广义的理解，具体分析如下：

（1）狭义的公司法指的是国家立法机关制定的冠名为公司法的、专门性的成文法律。我国 1993 年颁布的《公司法》即符合这一概念。

（2）广义的公司法不仅包括专门的公司法律，而且也包括其他涉及公司的法律、法规等，还包括非成文法规则，如案例、习惯法规则或法理等。

（二）公司法的性质

1. 公司法是组织法

公司法调整的对象是市场经济中最活跃的主体——公司。公司被拟制为“法律上的人”。虽然没有自然人的肌体，但是，它们具有严格的组织机构，内部各个机构（器官，Organs）之间相互协作和配合，各自有其职能。这些都需要有法律的明确规定，便于投资者选取对公司运作而言有效率的具体组织形式。比如，股份公司具有“所有和经营相分离的特点”，旨在实现资本投资和经营管理之间的最佳结合。公司法对公司股东大会、董事会及其下设日常管理机构的权利（职权）加以安排，同时，为实现公司内部的有效监控，防止公司权力的滥用，在大陆法系和英美法系皆有法律的特色规定。

2. 公司法是行为法

除了规范个体公司的组织机构，明确公司内部的“器官”组合和彼此的权能设置和协作途径外，公司作为市场活动的主体，其行为也要受到法律的制约。市场充斥交易，合同法等也可起到规范主体的作用。但是，公司法具有其他立法不能替代的作用，公司具有其他实体所不具有的特定行为，比如，公司发行股份、债券；股东转让出资或股份；公司设立或投资其他的公司；公司召集股东会议；公司分派股利，等等，这些行为都是与公司这一特殊组织体有关的，必须在公司法中规定，这样才使得一部公司法的内容更全面和完备，结构更加完整和科学，才能更科学准确地把握公司的特点，也是为投资者、实务界、执法者提供了真正可依的法律。

3. 公司法兼具私法和公法的属性

大陆法系国家习惯将法律分为公法和私法。两者的划分标准，在学者之间一直存有争议。概括而言，包含国家权力的实施，体现国家干预的法律调整领域为公法，如，宪法、刑法、行政法等；而私法则调整平等主体之间的关系，体现私主体意思自治的原则的法律，民商法一直被视为传统的私法领域。在西方国家的公司法发展史上，伴随着自由资本主义的没落，垄断资本主义占据主导地位，公司法的原则和具体规则都有相应的改变，比如，公司的自由登记为特许和核准所取代，对公司披露的内容和程序的强制性要求，公司的外部监控加强，董事职责的法定化，确立公司法人的刑事责任能力，等等，都体现了公司法“私法公法化”的演变。

4. 公司法包含实体法和程序法两种规范

公司法包含实体法和程序法两种规范，比如，对于公司的基本权利义务、股东和公司的关系、公司和董事的关系等等，都有具体的实体法规范加以调整；而公司行为中的程序性内容，公司法也必须加以规定，比如公司设立的过程、发行股份、股份上市、公司重组、股东代表诉讼，等等，都离不开程序性的规范。同时，对于公司这一组织体及其行为的调整，往往同时需要结合实体性和程序性的规范，才能全面理顺相应的法律关系。

5. 国内法规则的国际化扩张

各国公司的发展历史并不是同步的，公司法的发达程度也有不同。随着公司不断地组合和扩张，跨越国家界限的跨国公司成为世界经济发展不可忽视的力量，它们在输出资本、商品、技术的同时，也把本国的公司法理念传播给其他国家。它们不但凭经济实力在其他国家建立市场游戏规则，而且，也力图把自己熟悉的法律规则变成游戏规则的一部分。另一方面，跨国公司的兴起，也让不同国家发现了一些相似的问题，比如，从 20 世纪 30 年开始兴起的公司治理（Corporate Governance），由此，不同国家的立法者也意识到，如果各国法律能够取长补短、优势互补、彼此借鉴和合作，将能更有效率地解决类似的问题。所以，从 20 世纪 90 年代开始，英国首先对公司法及证券市场的规范加以修订，并且发布了检讨公司治理及公司财务的《坎特伯雷报告》（Cadbury Report）。发达国家的公司法原则和一些具体的规则也随着本国资本的流出而传播到其他国家。比如，在出现安然公司丑闻（Enron Scandal）之后，美国颁布了《萨班斯法》（Sarbanes-Oxley Act，July 2002），弥补在上市公司监控机制上的漏洞，该法也被欧洲和其他国家所关注，而且，这些国家也都受到启发，启动了本国公司法的检讨和修订程序。另一个示例是欧盟统一公司法的实践，目前欧盟已经颁布了十几个有关欧洲公司法的规则（Regulations）和指令（Directives），各个成员国不但执行规则的内容，也需按指令的内容修改本国法，这成为近来区域内协调内国公司法的典型范例。

二、西方主要资本主义国家公司法概述

（一）法国的公司立法

法国是欧洲资本主义制度的发祥地。《法国民法典》是世界上第一部资本主义性质的法典。从民法体系的结构看，法国属于民商分立的国家。商法是民法的特别法，而公司法又是商法的分支。早在 1673 年，法国就颁布了《商事敕令》，其中的“商人”一节对公司有专门的规定。到了 1681 年，法国又颁布了《海事条例》，其中也有关于公司的内容。1807 年，法国颁布第一部《商法典》，在吸收前两部商事立法的经验基础上，对公司进行专章的规定，在内容上也进行了扩充，条文数量达 29 条。将公司类型设定为无限公司、两合公司、股份公司以及股份两合公司。随着公司的普及，《商法典》的内容无法满足现实的需求，所以，法国在其后的 1856 年、1863 年和 1867 年陆续颁布了多个单行法规。到 1925 年，法国又制定了单行的《有限责任公司法》。1966 年法国制定并颁布了法典式的《公司法》，共计 509 条，代替以往的各种公司单行法。在法律的内容上进行了扩充，也对法律结构进行了更为科学的调整。除了对各种商事公司法的分别规定外，该法也规定了民事合伙和隐名合伙。前者具有法人地位。从颁布至今，法国议会也在不断修订《公司法》的内容。

（二）德国的公司立法

德国的公司立法例是我们研究大陆法系公司法的另一个蓝本。德国也是采用民商分立的国家。最早的德国公司立法可追溯至1861年的德国旧商法，其中的第二编是有关公司的规定。1897年的《德国商法典》丰富了公司法的内容，定名为“商事公司和隐名合伙”。1892年德国率先以单行法的方式确立了有限责任公司的法律地位。这一形式也为其他大陆法系国家或受到大陆法系影响的国家和地区所接受。进入20世纪，德国没有停止对商法典中公司法内容的修订。修订采用单行法的方式。1937年德国颁布单行的股份法，替代原商法典中的股份公司和股份两合公司的部分。当时德国正处在民族主义思潮盛行，国家急于摆脱经济困境的时期，在该单行法中新增了公司董事应将雇员利益放入经营考虑中的内容，与传统的公司法的理念明显不同。第二次世界大战后，德国又开始修改旧股份法，到1965年通过了新的股份法，删除了旧法中诸如雇员利益的内容，并增加了针对股份公司康采恩形式的规定，首次将调整对象扩展到关联企业。全法共四编410条。1892年的《有限责任公司法》出台后，为中小企业设定了新的选择模式，但是，内部封闭的有限责任公司也引发许多批评的声音。所以该法也历经多次修订，共计6章86条。比如，1980年的修订增加了保护债权人的内容，而且，德国立法部门一直计划对该法进行全面的修订。1976年德国颁布了《共同决策法》，按雇员人数的多少强制性要求公司吸纳雇员监事，参与公司的决策。实际上，早在该部法律颁布之前，德国公司已经具有雇员参与公司决策的惯例。在德国公司内部权力机制中，雇员的共同决策（或称参与决策）一直是突出的特色。另外，德国还有1994年颁布的《公司改组法》。

（三）英国的公司立法

作为一个历史悠久的海上贸易强国，英国发达的对外贸易也刺激了人们创制不同形态的企业模式，追逐最大化的利润。和大陆法系主要国家的立法例不同，英国是普通法国家，案例是法律的渊源，法律也没有民商法的建构。英国的公司立法从一开始就采单行法加案例的形式。这种方式也影响到其他普通法系国家。1856年英国颁布《合股公司法》，1862年颁布《公司法》，该部立法一直随实践和案例的发展而加以修订，当累积到一段时期，即对整部立法进行大的编纂，现在使用的是1984年《公司法》。但是，在1984年之后，大大小小的修订从未停止。如同其他欧盟国家一样，现在的英国公司法也要反映欧洲公司法指令的内容。因为英国与其他欧洲大陆国家在法律传统上分属不同的法系，所以，在英国一直存在保持本国公司法传统和与欧洲大陆协调的争论。

除了成文公司法外，英国还有丰富的案例规则。这些具体的规则日积月累，记载着英国公司法理念缓慢而长久的发展历史。

（四）美国的公司立法

早在美国独立之前，英国殖民者于17世纪初就在美洲大陆建立了具有“官”、“商”结合性质的公司，比如，弗吉尼亚和马萨诸塞海湾公司。这时的公司须从英国获得特许权证，往往具有多重职能，单纯的商事公司几乎不存在。

美国独立之后，公司仍采特许设立方式，商事公司迅速增多，涉及贸易、运输、保险、银行业多个领域。公司往往也参与城市建设和公共事业，以换取政府税收等方面的优惠待遇。优待意味着利润，当竞争并不发达的时候，争取设立公司的执照和公司参与政府项目的许可，成为公司的利润源泉。官员的腐败在所难免，公司的特许制度成为众矢之的。从 19 世纪 30 年代开始，美国许多州顺应自由竞争的倡导，通过了普通公司法或商事公司法，取消公司特权，制定统一的公司设立条件和明确依法注册的途径，明确公司的营利性特征。同时，非营利的法人团体另有单行法调整。

美国是联邦制的国家，公司法属州立法权限。各州都有单行的公司法，同时有大量累积的案例规则。为了协调各州公司法的发展节奏，反映公司法的发展趋势，美国律师协会（ABA）下设专门委员会，从 1950 年开始组织专家编纂《示范商事公司法》（Model Business Corporation Act，简称 MBCA），随时修订。最近的修订版称为 1984 年 MBCA。该法案非由立法机关制定，不具有法律约束力，但是，因为该法案颇具权威性，为一些州立法所采纳。而且，它也是研究美国公司法代表性规则和发展趋势的必备参考样本。

在美国，具有代表性的州公司法有特拉华州普通公司法（DGCL）、加州商事公司法（CBCL）、纽约州商事公司法（NYBCL）。

除了州成文法和案例法之外，美国一直有联邦公司法之辩。事实上，它并不是指美国有联邦单行公司法典，也没有联邦公司案例，因为公司案件只能够按照某个州的法律规定处理。所谓的联邦公司法，它只是针对那些联邦单行法中涉及公司的内容，比如，1890 年通过的《谢尔曼法》（Sherman Antitrust Act）、1914 年的《克雷顿法》（Clayton Antitrust Act）、1933 年的《证券法》（the Securities Act of 1933）和 1934 年的《证券交易法》（the Securities Exchange Act of 1934），2002 年美国又通过了《萨班斯法》（Sarbanes-Oxley Act），其中有大量内容是针对公司内部的权力结构设置和财务审计的，对美国公司和来美国上市的公司都会产生影响。

（五）日本的公司立法

明治维新之后，日本开始着手编订商法典，主要是借鉴法国和德国商法典的体例和内容，也采民商分立。从内容上看，日本商法典更接近德国商法典，于 1893 年实施。公司法是商法典的组成部分。虽经无数次的修订，但公司法仍作为商法的一编（第二编），同时，考虑到法典的内容不宜过于庞杂，日本也制定单行法以补充商法典之不足，比如，监察特例法、有限责任公司法，等等。第二次世界大战后，日本注重从英美国家，特别是美国，学习新的商事立法成果，并结合本国实际加以创新，比如，日本原遵从大陆法系的法定资本制，借鉴英美法系的授权资本制后，创制出折衷的资本制度。对董事的忠实职责也借鉴了美国的法律特色。在 2002 年公司法修改中，也曾对包括股份公司治理模式方面提供更多的选择。

三、我国公司法概述

在我国，公司是“舶来品”。公司立法的历史是从清末开始，而且一开始就伴随着对西方国家公司立法的研习和借鉴。

（一）历史演进

1. 1949 年前的公司立法

我国的公司制度是从西方国家引进的。中国长期的封建社会形成重农轻商的思想，商品经济长期受到抑制，无法在自己的土壤上自然而然地发展起来公司制度。帝国主义列强的军舰和大炮打开了中国的大门，外国商品、资本和公司企业形式一起涌入中国。19 世纪 60 年代，洋务派在中国推行近代军事工业，也带动了民用企业的发展。招商局就是以集股方式设立的最早的公司之一。1870 年清政府颁布《大清商律》，其中包括有公司律 131 条，规范了合资公司、合资有限公司、股份公司和股份有限公司。19 世纪末，清政府还陆续颁布了一些关于创办公司的法律，如《振兴工艺给奖章程》、《奖励公司章程》和《商人通则》。同时，清政府还委派专门的法律大臣，研究英国和日本的公司立法，到 1904 年，终于出台了我国的第一部《公司律》。1910 年，清政府又制定了《商律草案》，共计 334 条，但尚未实施，清政府即告灭亡。

中华民国成立后继续援用《公司律》。1914 年，又颁布了《公司条例》和《商人通则》，内容上借鉴了《德国商法典》，体例上仍效仿《日本商法典》。《公司条例》规范了四种公司形式：无限公司、两合公司、股份公司和股份两合公司。该条例曾作过两次修改。1929 年国民党政府采用民商合一体例，制定了《公司法》，共计 6 章 233 条，内容比较完整。该法于 1931 年 7 月 1 日起实施。1946 年对该法进行较大的修订，内容扩展至 10 章 361 条。公司类型增加了有限责任公司和外国公司两类。目前台湾地区的“公司法”就是在这部立法的基础上，经多年修订发展而来的。

2. 1949 年后的公司立法

新中国成立后，中央人民政府废除了国民党政府的一切法律，公司法也不再适用。当时，全国还有 1 万多家在新中国成立前设立的私营公司，1950 年 12 月 29 日政务院颁布了《私营企业暂行条例》，该条例共计 32 条。第二年又颁布了《私营企业暂行条例实施办法》，共 105 条。根据以上的条例和实施办法，私营企业是指私人投资并经营管理的组织，分为个人独资企业、合伙企业和公司三种形式，而公司又分为无限公司、两合公司、有限公司、股份公司和股份两合公司五种形式。进入社会主义改造时期，国家推行公私合营政策，政务院于 1954 年 9 月颁布了《公私合营工业企业暂行条例》。到 1956 年社会主义改造全部完成，原来的企业和公司已转变为社会主义国营企业和集体企业，私营企业不复存在，有关私营企业的条例和实施办法同时失效。

社会主义改造完成之后，国家注重推行计划经济，发展生产。生产性专业公司应运而生，1961年《国营工业企业工作条例》（又称“工业70条”）出台，规定企业间应通过各种形式、有计划地组织协作，实行物资定点供应。对企业间的联合途径规定为按行业或地区进行。这时的公司已不同于传统意义上的独立营利主体，而是成为实现国家经济政策的行政性公司。到1964年，国家推行大力发展工业的政策，效仿前苏联的工业联合公司的模式，从交通部门开始，试办托拉斯。加入托拉斯的公司丧失独立法人人格，各个专业公司的行政性特征更为明显，后来更成为行业的归口主管机关。

十一届三中全会后，国家逐渐按照市场规律推行经济体制改革。对内改革和对外开放同时推进。1979年，我国首先颁布了《中外合资经营企业法》，中外合资经营企业虽称为“企业”，但是，其组织形态实为有限责任公司。可见，我国当时对企业和公司是不作法律上的区分的。该法规定，中国合营者（股东）包括中国的企业、公司或其他经济组织，但不包括个人，而外国的合营者却包括个人。1980年，国务院发布《关于推动经济联合的暂行规定》，提出走联合之路，组织各种形式的经济联合体，为后来的联营企业的发展打下了基础。一时以来，各种名目的公司充斥市场。1985年国务院又发布了《关于进一步整顿公司的通知》，同时批准了国家工商局、对外经济贸易部、财政部等部委的一系列规章。诸如，1985年的《工商企业名称管理暂行规定》、《公司登记管理暂行条例》、1987年的《企业债券管理暂行条例》、1988年的《企业法人登记管理条例》及其施行细则。1986年国家通过的《民法通则》中，对于“法人”、“企业法人”都作出了规定，另外，该法还区分了“联营”的三种法律途径。而同年的《企业破产法（试行）》也是一部意义重大的法律，它不仅规定了企业破产的条件和程序等关于退出市场的法律机制，也是对人们观念的一大冲击。市场规律中竞争、优胜劣汰等法则为法律所尊重和体现。1988年国务院通过了《私营企业暂行条例》，规定私营企业采用独资企业、合伙企业和有限责任公司三种形式。同年，国家还颁布了《全民所有制工业企业法》，规定此类企业依法取得法人资格。这仍和我们今天对于企业和公司认识有差距。由于发展经济的需求非常迫切，法律的空白点比比皆是，所以，全国性法律、法规、部门规章、地方性法规、规定纷纷出台。虽然可以解燃眉之急，但是也难免缺乏系统性、协调性的问题，专门的公司立法已提上日程。

改革开放之后，一方面，国家对市场经济的规律的认识是不断丰富和明晰的；另一方面，在市场规范尚不完备的情况下，很多人借用公司、企业的形式，谋取自己的私利。所以，对公司的认识，对中国的股份制改革一直存在不同的意见。在这一背景下，我国早在20世纪80年代就酝酿制定公司法，当时的国家经济委员会和国家经济体制改革委员会曾于1983年起草公司法，但是，由于当时的条件尚不成熟，所以，起草工作持续了很多年，没有明确出台的时间表。到1992年，邓小平同志南巡讲话发表后，股份制改革获得了新的动力。制定公司规范已刻不容缓，是年5月15日，国家体改委、国家计委、财政部、中国人民银行、国务院生产办联合发布了《股份制企业试点办法》、《股份有限公司规范意见》、《有限责任公司规范意见》，其他配套规章也迅速出台。但是，这些规范尚不是国家立法机关制定的法律，而且有关公司法的规则散见于国务院不同部门通过的规章中，规范内容易产生冲突，而且法出多门，难以协调。所以，制定统一的公司立法的意见日盛，全国人大法工委起草了公司法草案，并经过多次听取意见和修改，到1993年12月29日，第八届全国人大常委会第四次会议审议通过了《中华人民共和国公司法》。这是新中国历史上第一部公司法，也是我国商事立法的重要成果。

我国《公司法》颁布之后，一共经历了三次修改：第一次是1999年12月25日第九届全国人民代表大会常务委员会第十三次会议修正；第二次是2004年8月28日第十届全国人民代表大会常务委员会第十一次会议修正，最近的一次是2005年10月27日第十届全国人民代表大会常务委员会第十八次会议修订通过，2006年1月1日施行。从修订所涉及的内容和条文上看，前两次修改都只涉及该法极个别的条款内容，2005年的修订是最为全面的。

《公司法》颁布之后，与其配套的法规也在不断地出台，比如，1994年国务院发布的《公司登记管理条例》、1995年国家工商行政管理局发布的《公司注册资本登记管理暂行规定》、1998年国务院批准的《企业法人法定代表人登记管理规定》。另外，一些在《公司法》颁布之前通过的法规仍然适用，比如，1991年的《企业名称登记管理规定》和《试点企业集团审批办法》。

（二）结构

经过2005年的修订，目前我国的《公司法》共计13章219条，于2006年1月1日开始实行。

《公司法》的章目安排如下：

第一章　总则（1～22条）

第二章　有限责任公司的设立和组织机构（23～71条）

　　第一节　设立（23～36条）

　　第二节　组织机构（37～57条）

　　第三节　一人有限责任公司的特别规定（58～64条）

　　第四节　国有独资公司的特别规定（65～71条）

第三章　有限责任公司的股权转让（72～76条）

第四章　股份公司的设立和组织机构（77～125条）

　　第一节　设立（77～98条）

　　第二节　股东大会（99～108条）

　　第三节　董事会、经理（109～117条）

　　第四节　监事会（118～120条）

　　第五节　上市公司组织机构的特别规定（121～125条）

本章小结

公司是依法设立的，具有营利性的社团法人组织。它和合伙、个人独资企业构成企业的基本形态。在我国，具有法人属性的公司应当满足《民法通则》所要求的法人特点。公司的股东对公司以其出资或者认购的股份额为限承担责任。独立法人和有限责任使得公司得到发展的基本要素。如果有人滥用这两大优势，损害债权人利益以换取自己的私利，应以“揭开公司面纱”的原理要求股东承担连带责任。

在公司的发展历史中，曾有过非营利的公司形式，当前，也仍有部分非营利实体采用公司形式，但是我国《公司法》将公司定性为“企业法人”，表明公司应以营利为目的，同时，我国《公司法》第5条也要求公司承担社会责任。

公司多为两个或者两个以上股东设立，并保持这一社团性，以股东之间的协商和相互监督实现公司内部的民主，与此同时，各国公司法大多允许一人公司的存在，无论实质上的一人公司或者形式上的一人公司。在一人公司中，我国的国有独资公司是国家经济生活中的主力军，有其独特的特点。

对公司的立法规制是各国民商法的一个重要组成部分。公司是市场经济中最重要的主体，其中的有限责任公司和股份有限公司代表着现在企业制度的基本企业类型，更是立法监管的重点。公司法规制公司组织和公司的活动，具有实体法与程序法结合、强制法与任意法结合、公法与私法结合的特点。

我国公司法的历史不长，对其他国家立法中的成熟经验加以借鉴，便于我国尽快提升立法的层次，完善内容和提高立法质量。

重要概念

公司、独立法人、社团法人、股东的有限责任、无限责任、营利性

同步测练与解析

一、单项选择题

1. 依照我国《公司法》的规定，一人公司的法定最低注册资本金为（　　）。
   A. 3 万元　　B. 5 万元　　C. 10 万元　　D. 20 万元
2. 欧盟各个公司法指令在成员国适用的方式是（　　）。
   A. 直接适用　　B. 通过成员国修改国内法适用
   C. 通过案例适用　　D. 由欧洲法院统一适用
3. 公司区别于其他社团法人的特点是（　　）。
   A. 营利性　　B. 社团性　　C. 财产　　D. 以上各项都是
4. 股东对（　　）承担有限责任。
   A. 公司　　B. 公司债权人　　C. 其他股东　　D. 公司职工
5. 某有限责任公司注册资本 50 万元，现有净资产 100 万元，流动资产 50 万元，全部资产价值 350 万元。对于该公司承担债务的正确表示是（　　）。
   A. 以注册资本为限对公司债权人承担责任
   B，以净资产为限对公司债权人承担责任
   C. 以流动资产为限对公司债权人承担责任
   D. 以全部资产对公司债权人承担责任

二、多项选择题

1. 依照我国《民法通则》的规定，法人应当具备的条件是（　　）。
   A. 依法成立　　B. 有必要的财产或者经费
   C. 有自己的名称、组织机构和场所　　D. 能够独立承担民事责任
2. 以下对公司法性质的表述，正确的说法是（　　）。
   A. 公司法兼有强制法与任意法的双重性质
   B. 公司法兼有强制法和组织法的双重性质
   C. 公司法兼有程序法和实体法的双重性质
   D. 公司法兼有公法和私法的双重性质

三、简答题

1. “一人公司”包括几种情形？我国《公司法》认可的一人公司的情形有哪些？

2. 谈谈你对公司法属性的认识。

四、论述题

1. 谈谈你对公司的基本法律特征的理解。

2. 公司独立法人资格与公司人格否认的关系是什么？

五、案例题

甲公司因买卖合同纠纷将乙公司诉至法院，还追加乙公司控股股东王某为共同被告，要求后者承担连带责任。

甲公司的理由是：控股股东王某在被告公司中占有80%股份，她还担任该公司的法人代表。利用她的优势地位，她将被告公司从原告公司购买的产品转交给另一家丙公司。被告公司只是名义上的收货人，提供仓库中转货物。丙公司才是实际的收货人和收益人。该公司的股东有两个人：王某和她的丈夫。

依照我国《公司法》有关“揭开公司面纱”的规定，你认为原告应就哪些方面举证？请说明理由。

参考答案

一、单项选择题

1. C　2. B　3. A　4. A　5. D

二、多项选择题

1. ABCD　2. ACD

三、简答题（略）

四、论述题（略）

五、案例题

案例题考察的是我国《公司法》第20条对于“揭开公司面纱“的规定。

原告必须证明：公司股东滥用公司法人独立地位和股东有限责任，逃避债务，严重损害公司债权人利益的，即控股股东王某设立乙公司和丙公司并利用两者转移货物的做法，是否在逃避债务，造成乙公司无法偿还对甲公司所欠的货款，如此才应当对公司债务承担连带责任。

第二章

CHAPTER TWO

公司的种类

学习目标

为了立法和研究的便利，对各种公司可以加以分类。不同国家的传统和实践影响到公司分类的标准。本章主要探讨各主要国家公司的法定类型，同时，对于实践中常见的学理分类和各类公司的主要特征，也将有所涉及。通过本章的学习，把握有限责任公司与股份有限公司的定义、特点和异同点；了解一人公司的定义与特点；了解国有独资公司的定义、特点；了解国外分类中的封闭型公司与公众公司、无限公司、两合公司的定义等。

重点难点提示

- 有限责任公司定义
- 股份有限公司定义
- 有限责任公司与股份有限公司的差异
- 一人公司定义
- 国有独资公司定义
- 上市公司定义
- 人合公司与资合公司的差异
- 控股公司的定义
- 母公司、子公司与分公司的定义，后两种公司的差别
- 封闭型公司的定义
- 公众公司的定义
- 无限公司的定义
- 两合公司的定义

第一节 大陆法系国家主要的公司分类

大陆法系国家公司的法定类型主要采用股东责任形式标准。所以，本节首先探讨这一标准下的公司类型。

一、按照股东的责任形态对公司的分类

按此标准，大陆法系国家的公司立法，无论采用法典、单行公司法或公司具体类型特别法律的方式，都在法律上将公司分为无限公司、两合公司、股份两合公司、股份有限公司和有限责任公司。这一分类也代表了公司演变的漫长历史。下面分别说明不同种类公司的法律特点。

（一）无限责任公司

简称“无限公司”。这是公司的最初形态，目前在一些国家和地区仍然存在，但是数量极少，而且几乎没有新设的无限公司。这和无限公司的下列特点有关：

（1）无限公司取得法人资格，和合伙相比，无限公司有相对稳定的内部组织形态，公司有自己的商号、地址，便利对外联系。公司名称应注明“无限责任”字样。有些国家的法律要求无限公司的名称中应加入一个或几个股东的姓名或名称，《法国商事公司法》第11条即是如此规定①。

（2）无限公司的股东人数一般有下限的安排，多为2人。

（3）股东都对外承担无限连带责任。如果公司的资产不足以承担其债务，债权人可主张任一股东或全体股东就不足部分对其承担责任。股东之间就此债务承担连带责任。任一股东对外清偿后，有权按出资比例或约定比例向其他股东求偿。对于债权人向股东提出的偿债请求，如果股东能够证明公司资产足以清偿其债务，股东不必首先以个人财产对公司债权人承担责任。特别需要指出的是，对于第三人向股东追偿的条件，各国法律都有一定的要求，以《韩国商法》为例，其第212条设定了两种情形：① 公司财产不足以清偿公司债务时；或② 对公司财产的强制执行未见效时②。

（4）股东出资方式和合伙相似，可以财产、债权、劳务或信用出资，而且，无须在公司成立之初就全部完成出资。以《日本商法典》第69条的规定为例，如果股东采债权出资方式的，且债权于清偿期不予清偿，则该股东应负清偿责任。于此情形，该股东除了

① 法国公司法规范．李萍，译．北京：法律出版社，1999：26.
② 韩国商法．吴日焕，译．北京：中国政法大学出版社，1999：44.

应支付利息外，还应赔偿损失①。

（5）除非公司章程有特别规定，股东均有对内执行业务和对外代表公司的权力。对股东代表权的限制，不得对抗善意第三人。

（6）股东转让股份、新股东加入，一般须征得全体股东的一致同意。

（7）股东可以退股，退股的原因和程序在法律和公司章程中规定。

（8）股东的竞业禁止义务，即股东未经其他股东的同意，不得为自己或者为第三人进行属于公司营业范围内的交易，也不能成为以同种营业为目的的其他公司的无限责任股东或董事。

可见，无限公司对债权人具有双重担保的意义，当然，与其说债权人关注公司的资产实力，不如说他更看中股东个人的信用。股东的个人信用是无限公司的成立基础。没有彼此的信任，股东无法聚合在无限公司名下。同时，信任使得公司封闭和保持较小的规模，原因是公司偿债风险大，限制了此类公司的投资规模和成长空间。

从公司的发展史上看，早期的无限公司也有营利以外的功能，所以，有些国家仍称此类公司的投资者为“成员”或“社员”（Members）。

（二）两合公司

在有些国家也称为“有限合伙”或“隐名合伙”。也有称为“简单两合公司”。公司中有两类股东：一种是承担无限责任的，另一种是仅以出资额为限对公司承担责任的。两合公司的法律特征主要有：

（1）股东至少为2人，即至少一名无限责任股东和至少一名有限责任股东。

（2）无限责任股东的地位相当于无限公司中的股东。

（3）有限责任股东得以货币或其他财产出资，但不得以信用、劳务或技艺等出资。

（4）公司的名称中可加入无限责任股东的姓名或名称，并注明“两合公司”。

（5）两合公司由无限责任股东负责经营，有限责任股东不参与公司的经营管理，亦不得对外代表公司，但对公司的经营管理有监督权。

（6）有限责任公司股东为自己或第三人进行属于公司营业部类的交易，或成为经营同种营业公司的无限责任股东或董事时，无须经其他股东承诺。在《日本商法典》、《韩国商法典》中都被称为“有限责任股东的竞业自由”。

两合公司的资信基础有两个部分：一是公司的资产，包括有限责任股东承诺的出资部分；二是无限责任股东的个人信用。而且，有限责任股东并不参与公司的经营管理，因此，股东之间仍需维持彼此的信任。和隐名合伙仍有相似之处，有些国家仍称此类公司的投资者为“成员”或“社员”（Members）。

---

① 日本商法典．王书江，等，译．北京：中国法制出版社，2000：15.

（三）股份有限公司

简称为“股份公司”。公司资本划分成等额股份，股东认购公司股份，按认购的股份额享有权利和承担风险。按照股份是否在国家认可的证券交易市场挂牌买卖，可将公司再分为上市公司（Listed Corporations）和非上市公司。上市公司是其股票在证券交易所交易的股份公司。从设立的意义考虑，成立股份公司的目的为向更多的公众筹资，所以，上市公司是更有典型意义的选择，也是公司法、证券法及其配套法律、法规共同调整的对象。所以，在实践中，股份公司多与上市公司混用。上市公司的法律特征和优势在于：

（1）公司面向公众筹资，其股东人数无上限要求，下限以 2 人的规定居多。但是，也有的国家有更多人数的要求，比如，《法国商事公司法》第 73 条规定，股份公司股东不得少于 7 人①。

（2）可以使公司快速集中社会闲散资金，实现规模投资效益。

（3）多数投资者可在市场自由买卖股份，随时实现股份变现。

（4）公司可依法发行多种股票和债券，融资途径多样化。

（5）公司多采用集中管理模式，由专业人士担任公司的管理职务，所有和经营分离，实现资本和经营的有效结合。

（6）因为存在代理成本（Agency Cost），为保护股东和社会公众的利益，稳定市场，法律对公司信息披露有强制性的规定。

（7）法律对公司的最低注册资本额一般有要求，比如，《德国股份公司法》的规定是 50 000 欧元，韩国商法规定为 5 000 万韩元以上。

（8）除了个别国家外，公司可采发起设立或募集设立方式。

（9）公司名称应注明“股份公司”字样。

（10）除了设立阶段的发起人之外，公众股东应以货币认购公司股份。

（四）股份两合公司

在《法国商事公司法》和《德国股份公司法》中，股份两合公司都是一种特殊的两合公司，糅合一般两合公司和股份有限公司的部分特征。公司的资本划分成等额股份，由两类股东认购：一种是对公司的债务承担无限责任的股东，公司应至少有一名无限责任股东；另一种是以认购的股份额为限对公司承担有限责任的股东。

股份两合公司也是独立法人，经注册设立；公司名称应注明“股份两合”的字样；一般有股东最低人数的要求，比如《法国商事公司法》规定，承担有限责任的股东不得少于 3 人，而《德国股份公司法》则规定，至少应有 5 个股东，其中至少一人为承担无限责任的股东。

除了法律对股份两合公司的特别规定外，有关一般两合公司和股份公司的规定也适用于

---

① 法国公司法规范．李萍，译．北京：法律出版社，1999：55.

股份两合公司。比如，无限责任股东的经营权和代表权，无限责任股东的竞业禁止，等等。

韩国和我国的台湾地区都曾借鉴欧洲大陆国家的立法成果，引入股份两合公司制度，但是，因为在实践中数量有限，后来在修订商法典和公司法的过程中，分别废止了有关规定。公司法定类型中不再保留股份两合公司。

（五）有限责任公司

也称为“有限公司”。在所有公司类型中最晚创制，德国率先出单行法。有限公司的法律特征可归纳如下：

（1）在法律上对股东人数做上限的规定，立法者的考虑是，封闭的有限公司不可能形成股东对其他多数股东的信任。如果多数人意图成立公司，可以考虑采用股份公司的形式。比如，《法国商事公司法》规定，公司股东人数不得超过50人，如果超过，在两年之内，或转成股份公司，或减少股东数，否则，过期公司应解散。但也有国家法律不特别规定股东人数上限，而且允许一人公司的存在，当然，对于后者，法律可有特别要求，以期保护善意的第三人。

（2）公司的章程和名称中也要注明公司的类型为“有限责任公司”。

（3）公司成立章程须有全体股东签字。

（4）公司应保证达到最低注册资本额，而且，应由股东缴纳。有的国家法律还要求每个股东出资达到最低额度。

（5）公司资本可以划成等额股份，但不得对公众发行股份和公开交易股份。股东可向其他股东或第三人转让全部或部分股份（出资），但有法律和章程规定的条件和程序，比如，为保护股东之间的相互信任，在同等条件下，其他股东享有优先认购权。

（6）公司的机构设置一般和股份公司一致，除非公司的股东人数有限，同时，为节省代理成本和保持公司的封闭性，股东多在不同的治理机关任职，所以，有限公司一般不存在所有和经营的分离。

（7）公司不对公众承担披露内部财务和经营信息的义务。

（8）有限公司不得对公众发行债券。

（9）有限公司也可适用于非营利目的。

二、按照公司的信用基础对公司的分类

按照公司的信用基础可将公司分为人合公司和资合公司，这是学术界常见的公司归类方法。

（一）人合公司

人合公司是复数股东组成的组织体，股东的信用是公司对外信用的基础。因股东须以自身资产对公司的债权人直接承担责任，所以，对于债权人而言，公司现有资产多少，只是其偿债能力的一个证明，股东的个人信用是对债权人提供保证的第二屏障。如果公司的

资产不足以偿还债务，债权人可以要求任一股东以其个人资产偿还差额部分。该股东对外偿清债务后，可向其他股东按出资比例或约定比例主张权利。如果人合公司的股东个人资信良好，更容易得到包括债权人在内的社会其他成员的认可，也更有利于公司的发展。从出资方式看，股东对公司可以财产出资，也可以债权、信用、劳务或技能出资。一般情况下，人合公司的股东不存在所有和经营的分离。除非股东在章程中有特别规定，股东都享有经营管理公司的权利，股东都有对外代表权。法律一般也允许股东平等享有公司事务的决策权。人合公司的股东彼此之间存在相互信任的关系，信任带来收益，也可能招致风险。所以，信任和无限责任也限制了人合公司的发展空间。

（二）资合公司

资合公司的资产是公司对外承担责任的唯一基础。股东之间除了资本聚合在公司的名下外，不存在其他的联系，股东无须信任彼此，股东也无须对公司承担出资以外的义务，对公司的债务不直接承担责任。从资本和管理的组合效率出发，资合公司多采集中管理方式（Centralized Management），资合公司的股东多数仅为出资人（认股人），而经营由专门聘请的具有专业技能的人执行，形成经济学界所研讨的代理模式。资合公司实现了所有权和经营权的分离。

无限公司是典型的人合公司；股份有限公司，特别是其中的上市公司，是典型的资合公司；两合公司更多地以无限公司为借鉴，也吸收了股份公司的特点，所以是在人合公司基础上糅合资合特征的混合型公司；有限公司也是混合型的公司，但和两合公司有所区别，它是在资合公司的基础上，借鉴人合特征的公司类型。

三、按公司之间的控制/从属关系分类

公司可分为控股公司（Controlling Companies，Holding Companies）/母公司（Parent Companies）和从属公司（Affiliated Companies）/子公司（Subsidiaries）。

对于公司而言，所谓控制，旨在说明公司之间对彼此的内部事务和对外关系是否具有影响力。公司虽为法律上独立的实体，在理论上对自己的事务表达独立的意思，按自己的意愿为一定的行为。但是，公司之间可以因股权或其他原因（比如合同关系）形成控制或被控制（从属）的关系。常见的控制由股权投资形成，即一家公司直接或间接持有另一家公司的一定股份，足以形成对该另一家公司经营决策的决定权。前者被称为控股公司，而后者为从属公司。这也是公司法上所调整的控制与从属关系。

控股公司与母公司经常混用，但两者有微妙的差别。控股公司分为两种，单纯控股公司，即公司的设立宗旨为投资其他公司实现股权的直接和间接控制影响。在我国，单纯控股公司又称为投资公司，须由单独的法规加以调整。另一种控股公司为混合控股公司，具有双重职能，既实现投资功能，也有特定的经营范围。在这一意义上，混合控股公司相当于母公司。

母公司与子公司相对。接受母公司直接或间接投资达到一定比例，进而影响到其决策的公司为子公司。母公司和子公司都是具有独立法人资格的实体。

公司独立法人和股东有限责任的特征促使投资者可以在分散风险的情况下，实现投资的多元化，即通过设立不同但是股东有控制权的公司来进入不同的领域，从整体上分散投资风险，进而实现稳定的利润和市场占有率。

控制和影响的比例是否存在量化的标准呢？传统的比例为持有另一家公司的50%的出资或股份；如果持股比例达到另一家公司的100%，后者成为前一家公司（母公司）的全资子公司。

控股也分为绝对控股和相对控股：前者指持股比例达50%以上，而后者不到50%。但是，下限的比例划法不一，普遍是在25%～30%；在这个比例以上，可以因公司股份分散，或与其他股东合并形成控制。而不到30%的股份出资，一般称为“参股”。如果我们观察现实中的大型上市公司，如果公司股权分散，那么，股东单独和联合持有公司对外发行股份的10%，甚至5%，都可以对公司实施一定的影响力。可见，控制的量化标准是很难划定的，而且，即使给出标准，也很难吻合每个公司的实际情况。

考虑到上述两种情况，我国《公司法》对控制股东的认定提供了两个标准。按照《公司法》第217条规定，控制股东，是指其出资额占有限责任公司资本总额50%以上的股东或者其持有的股份占股份有限公司股本总额50%以上的股东；出资额或者持有的股份虽然不足50%，但依其出资额或者持有的股份所享有的表决权已足以对股东会、股东大会的决议产生重大影响的鼓动。

《德国股份公司法》规定，有两种途径产生企业间控制与从属的关系：其一，前者为可直接或间接对后者施加支配性影响的、法律上独立的企业；其二，某企业为被多数参与的企业，该企业即从属于以多数对其进行参与的企业。

2005年修订的我国《公司法》第一次对“控股公司”加以规定。不过在此之前，在中国证券监督管理委员会颁布的《上市公司章程指引》（1997年12月16日）第41条中规定，具备下列条件之一的股东为控股股东：

（1）此人单独或者与他人一致行动时，可以选出半数以上的董事；

（2）此人单独或者与他人一致行动时，可以行使公司30%以上的表决权或者可以控制公司30%以上表决权的行使；

（3）此人单独或者与他人一致行动时，持有公司30%以上的股份；

（4）此人单独或者与他人一致行动时，可以以其他方式在事实上控制公司。

可见，我国在实践中也倾向于借鉴其他国家的广义认定标准，不仅仅局限在公司之间是否有股权关系，也引入了上市公司的股东行动中的“一致行动”标准，即“两个或两个以上的人以口头或书面协议方式达成一致，通过任何一个人取得对公司的表决权，以达到或者巩固控制公司的目的的行为”。

与母、子公司的法律属性一样，控股公司与从属公司也是彼此独立的。但是，股权的联系可以使几个公司成为一个公司集团。在现代经济环境下，有直接或间接的股权关系使得公司之间在经营决策和对外关系时可以采取统一的行动，减少风险，或者通过内部的协调实现利益的调整。由此，可能产生利用不同公司独立人格、股东有限责任的优势，损害债权人利益的问题，引起立法、司法和学术界的一致重视。比如，我国《公司法》第16条对表决权的限制，旨在防止控制股东干预其所投资的公司表决，对控制公司提供担保：

“公司向其他企业投资或者为他人提供担保，依照公司章程的规定，由董事会或者股东会、股东大会决议；公司章程对投资或者担保的总额及单项投资或者担保的数额有限额规定的，不得超过规定的限额。

公司为公司股东或者实际控制人提供担保的，必须经股东会或者股东大会决议。

前款规定的股东或者受前款规定的实际控制人支配的股东，不得参加前款规定事项的表决。该项表决由出席会议的其他股东所持表决权的过半数通过。”

不仅如此，当跨国公司通过不同集团成员内部的利益安排，实现风险的输出和利润的转移时，各国之间的法律合作是必不可少的，比如，国家之间双边的税收协定。

四、按公司内部的管辖关系对公司类型的划分

按此标准，公司可分为本公司和分公司。本公司又称为总公司，它是整个公司体系的总部。依据体系内部经营业务和区域业务划分，本公司可设分公司。本公司为独立法人，而分公司只是本公司在其住所以外设立的从事经营活动的机构，不具有企业法人资格。本公司对分公司有财务和人事管理权。分公司的业务是本公司经营范围的组成部分，不得超出本公司的经营范围。分公司的名称应标明它和本公司的关系。分公司不得独立对外承担责任。在我国，分公司虽然不具法人资格，但是有经营资格，所以本公司应向分公司所在地的公司登记机关申请，经核准登记，取得分公司的《营业执照》。

为交易的便利，本公司可以将相对独立的财产交由分公司经营；在该财产范围内，本公司可授权分公司独立对外签订合同，形成债权债务关系。一旦出现债务，先以分公司的财产清偿，不足部分由本公司偿付。

五、按国籍对公司类型的划分

如同自然人一样，公司也有国籍，即在法律上与某个国家或地区形成的稳定和持续联系。判定公司国籍的标准有多种，不同国家采用不同的标准。目前，法律和学术界已形成以下的标准：

（1）注册地或登记地标准，即按照公司设立登记地或注册地判断公司国籍。我国采用此标准，依照我国法律、在中国境内设立的公司为中国公司。

（2）住所地标准，即以公司的法定机构所在地国家判断公司的国籍。

（3）主营业地标准，以公司的主要业务所在地国家作为公司的国籍国。

（4）主事务所标准，是指公司的主要事务机构所在地，比如公司总部所在地。

（5）设立人国籍标准，以设立人或多数设立人国籍作为公司的国籍。

（6）实际控制标准，分析公司实际由何国股东控制，该控制股东国籍为公司国籍。

（7）复合标准，把公司的注册登记地和公司住所结合起来确定公司国籍。

按照注册地标准，依照外国法律、在外国设立登记的公司为外国公司。外国公司可以按照我国法律，在我国境内设立分支机构。按照我国《公司法》第203条规定，外国公司属外国法人，其在我国境内设立的分支机构也不具有中国法人资格。

和大陆法系的单一制国家的法律比较，美国的规定比较特殊。因为美国是联邦国家，所以，各州公司法所称的外国公司（Foreign Corporations）也指外州公司，对应本州公司（Domestic Corporations）。外国（州）公司在本州从事营利性活动，一般须在本州备案。

第二节　英美国家对公司的分类

一、英国公司法上的分类

（一）开放型公司与封闭型公司

按照公司的股份是否公开发行和交易，英国公司法将公司分为开放型公司（Public Companies）和封闭型公司（Private Companies）。

1. 开放型公司

前者也被称为“上市”公司、公开公司或多数人公司。该类公司的股份在公开的市场上发行和交易，因有公众投资者参与投资，甚至人数庞大，所以公司的财务信息或和其他将影响投资者投资选择的重大信息应及时向公众披露；法律对披露信息有强制性的规定。按照英国1985年《公司法》第118条和第101条的规定，开放型公司须满足最低注册资本额50 000英镑，但是无须由股东全额付足，只需支付其中的1/4即可。当然，公司在成立后，有权视经营需要，要求股东支付尚未付足的部分。《欧盟公司第2号指令法》也规定，欧洲公司如为上市公司，须达到最低注册资本额25 000欧元。股东按认购的股份额对公司承担有限责任。另外，公开公司应在章程和公司名称中标明其为公开型有限责任公司（Public Limited Company，或简称为PLC，或plc）。

2. 封闭型公司

封闭型公司也叫做“非上市”公司、不公开公司或少数人公司，不对公众发行股票和债券，股份不得在公开的市场交易，可以在股东之间或股东与第三人之间转让，信息也无须向股东以外的人披露。因为不会影响到公众的投资利益，所以对于其注册资本，公司法没有特别要求。封闭型公司的股东可能承担有限责任，也可能承担无限责任。

按照《英国公司法》，开放型公司和封闭型可依法相互转换形式。实践中，多数公司是从封闭型发展到一定阶段和规模后，按程序转成开放型公司。相比之下，少有公司从一开始成立就选择公开型模式，毕竟后者成立和运作的过程都有较多强制性的规定约束，披露内容和程序严格复杂，运作成本也高，新生企业很难在公司起步之初承受如此的压力。无论选择如何转变，都需要公司股东按照法律形成多数决议，表示同意转型，依法需要的表决票数至少应达到75%。如果由封闭型公司转成公开型公司，公司应向注册官员提供法定声明，表示：(1) 法定最低注册资本额已经满足；(2) 股东已按法律规定通过多数决议同意转型。注册处接受公司的声明，并签发成立证书（Certificate of Incorporation），该证书是公司重新注册为公开型公司的最终证明。

从公开型公司转成封闭型公司的过程可能更加充满变数。主要的原因之一是股东可能发现难以卖掉手中的股份；原因之二是法律特别规定保护处于少数的股东。对于那些不同意转型的股东，《英国公司法》第54条规定了如下的办法：如果公司多数股东通过特别决策同意转型，但是持有公司票面额5%以上（含5%）的股东或50人以上（含50人）的股东向法院提出撤销决策的请求，法院有裁量权决定是否撤销股东会决议。

英国法对公司这一划分方式，影响到后来美国法的划分准则。

（二）注册公司与非注册公司

按照公司是否按照公司法的条件和程序向国家主管部门登记备案，公司可以分为注册公司（Incorporated Companies）与非注册公司（Unincorporated Companies）。英国公司的设立立法原则经历过自由设立主义、特许主义，到现在的准则主义。英国历史上曾有相当长的一段时间采用设立特许原则，王室或上议院对公司申请是单个受理、单个审批，标准并不统一。随着英国第一部公司法——《合股公司法》于1844年出台，公司设立的一般条件开始形成。到1862年制定统一的公司法，公司设立的条件和程序更加明确，按照统一的公司法设立的公司被称为注册公司。反之，依照特许制度或特别法设立的公司即是非注册公司。非注册公司不仅在设立阶段，而且在日后的存续过程中都可能不完全适用、甚至根本不适用公司法。

（三）有限责任公司和无限责任公司

英国法也按照股东责任形式区分有限责任公司和无限责任公司。股东的责任形态和大陆法系的规定基本一致，而且在现实生活中，无限责任公司的数量也非常有限。唯一特殊的规定在于，按照责任限定方式的不同，有限责任公司又分为股份有限公司（Companies Limited by Shares）和担保有限公司（Companies Limited by Guarantee）。前者的股东对公司承担的责任以认购的股份为限，在授权资本制下，如果股东只是承诺认购一定的公司股份，但是尚未全部缴纳股款，当公司结业或遭遇特定情形时，股东在其承诺认购的股份额内对公司承担偿付责任。股份有限公司应在名称和章程中列明“股份有限”的字样，同时，按照《英国公司法》第2（5）（a）的规定，公司章程应载入公司的名义资本，即公司拟发行的股本总额。但是股东无须在公司成立之时全部认购，每个股东只需认购1股，公司即可成立。

后者是股东按照其承诺的担保数额对公司承担有限责任。按照修订后的《公司法》第1（4）条的规定，未来新设的担保有限公司在存续期间不得拥有股本，可见，此类公司不适用于从事营利性活动。事实上，担保有限公司多为半官方性质或非营利实体，比如，执行金融服务市场的监管职能的机构，或房屋业主管理机构，等等。

（四）控制公司/母公司和从属公司/子公司

按照公司之间的制约关系对公司进行分类，是两大法系在成文法和/或案例中采纳的，也是学术界观察公司关系和行为模式的重要视角。随着公司之间的关系越来越复杂，仅仅以股权比例为标准，难以完全说明目前控制的真正现实；比如，利用对另一公司董事会人选选择和排斥的权利也可实现控制。所以，法律对母子公司的判断标准不断充实。以《英国公司法》为例，1985年公司法只规定了以下几种情况：

一家公司因为是（1）另一家公司的成员，而且该另一家公司控制其董事会的组成；或（2）该另一家公司持有其名义股本的一半以上；或（3）该公司为另一家公司子公司的子公司。

但是，考虑到该定义忽略了公司多通过行使投票权实施控制的情况，1989年《公司法》修订时，就重新明确了划分的标准。总体说来，有两个适用目的不同的定义方式，一是财务目的的定义，明确何时决定合并报表；另一个是其他目的的定义，为此目的，母子关系形成，应至少符合以下一个条件：

（1）控股公司掌握子公司的多数表决权；或

（2）是另一家公司的成员，而且有权选任或解除多数董事的职务；或

（3）是另一家公司的成员，依照与其他股东或成员的协议，单独控制该另一家公司的多数表决权；或

（4）为另一家公司子公司的子公司。

至于全资子公司，英国法的解释和大陆法没有不同，即指该公司的股份完全由另一家公司所有。

二、美国法上的公司分类

美国的股份公开型公司，只要符合以下任一条件，即为股份公开型公司（Publicly Held Corporations）：

（1）股票在证券交易所上市的公司；或

（2）股票交易价格随时向公众公布的公司。

1934年联邦《证券交易法》规定，资产超过500万美元的公司，如果某类股票的股

东人数超过500人，公司必须向联邦证券交易委员会登记该类股票。

除此之外，都是股份封闭型公司（Closely Held Corporations）。

美国法上还有一种特殊的形式——有限责任公司（Limited Liability Companies，简称LLC）。有限责任公司是合伙和公司的混合体。公司的投资者为成员（Members），不称为股东，按照彼此之间的协议提供资本和管理公司，并彼此约定公司的期限，这和合伙的特征非常接近。成员不得随意向外转让其在公司的利益。成员对公司的债务不承担个人责任，这一点又和公司相近。

美国各州都有有限责任公司的专门法。最早通过此类成文法的是怀俄明州。为了统一各州的相关法律，指明各州该类立法的发展趋势，1996年美国统一州际法协会通过了《示范有限责任公司法案》（ULLCA）。有限责任公司多由两个或两个以上的成员组成，目前也有一个成员成立的有限责任公司。在美国各州的立法中，有限责任公司须向州政府备案。近期的立法许可有限责任公司不设定期限。

多数州立法规定，成员按照出资比例享有收益，也有规定均等承担收益的。成员从有限责任公司领取出资证明书。公司分派收益须经过全体成员的一致同意。如果没有约定，成员无权从公司获取报酬。

有限责任公司的内部治理模式有两种：成员管理的模式和经理管理的模式。其中，后一种方式须特别列明。在多数州成文法中，成员管理的公司更像合伙，其中，各成员如同合伙人一样享有广泛的管理权（经营权）。而在经理管理的公司中，成员对公司的经营管理权受到限制。一般而言，在成员管理模式的公司中，成员对公司事务的决策表决权有其出资比例决定；当然，成文法不禁止成员约定平等地享有表决权。

在成员管理的公司中，每个成员都对其他成员承担信义义务（Fiduciary Duties）；而在经理管理的公司中，成员并不承担信义义务，而是参与管理的经理承担信义义务，不参与管理的成员不承担责任。

多数州的成文法规定，成员向成员以外的人转让出资利益，须征得全体成员的一直同意；目前也有州法律规定，公司可在组织大纲中规定无须一致同意转让的表决数，成员也可向公司债权人转让出资。

有限责任公司具有法人资格，成员不对公司的债务直接承担责任，但是，为了实现衡平法上的公平正义，也可按“揭开公司面纱”的规则直接追究成员的责任。有限责任公司不是所得税纳税主体，而是由各个成员缴纳所得税。

第三节 我国《公司法》对公司类型的划分

我国《公司法》借鉴大陆法系的公司划分标准，结合此前国务院已经颁布的两个规范意见，分析代表公司制度发展主流的公司类型，也按照股东的责任形态划分法定的公司类型，将公司法的调整对象限定为有限责任公司和股份有限公司；至于大陆法系国家尚存的无限公司、两合公司，考虑到它们的数量有限，而且在特征上和合伙较为接近，所以，不再将其作为我国公司的法定类型加以规定。同时，在有限责任公司和股份有限公司的大类别中，又分别再划分有更具体的公司类型：有限责任公司中特别规定国有独资公司；股份公司中特别规定上市公司。另外，外商投资企业中有外商投资的有限责任公司和股份有限公司形式的，按照我国《公司法》第218条的规定，应适用公司法的一般规定；但是，中外合资经营企业、中外合作企业、外资企业的法律有特别规定的，适用其特别规定。

下面，结合我国《公司法》的相关条款，以列表方式归纳有限公司与股份公司的法定差异。如和前面大陆法系国家的法律规定比较，也可以了解我国法律规定的特色。

（一）按照股东的责任形态划分

表2-1　　公司的分类

	有限责任公司 （简称“有限公司”）	股份有限公司 （简称“股份公司”）
股东人数	50人以下出资设立（第24条） 一人公司：① 国有独资公司 ② 外资独资公司（外资企业→外资独资企业→外资独资公司） ③ 其他一人有限责任公司	发起人为2人以上200人以下（第79条）
股东的出资或股份认购（公司注册资本是否划分成等额单位——股份）	出资（不划分，第3条）	认购股份（划分，第3条、第126条）
最低注册资本额	3万元；一人公司：10万元（第26条；第59条）	500万元（第79条）
设立方式	发起设立	① 发起设立 ② 募集设立（第78条）
设立原则	① 核准制《公司登记管理条例》（第20条） ② 登记制	① 核准制《公司登记管理条例》（第21条）；《证券法》（第12条） ② 登记制
章程的法定必备事项	第25条	第82条

续表

	有限责任公司 （简称“有限公司”）	股份有限公司 （简称“股份公司”）
公司治理机构	① 股东会（国有独资公司和外商投资的有限公司不设） ② 董事会（执行董事，第 51 条） ③ 事会（一至二名监事，第 52 条）	① 股东大会 ② 董事会 ③ 监事会
股东会/股东大会的职权	第 38 条、第 67 条	第 100 条
董事会的成员和规模	职工代表（非股东来源） 3～13 人（第 45 条、第 68 条）	独立董事（《关于在上市公司建立独立董事制度的指导意见》） 5～19 人（第 109 条）
监事会的成员	国有独资公司监事会主席由国资委指定（第 52 条、第 71 条）	第 118 条
出资/股份转让/交易	第三章（第 72～76 条）	第五章第二节（第 138～146 条）
债券发行的主体资格	《证券法》（第 16 条）	《证券法》（第 16 条） 股份公司可以依法发行可转换公司债券（《公司法》第 162～163 条，《证券法》第 11 条，《可转换公司债券条例》，1997 年国务院）
股东检查权的内容	第 34 条	第 98 条
公告和信息披露	无要求 封闭性	第 146 条 另见：《证券法》
法律属性归纳	资合＋人合	资合公司（上市公司）

（二）国有独资公司

国有独资公司是一种特殊类型的“一人”公司。虽然我国在 2005 年修订后的《公司法》中已经一般性地允许设立一人有限责任公司，但是与包括外商独资的其他一人有限责任公司相比，国有独资公司仍在经济和法律意义上具有特殊性，所以我国《公司法》的规定为国家作为唯一股东的一人公司提供了特别的内容。

顾名思义，国有独资公司是指国家授权投资的机构或者国家授权的部门单独投资设立的有限责任公司。公司的唯一股东是国家，国家是以专门的投资机构或部门代表国家投资和行使股东权利的。比如，我国新近成立的国家国有资产监督管理委员会（SASAC，简称“国资委”）代表国家对196家国有大型企业（包括独资公司）行使股东权利。按照《公司法》的规定，生产特殊产品或属于特定行业的公司，应当采取国有独资公司的形式，禁止其他法人和社会公众参与投资。

国有独资公司具有以下特点：

（1）因为只有一个股东，所以国有独资公司不设股东会；董事会经授权可以行使股东会的部分权力，重大事项才由国有资产监督管理机构决定，诸如公司的合并、分立、解散、增加或者减少注册资本和发行公司债券必须由国有资产监督管理机构决定；其中，重要的国有独资公司合并、分立、解散、申请破产的，应当由国有资产监督管理机构审核后，报本级人民政府批准。

（2）国有独资公司中的监事会成员不得少于五人。

（3）董事会和监事会的多数成员由国有股东代表机构或部门委派；董事会和监事会成员中的职工代表由职工代表大会选举产生；董事长、副董事长、监事会主席由国有资产监督管理机构从董事会/监事会成员中指定。

（4）董事会和监事会中应有职工代表。在监事会中职工代表的比例不得低于三分之一。

（5）国有独资公司可以依法发行债券。

（6）董事长可兼任公司经理。

（7）董事长、副董事长、董事、经理，未经国有授权投资的机构或国家授权投资的部门同意，不得兼任其他有限公司、股份公司或者其他经营组织的负责人。

本章小结

公司类型多种多样，可按不同标准加以分类，便利人们的投资选择和研究。有限责任公司与股份有限公司是我国《公司法》的资本分类，依法两种公司在股东人数、资本最低额、注册资本的划分方法、股（权）份转让、治理结构、融资渠道、信息披露等方面有诸多不同。

公司之间因为股权关联关系，形成大小不同的公司集团。公司再投资的两种基本途径是设立子公司与分公司，两者在法律属性上有本质的不同，前者为独立法人组织，后者为母公司（本公司/总公司）的内在组成部分，是其分支机构，不具有独立法人属性，在名称、经营范围、人员、财务等方面都受到母公司的制约。

其他国家的公司分类与我国有差异：比如，美国的划分标准为公众股东是否参与，按此标准，公众公司面向公众融资，股份在证券交易所挂牌交易或有公开可查的报价系统，因此，不仅由公司法规制，更有证券法和证券交易法制约，有专门的机构监管。

大陆法系国家的无限公司、两合公司和股份两合公司并未为我国立法所采纳。

重要概念

股份有限公司、有限责任公司、国有独资公司、无限公司、母公司、子公司、分公司

同步测练与解析

一、不定项选择题

1. 我国《公司法》调整的公司类型有（　　）。
   A. 有限责任公司、国有独资公司和股份有限公司
   B. 有限责任公司和股份有限公司
   C. 有限责任公司、股份有限公司和上市公司
   D. 有限责任公司、国有独资公司、外商投资企业与股份有限公司
2. 美国的公众公司相当于我国的（　　）。
   A. 有限责任公司　　B. 股份有限公司
   C. 上市公司　　D. 国有独资公司
3. 以下（　　）类型是我国《公司法》没有规定的。
   A. 无限公司　　B. 两合公司　　C. 股份两合公司　　D. 一人公司
4. 一人公司的单一股东可以是（　　）。
   A. 自然人　　B. 普通合伙　　C. 有限合伙　　D. 公司
5. 一般而言，母公司为实现对其所投资的子公司的控制权，前者应在后者的公司中投资达到（　　）。
   A. 20%　　B. 25%　　C. 30%　　D. 50%
6. 在（　　）领域经营的公司应当采用国有独资公司的形式。
   A. 能源产业　　B. 生产特殊产品的行业
   C. 高新技术产业　　D. 特殊领域的行业
7. 国有独资公司的监事会不少于（　　）人。
   A. 3　　B. 5　　C. 7　　D. 9
8. 以下关于股份有限公司的表述正确的是（　　）。
   A. 公司资本分成等额股份　　B. 不少于500万元的注册资本
   C. 资合公司　　D. 强制信息披露

二、简答题

1. 简述国有独资公司的特点。

2. 简述封闭性公司与公众公司的差异。

3. 有限责任公司于非上市的股份有限公司的差异。

三、论述题

请论述控股公司在公司集团中的作用。

四、案例题

某兄弟二人 A 和 B 从父亲那里继承了甲公司。甲公司的股权结构为：兄弟二人及其配偶分别持有公司 48% 的股份，另有 4% 的股份由公司的老雇员 C 持有。兄弟二人约定：兄弟两个家庭对公司享有平等的权力，两人协商决定公司事务，分红权平等；如果兄弟二人或者他们的配偶死亡，死者的股权由夫妻另一方继承；两个家庭的股权不对外转让。十年后，A 去世，随后因 C 要退休，他想转让股权，B 说服 C 私下将股权转让给自己和自己的朋友 D。A 的配偶获知此事，向法院提起诉讼，要求法院撤销股权转让协议。B 辩称原来的协议无效，不能约束他和 C 之间的股权转让协议。

请问：如果你是法官，如何解决此案？

参考答案

一、不定向选择题

1. B　2. C　3. ABC　4. AD　5. D　6. BD　7. B　8. AB

二、简答题（略）

三、论述题（略）

四、案例题

本题考查对有限公司股东之间的协议的灵活性的认识。

本案中兄弟二人的协议不损害他人利益，没有欺诈、胁迫或者致使合同无效的其他事由存在，法院不能认定该合同无效。有限公司股权转让，现有的股东都享有优先认购权，而且股东之间的协议也规定了股权转让的限制，B 和 C 之间的私下协议违反了我国《公司法》的规定和股东之间的协议，由法院予以撤销。

第三章

CHAPTER THREE

公司的设立

学习目标

本章将主要围绕我国《公司法》和相关行政法规的规定，探讨公司设立的条件和程序，介绍公司设立过程中的一般性法律规定。对于专门针对有限公司或股份公司的法律规定和特点，也将分别加以说明。通过本章的学习，把握有关公司设立的原则和具体规定的来源、立法原由和特点，了解不同法系国家的公司法对相关问题的规定。

重点难点提示

- 公司的设立与成立的定义与联系
- 公司设立的立法原则
- 发起人的定义与法律属性
- 公司的设立方式
- 公司章程的定义、法律属性、内容与章程修改的特殊程序
- 公司的瑕疵设立的法律后果

第一节 公司的设立和成立

一、公司的设立

（一）公司设立的定义

是指在公司成立以前，由股东或发起人依法所为的、旨在取得公司法人资格的行为总称。

（二）公司设立的特点

归纳起来，公司设立具有如下法律特点：

（1）公司的设立活动主要由股东或发起人单独或共同所为。股东或发起人或亲自参与设立活动，或委托其他股东或发起人作为代表人完成；当然，股东或发起人或他们的代表人也可委托代理人完成设立中的部分工作。在实务中，股东或发起人多委托律师或其他中介机构协助完成设立活动。

（2）按照我国《公司法》的规定，针对有限公司和股份公司的不同特点，两类公司的设立者也有不同的称谓。一般说来，公司成立后，公司的成员才正式获得股东的身份和资格，他们都是在公司成立后才获得出资证明书或股票，而在公司成立之前，他们是公司的出资者和/或设立者。对于有限公司而言，它的出资者即设立者，反之亦然。发起人也是公司成立后的股东，在公司成立前后成员（股东）一般不会发生大的变化，他们依法在设立阶段都负有参与设立公司的义务，对于公司设立过程的风险亦承担责任。所以，无须刻意区分设立阶段的设立者和公司成立后的股东。而在股份公司的设立过程中，由于设立方式不同，可能有不同于发起人的其他认股人加入，这些人并不承担设立公司的使命。为了加以区分，股份公司的设立者被称为发起人。对于股份公司来说，发起人不仅对应在设立阶段可能加入的其他认股人，也不同于未来因为转让、认购等原因加入的股东，所以，对于股份公司承担设立公司职责的股东称为“发起人”。

（3）取得公司法人资格的条件和程序由法律规定，我国《公司法》规定了设立公司应满足的条件（见第 19 条、第 73 条）；同时，设立公司的行为有一定的先后次序，应完成法定的实施步骤和履行必要的程序。对此，《公司法》、《公司登记管理条例》以及登记机关及其他行政部门的规章都有规定，以有限公司的设立过程为例，下列行为的实施顺序为（非为全部设立步骤）：

股东缴纳出资→法定验资机构验资→股东代表或代理人申请登记→登记机关给予登记。

如果再参照国务院的《公司登记管理条例》，我们会进一步发现，公司在设立中还应完成名称预先核准的步骤；按照中国人民银行《关于加强公司登记注册入资账户管理的通知》的规定，公司设立验资需要在银行开立存款账户的，也应出具工商行政管理部门核发的《企业名称预先核准通知书》。

（4）公司的设立活动是由一系列行为组成，换言之，股东或发起人为成立公司之目的需设定一系列法律关系。从其性质归类，可分为民事法律关系和行政法律关系。以我国《公司法》为例，按照设立公司的条件和程序规定，股东或发起人之间达成设立公司的协议和通过公司的章程、股东或发起人聘请中介机构验资或出具律师意见、签订买卖或租赁办公场所、雇用雇员的合同等等，都属于民事法律关系性质；而申请公司名称预先核准、申请公司主管部门的批准、申请公司设立登记，等等，属于具有行政设权性质的行为。

（5）公司的设立行为具有取得公司法人资格的共同目的，不符合这一目的的行为，即使发生在公司设立过程中，而且由股东或发起人所为，亦不构成设立行为，不会产生设立的法律后果。

（三）公司设立的方式

按照各国公司法的普遍规定，公司设立的方式主要有两种：发起设立和募集设立。下面分述之。

1. 发起设立

所有公司类型都可采用发起设立方式，即由股东或发起人全部出资或认购公司股份而成立的公司。公司无须从股东或发起人之外的其他人处招募股份。以《韩国商法典》为例，股份认购应依书面进行，此书面材料应在申请登记时提交登记机关。未依书面认购的股份无效①。因设立过程中募集资本金的对象单一，设立过程中的法律关系相对简单，也被称为“简单设立”、“一次设立”等。

股东或发起人出资或认购股份是公司设立行为之一。

2. 募集设立

也叫做“复杂设立”、“渐次设立”。募集设立是指由发起人认购公司一定比例的应发行股份，其余部分向社会公开募集的方式（见《公司法》第78条）。我国《公司法》和主要西方国家的公司立法都允许股份公司选择募集设立方式。在我国，募集设立包括向社会公众募集和向特定对象募集设立。特定对象的范围，《公司法》并未具体说明；这一情形也被称为“定向募集”。在1993年的《股份有限公司规范意见》中规定，所谓定向募集，是指“公司发行的股份除由发起人认购外，其余股份不向社会公开发行，但可以向其他法人发行部分股份，经批准也可以向本公司内部职工发行部分股份。”但从1998年中国证监会发布通知开始，为实现股份公开发行的公开、公平、公正原则，已停止向职工发行内部职工股。

---

① 李哲松．韩国公司法．吴日焕，译．北京：中国政法大学出版社，2000：177．

和发起设立相比，公司选择募集设立方式时，其不同的条件和程序表现为：

（1）设立阶段出现认购公司公开发行股份的认股人，他们只认购股份，但不是发起人，不承担设立公司的义务和责任。

（2）发起人应认购公司的一部分股份，旨在保证其他认股人的利益，坚定认股人的信心。以我国《公司法》第 83 条规定为例，发起人应认购不少于公司拟发行股份总额 35% 的份额，其余才向公众募集。

（3）申请公开发行股份的审批（见《公司法》第 84 条）。

（4）发起人按照法律规定的时间、期限、方式向公众发布招股说明书和公布公司章程。

（5）发起人制作认股书，认股人以书面方式认购股份（见《公司法》第 88 条）。

（6）为保证认购的顺利按期完成，而不影响股份公司的成立，股份公司应和承销机构签订承销协议（见《公司法》第 89 条）。

（7）发起人召开创立大会，也即公司的首次股东大会，由包括发起人在内的认股人组成，应在发行股份募足后 30 日内召集。发起人应在创立大会召开 15 日内将会议日期通知各认股人或者予以公告。创立大会应有代表股份总数 1/2 以上的认股人出席。创立大会的目的是决定是否成立公司，创立大会按照出席会议的认股人所持表决权的半数以上通过各项决议。

（8）发起人不仅对设立中的第三人承担责任，也须对其他认股人承担责任。比如，未按期募足股份的，发起人负返还股款并加算同期银行存款利息的连带责任。对于发起人向其他认股人承担特定职责的法律关系，英美国家的公司法理论以信义义务（Fiduciary Duties）加以解释，因为在衡平法的传统中，发起人和公司董事一样，被视为公司（公司设立时的全体认股人组成的集合体）的“被信任者”（Fiduciaries）①。

按照我国《公司法》的规定，股份公司可采用募集设立的方式。但实践中，许多上市公司是通过国有企业改制组建股份公司，公开发行股票并最终获得上市许可的。按照 2000 年中国证监会发布的《股票发行上市辅导工作暂行办法》，要求对拟首次公开发行股票（IPO）的公司应由主承销商进行为期一年的辅导，实行“先改制再发行”的步骤，事实上使得股份公司的首次公开发行发生在公司正式成立之后，而不可能采用募集设立方式。

（四）设立行为的法律性质

对于设立行为的性质，有三种不同的观点：

---

① 对 Fiduciary Duties 的翻译不同，此处从中国证监会以及学界常用的译法：诚信职责（或诚信义务、诚信责任）。请注意：此诚信职责（或义务）不同于民法或合同法中的诚信原则（Good Faith）。至于 Fiduciaries，仍直译为“被信任者”。

(1) 契约关系说。这是从发起人设立公司的合意加以分析。发起人之间的协议、发起人制定的公司章程都是契约（Agreement），所以，发起人之间在设立公司过程中形成比较稳定的关系，并怀有特定的目的，为这一目标而集合在一起，彼此约定为实现这一目的的权利义务关系。所以，在设立过程中，发起人之间被视为合伙契约关系，对于设立过程中可能引发的债务，如果未来的公司不予承继（Adoption）或公司未能成立，发起人之间对外承担连带无限责任。契约关系说在英美国家为理论和立法的通说。

(2) 单独行为说。设立公司是每个发起人（股东）的单独行为，股东单独就设立行为承担责任。设立过程中的债权人有权对任一行为人就设立债务求偿。

(3) 共同行为说。又称共同法律行为，来自于民法上社团法人设立的共同行为说，最早由德国学者提出。既然公司是社团法人之一种，其设立行为的性质亦是共同行为。在股份公司设立过程中，共同行为表现为发起人制定章程和认购股份。发起人的设立行为是指向共同的目标，是多数人意思表示的竞合，而非相互间有权利、义务关系，发起人彼此之间不存在对立的利害关系。

二、公司的成立

按照我国《公司法》和《公司登记管理条例》的规定，股东代表或代理人或董事会应向公司登记机关依法提出申请，递交法律规定的文件，经公司登记机关核准设立登记并发给《企业法人营业执照》，公司即告成立。公司的《企业法人营业执照》的签发时间，是公司正式成立的时间，也即公司获取法人资格的时间。

对于公司如何获取法人资格，法律上有四种不同的立法学说：

（一）自由设立原则

早在罗马共和国时代，社团多为自由设立，无须征得国家的认许，比如，当时手工业者和小商人的基尔特，虽与今日的公司大相径庭，但是，按当事人的意愿组成某种组织体，共同从事营利或非营利活动，国家不干预其设立的事宜，也不安排成立法人组织的条件和程序。这也体现为早期公司设立的立法模式。

（二）特许设立原则

在理论上也被称为“元首特许主义”，从欧洲大陆的城镇申请国王授予自治城镇的特许状起，从事经营活动的组织从中获得启发并加以模仿，即向国王提出设立申请，由国王颁发特许状（也称“特许令”，Charter）。从14世纪开始，英国出现向国王申请特许状并冠以“公司”名称的组织。随着公司的好处越来越为人们所认可，申请特许的需求增多，英国国会也以颁行单行法（Act）的方式特许公司成立，取得法人资格。当时有关公司设立的法律并无关于设立条件和程序的一般性规定。成立的公司是从国王或立法机关获得权利，并承担义务。特许令实质上是立法机关颁布的单行法，是以立法的形式许可公司成立。

英国至今还有特许公司存在。因历史上是英国的殖民地，所以美国也曾采公司设立的特许原则，虽早已废止，但是特许的观念仍在公司法中有所保留。比如，在当今的州公司立法中，公司董事会的权力来自于法律的许可，而不是来自于股东，所以，与其说董事或董事会向股东负责，毋宁说他们向法律负责。

按照此设立原则，公司之所以能够成立，不仅凝聚了股东的意志，更是国家行使权力的产物。

（三）审批设立原则

也叫做“核准设立原则”。公司设立有法律规定的条件、程序和批准成立的主管行政机关（亦称“审批机关”）。申请公司设立，需先获得审批机关的批准，持批准证书及其他法定文件向登记机关申请设立登记。审批机关对公司的设立申请进行实质审查。

与特许设立原则的不同在于，采核准设立原则，审批机关按照法律的规定或内部文件的要求，对设立公司申请采取相对统一的标准，而不是完全地采个案单批的标准和办法。对于不符合条件的申请，审批机关有权决定采取不予批准或补充申请等措施。

核准设立原则最早由1807年的《法国商法典》所创设，1861年《德国商法典》也采用此原则。和特许原则相似之处在于，两者都体现为对私主体设立公司权利的某种制约或限制。正如台湾学者张国键所称：“特许为立法之特权，核准为行政之特权”①。

（四）准则设立原则

在公司设立申请的自由度方面，核准设立原则固然比特许设立原则进步了许多，但是，公司设立申请能否批准，仍是国家意志主导；而采取核准设立，行政机关享有决定权，容易产生暗箱操纵和腐败，限制了投资者设立公司的自由。所以，西方国家多放弃核准设立原则，转向准则设立原则。

准则设立原则，也被称为“登记设立原则”、“登记准则主义”。国家法律对一般公司和特殊公司设立的条件和程序有明确的规定。该规定向公众公开，只要符合这些条件和程序，公司即可申请登记成立。国家有专门的登记机关负责接受公司设立申请，对申请文件进行形式审查，在西方国家，体现该原则的制度又被称为“备案制”。准则设立原则首先从1844年《英国合股公司法》开始，后流传到欧洲大陆，于1870年为《德国股份公司法》所接受。

采“备案制”的简便节约，可以《美国示范商事公司法》的规定为例，公司的注册人（Incorporators）向州登记机关提交带有注册人和公司秘书签字的设立章程，章程份数符合法律的规定，缴付少量费用。公司登记机关对文件加盖公司登记印章，副本备案，原本发回，公司即告成立。

和核准设立原则相比，准则设立原则更强调法律规定的明确、统一和透明；公司登记

① 叶林．中国公司法．北京：中国审计出版社．1999：81.

机关并不审查申请文件的内容和公司设立的实质条件，不对文件的内容真实性负责。在这一意义上，登记机关不存在是否批准或准许公司成立并发放登记证明的实质权力，它更像为公司成立提供服务的机关。而在公司设立过程中出现的问题，如果损害了认股人或善意第三人的利益，公司发起人须承担民事责任。

按照我国《公司法》，股份公司的设立采审批设立原则，而有限公司既有采审批原则，比如，外商投资企业、金融公司等，也有采准则设立原则。但是，按照我国有关法律、法规和规章的规定，公司登记机关接到公司申请后，仍对申请的实质性加以核查；所以，此种“核准登记”并不完全等同于美国的“备案制”。

按照我国《公司登记管理条例》第 9 条规定，公司的登记事项包括：名称、住所、法定代表人、注册资本、企业类型、经营范围、营业期限、有限责任公司股东或股份有限公司发起人的姓名或者名称。

三、公司的设立与成立

公司设立与公司成立有以下区别：

（1）公司设立是由一系列活动组成，是一个逐渐符合法律规定条件的过程，公司设立的最终目的是创制公司的法人资格，所以，公司成立是公司设立各个步骤的终点。

（2）从设立主体看，公司设立的主体为有限公司的股东或股份公司的发起人，而申请公司登记的是有限公司的股东代表或股东的代理人，股份公司为董事会；接受申请的是公司的登记机关。

（3）从性质上判断，公司设立过程中，存在有多种法律关系；比如，股东之间为设立公司而达成的口头或书面协议、为成立公司的股东或发起人与第三人之间的债权债务关系，也有股东或发起人与行政机关的具有行政设权性质的法律关系。在多数情况下，设立民事法律关系更为常见。而公司成立是由公司设立申请人向公司登记机关提出设立申请，经登记机关核准登记，发给营业执照，标志公司成立。公司设立申请人与公司登记机关之间并不是平等的民事主体。如果公司设立过程有瑕疵，股东、发起人或公司应承担行政责任。比如，接受罚款处罚；对公司而言，如果情节严重，公司还会面临被撤销登记，吊销营业执照等处罚措施。

第二节 发 起 人

股东（发起人）承担设立公司的使命，法律对他们的权利和义务有特别的安排，区别于公司的一般股东。下面，主要以股份公司发起人为例，分析发起人的法律意义和发起人之间的关系。

一、发起人的法律意义

发起人是认购公司股份、承办公司设立事宜的人。相应制度内容如下述：

（一）发起人的范围

发起人是公司设立阶段具有特定法律身份的人。他们既可以是自然人，也可以是法人或法律许可的其他组织。对于设立公司的人，法律是否有特别的规定呢？比如，是否必须获得商人身份？我国《公司法》并无特别规定。但是，从民法的基本规定推定，公司设立是具有商事性质的行为，所以发起人应当有能力预见该行为可能产生的后果，并具有一定的财产能力承担设立风险；因而，一般认为，如果发起人为自然人，应是具有完全行为能力的人。对于法人成为公司的发起人，可在单行法或特别法以及配套法规中找寻特别要求。比如，对外贸易经济合作部关于对《四川省外经贸委关于请示几个法律问题的函》的答复［外经贸法函字［1998］第82号1998年9月18日］第2条规定，为规范和加强对投资性公司的管理与指导，目前投资性公司不得作为股份公司的发起人，也不得购买并持有股份公司的股票包括上市和非上市股票，不得经营任何性质的股票业务。

按照1998年《公司登记管理若干问题的规定》，下列主体可以投资设立有限公司和股份公司：

（1）自然人（包括家庭成员）。但是，企业法人的法定代表人不得成为所任职企业投资设立的有限责任公司的股东。

（2）公司。但是，除了国家授权投资的公司可投资设立全资子公司（即国有独资的子公司）外，公司不得设立全资子公司；公司不得设立非公司的企业法人，也不得向非公司企业投资入股，但非公司企业改建为公司或者公司兼并非公司企业并按《公司法》将其规范为分公司或者子公司的除外。

（3）外商投资企业。

（4）机关法人、社会团体法人、事业单位法人；其中，企业化经营的事业单位，应当先办理企业法人登记，再以企业法人名义投资入股；“职工持股会”或者其他类似的组织已经办理社团法人登记的，可以作为公司股东。

（5）农村中履行集体经济管理职能的集体经济组织。

（6）代行集体经济管理职能的村民委员会。

（7）具有投资能力的城市居民委员会。

（8）会计师事务所、审计事务所、律师事务所和资产评估机构，但不得作为投资主体向其他行业投资设立公司。

这一规定已经在2006年废止。但是，有关发起人的选择范围的划定反映了我国实践中长期的认知和做法。

而且，为了便利发起人与设立地登记机关、公司和其他发起人（股东）的联系，公司法一般都要求发起人应在本地（国）有住所，或为本国人。以我国《公司法》第79条为例，股份公司的发起人中须有过半数的在中国境内有住所。对于发起人的人数，我国《公司法》要求，设立股份有限公司，发起人应为2人以上200人以下；《韩国商法典》规定为3人以上；而在英美国家，对于股份公开型公司，发起人一般为2人以上。

（二）认购股份的义务

发起人应依法认购公司股份或出资，即应作为公司的组成成员，而并不仅仅在公司设立阶段和公司发生关系。同时，为了加强发起人对设立公司的责任感，为了保护其他股东的合法权利和利益，对于上市公司，法律一般都限制发起人转让股份的权利。比如，我国《公司法》第142条规定，发起人持有本公司股份，自公司成立之日起1年内不得转让。对于股份公司的发起人持有股份，我国公司法要求必须采用记名形式并记载于股东名册（第130条、第131条）；而有些国家要求应在股票上注明“发起人股”。

（三）发起人的筹办义务

发起人也应承办公司设立事务，比如，发起人草拟公司的章程，在有限公司的情况下，股东（发起人）应以在章程上签字表明其股东身份。而在股份公司的情况下，发起人的姓名、名称、认购的股份数为章程必备事项。在股份公司采募集设立方式时，除发起人之外，也会有认股人。从承诺认购公司股份的角度看，发起人和认股人没有差别，发起人也是认股人。但是，一般的认股人只是承诺按约定的期限和方式注资，但无须承担设立过程中的其他任务，也没有除注资外的其他义务。如果在设立过程中给其他认股人或第三人带来损害，发起人需对外承担责任；如果发起人违反彼此之间的约定，也要承担违约责任。发起人可以亲自参与公司设立的全部过程，也可选定代表或委托代理人代表或协助其完成公司设立事务。

公司发起人也可聘请诸如律师在内的中介机构人员协助办理公司设立的事务，但是，这些辅助人员无须承担注资的义务。

除了发起人之间的协议外，发起人的姓名或者名称、认购的股份数、出资方式和出资时间也要记载于公司的章程。

二、发起人的协议

为了实现设立公司的目的，发起人应有共同设立公司的合意，无论采用书面或口头方式。我国《公司法》并未强令公司的发起人必须在设立时签订书面的协议；但是，从发起人找寻特定的伙伴、拟共同行动的意愿推定，发起人之间应有为实现设立目的而约束彼此关系的合同，即使此合意非以书面文件表现。如果按照我国的法律、行政法规规定，设立公司应当经审批，或者公司的经营范围中有法律、行政法规规定必须经审批的项目的，发起人之间的协议必须采用书面形式。我国《中外合资经营企业法》中对于合营者（股东）之间的协议和合同有明确的要求。所谓“合营企业协议”，是指合营各方对设立合营企业的某些要点和原则达成一致意见而订立的文件。所谓“合营企业合同”，是指合营各方为设立合营企业就相互权利、义务关系达成一致意见而订立的文件。其中，合营合同是报批的必备文件之一。合营企业协议与合营企业合同有抵触时，以合营企业合同为准。经合营各方同意，也可以不订立合营企业协议而只订立合营企业合同、章程。

除了形式要件外，发起人协议的内容可有法律、行政法规规定必备条款，或由发起人自行约定。

仍以合营企业合同为例，按照《中外合资经营企业法实施条例》第 11 条的规定，应当包含下列内容：

（1）合营各方的名称、注册国家、法定地址和法定代表人的姓名、职务、国籍；

（2）合营企业名称、法定地址、宗旨、经营范围和规模；

（3）合营企业的投资总额，注册资本，合营各方的出资额、出资比例、出资方式、出资的缴付期限以及出资额欠缴、股权转让的规定；

（4）合营各方利润分配和亏损分担的比例；

（5）合营企业董事会的组成、董事名额的分配以及总经理、副总经理及其他高级管理人员的职责、权限和聘用办法；

（6）采用的主要生产设备、生产技术及其来源；

（7）原材料购买和产品销售方式；

（8）财务、会计、审计的处理原则；

（9）有关劳动管理、工资、福利、劳动保险等事项的规定；

（10）合营企业期限、解散及清算程序；

（11）违反合同的责任；

（12）解决合营各方之间争议的方式和程序；

（13）合同文本采用的文字和合同生效的条件。

合营企业合同的附件，与合营企业合同具有同等效力。

三、发起人的责任

按照我国《公司法》第 95 条的规定，发起人的责任主要有以下三个方面：

（1）如果公司不能成立，被认为有契约关系的发起人应当在设立过程中对第三人产生的债务承担连带责任。发起人之间在公司设立过程中被看成是合伙关系。他们对集合体外部的债权人承担无限连带责任。

（2）如果股份公司采募集设立方式，认股人已经在设立阶段缴纳了股款，当公司未能成立时，发起人对认股人承担的连带责任限于股款和同期的银行存款利息。

（3）如果公司成立，而发起人在设立公司过程中对公司利益造成损害，如为过失所为，应对公司承担赔偿责任。从债权债务关系的性质判断，前面两种情形下的责任性质为违约责任；而此处为侵权责任。责任构成则是过错责任。

第三节　公司的章程

一、公司章程概述

作为社团组织体，公司如同其他社团一样，应有构建整个组织体和确定内部各个机构之间关系、规范该组织体运作的基础性法律文件，即公司的章程。章程相当于协调公司内部各个组成部分关系，指导公司处理对外事务的“基本大法”。

（一）公司章程概述

公司章程是公司的基本法律文件，对公司自身、股东、董事、监事等都有约束力。公司的章程最初是公司股东（发起人）在公司设立之时制订的，经法定程序为股东或多数认股人通过。股东或公司董事应在章程上签字并作为登记文件交登记机关核准或备案，公司章程是公司设立阶段公司股东（发起人）依法必须制定和提交的公司文件，是公司的必备文件；其形式、主要内容和修改程序多由法律规定，属于要式文件。比如，《德国股份公司法》第23条规定，章程必须以做成公证书方式确认；而且，对于公证书应列明的内容，该法也有明确的规定。《日本商法典》第167条规定，章程必须由公证人认证，否则无效。无论采用核准设立原则，还是准则登记原则，公司章程都是获取法人资格的必备登记申请文件。我国《公司法》和《公司登记管理条例》规定，章程必须采用书面形式，但是，对于具体的格式，法律没有规定。为便于登记管理，有些地方工商部门推出有限责任公司章程示范文本以供登记申请人选择采用。早在1994年，当时的国务院证券委员会、国家经济体制改革委员会制定了《到境外上市公司章程必备条款》（以下简称《必备条款》），以适应股份公司向境外募集股份和到境外上市的需要。在该两家政府机关的发布通知中明确指出，到境外上市的股份公司，应当在其公司章程中载明《必备条款》所要求的内容，并不得擅自修改或者删除《必备条款》的内容。到1997年，中国证监会为上市公司制定了《上市公司章程指引》（以下简称《指引》），并规定：对于无正当理由擅自修改或者删除该《指引》所规定的必备内容的，中国证监会将不受理该上市公司有关报批事项的申请。

有学者将公司章程分为实质意义上的章程和形式意义上的章程。前者是指公司股东依法制定的、约束公司组织体内部各个组成部分和对外关系的公司规范总称。鉴于目前多数国家公司法人资格的取得皆以获得国家的批准或认可为标志，所以，公司法对公司这一组织体的基本架构都有原则性的规定，公司的设立以及成立后的组织体及其活动都不得违反法律的强制性要求。章程起到了补充和变更公司立法的效力，当然，也不得对抗法律的强制性内容。而形式意义上的公司章程，是指前面论及的、以书面形式记载公司法律要求的必备内容的公司基础性法律文件①。

（二）公司章程的形式

如果把公司的章程比作国家的宪法，英国和美国的公司“宪章”是由两个文件组成的：一个是公司的组织大纲（英 Memorandum of Association，美 Certificate of Incorporation，或 Articles of Incorporation；从特许设立时代流传下来的 Charter 仍在使用），也有人译作“成立证书”；另一个是公司的内部细则（英 Articles of Association，美 Bylaws）。公司的组织大纲是公司的基本法律文件。按照法律的规定，组织大纲记载的是有关公司法人基本特征的内容，比如，公司的名称、登记地址、公司的设立目的、公司性质（股东享有有限责任等）、公司股本和股份、股东签字，等等。公司的组织大纲需在登记机关备案，换取公司的执照，或由登记官在公司组织大纲上签注，证明公司取得法人资格，可以公司名义开始经营活动。公司的组织大纲多由登记机关或律师提供标准文本，内容比较简明。公司章程对外公开，公司的细则是公司宪章的另一个重要组成部分，主要规定股东和公司之间以及股东之间的关系、公司内部权限的划分、红利派发、公司资本结构的变化，等等。公司细则不对外公开，如果法律不作特别要求，公司细则无须向登记机关登记。公司组织大纲和细则在内容上各有侧重，又相互衔接。如果细则和组织大纲的规定有冲突，应以组织大纲为准。公司的组织大纲由股东制定并修改，程序比较正式，多采绝对多数票通过方式才能修改组织大纲；而细则可随时由公司董事会修订，程序简单。

而在大陆法系国家，公司章程只是一个文件，至于公司的内部规章并不作为章程的必然组成部分，当然，公司内部规章的规定不能违反法律和公司章程的原则。

（三）公司章程的性质和效力

对于公司章程的性质，学术界一直有两种主要的理论：

1. 契约说

英国公司法受合同理论影响较深，按照合同理论，公司成员之间彼此具有契约关系，章程是具有契约性质的文件。按照《英国公司法》第 14 条规定：“按照本法规定，公司组织大纲和细则一经登记注册，对公司及其成员都有约束力，如同该等文件为公司成员所签署，并包含成员彼此间的合意。”按此说，对于公司成立后新加入的股东，他（们）之所以受章程的约束，是因为他们的自由意思。股东拟退出公司或转让股份，也是基于其自由意思。如果股东拟修改章程，为体现各个股东的合意，理论上应征得全体股东一致同意才有效力，但现实中多变通为有效率的方法，即采资本多数决。采此说的实际意义在于，对于公司法和公司章程未能涉及的问题，可以采用民法关于合同的一般约定。但是，契约说不能解释为何不同意章程内容的股东也要受到章程的约束。在大陆法系国家，学者中也有契约说的拥护者，而且，在法律中也有不同的倾向性，比如，德国的无限公司、有限公

① 李哲松．韩国公司法．吴日焕，译．北京：中国政法大学出版社，2000：75～76.

司和两合公司的股东之间约定及签署、并向登记机关申报登记的文件被法律称为“公司合同”，而在股份公司和股份两合公司中，该对应文件叫做章程。

在大陆法系国家，下面一种学说似乎更有说服力。

2. 自治法说

按照大陆法系学者的通说，公司是社团的一种，作为社团，必须有构建组织体的基本法律文件（章程），约束该公司、股东、公司机关。章程由股东（社员）制订，生效后约束公司和全体股东，即使个别股东并不赞同章程的个别内容，亦不影响章程的约束力。如果股东不同意章程的内容，可依法启动修改章程的程序，如果未达到修改的结果，股东可以选择转让股份、退出公司，但公司章程仍有效存在并约束公司和股东，其效力不受个别股东退出的影响。违反章程如同违反法律，所以应主张其无效。但是考虑到该无效主张可能伤及善意的第三人，所以，在法律上也对无效主张加以限制。比如，超越公司经营范围的行为，在目前的司法实践中并不当然认定无效，而是区别不同情况，分别处理，以保护第三人的合法权利和利益。

因为章程是自治法性质的公司文件，故不得对抗法律的强制性规定。

总之，两种学说虽有区别，但是都承认公司章程不得约束公司以外第三人。

二、公司章程的内容

公司章程的内容记载于公司章程的条款中。对于章程的内容，按其对章程的重要程度和对章程效力的影响，大陆法系国家的学理一般有如下区分：（1）法定必备条款，缺乏此类条款或规定与法律的强制性要求相背，将导致公司无法获得批准或许可，所以，此类条款为绝对必要记载事项。以《德国股份公司法》第 23 条（3）项的规定为例：章程必须规定下列事项：公司的商号和住所；经营的对象；股本数额；股本的种类（有票面额和无票面额）和每一类股票的数量；股票是记名发行还是无记名发行；董事会成员的人数或据以确定该人数的规则；公司公告方式。而《法国民法典》第 1835 条规定，公司章程应就以下方面作出规定：公司名称、住所、公司形式、宗旨、公司资本、股东出资、公司期限和经营管理方式。（2）此外，有些国家的法律还列举法定选择条款，可由当事人选择加入公司章程。即使股东决定不在章程中加入此类内容，亦不影响章程之整体效力。比如，仍以《德国股份公司法》为例，该法第 23 条（5）项规定，章程可以偏离本法的规定，但只以有明示许可为限。因此，诸如优先股是否具有表决权、股东可否将无记名股转换为记名股，等等，因法律许可，如果公司股东持肯定性意见，应在章程中明确规定。如果公司未将此类事项的股东约定记入公司章程，有关该等事项的约定对公司以及股东和公司机关无拘束力，章程效力亦不受影响。此类内容被称为相对必要记载事项。《日本商法典》第 168 条对股份公司章程之相对记载事项规定如下：发起人应接受的特别利益，以及应接受特别利益者的姓名；实行现物出资者的姓名，出资者的财产、价格及其所得股份的种类（有票面额或无票面额）及数量；约定于公司成立后受让的财产，其价格及让与人的姓名；应归公司负担的设立费用及发起人应受报酬的数额。（3）法律也允许公司股东在章程中对其他法律未有相反规定的内容加以约定，以补充公司法的内容，也满足公司的特别需要，此为任意记载事项。任意记载事项为法律未加规定的内容，所以，如果该规定不违反法律的一般原则，不损害公共利益和他人的合法权益，即构成公司章程的有效组成部分。如果内容违反法律，仅该部分无效，不影响章程其他内容的效力。

我国《公司法》对有限公司和股份公司分别规定其章程必须记载的内容，而《中外合资经营企业法》对合营企业的章程必备事项也有特别的规定。从性质上看，法定内容多为大陆法系国家所指的绝对必要记载事项。如表 3－1 所示：

表 3－1　　我国有限公司、股份公司、中外合资经营企业公司章程必备事项

有限公司章程必备事项（第 25 条）	股份公司章程必备事项（第 82 条）	中外合资经营企业（有限公司）章程必备事项
公司名称和住所； 公司经营范围； 公司注册资本； 股东的姓名或者名称； 股东的出资方式、出资额和出资时间； 公司的机构及其产生办法、职权、议事规则； 公司法定代表人； 股东会会议认为需要规定的其他事项。	公司名称和住所； 公司经营范围； 公司设立方式； 公司股份总数、每股金额和注册资本； 发起人的姓名或者名称、认购的股份数、出资方式和出资时间； 董事会的组成、职权和议事规则； 公司法定代表人； 监事会的组成、职权和议事规定； 公司利润分配办法； 公司的解散事由与清算办法； 公司的通知和公告办法； 股东大会会议认为需要规定的其他事项。	合营企业名称及法定地址； 合营企业的宗旨、经营范围和合营期限； 合营各方的名称、注册国家、法定地址、法定代表人的姓名、职务、国籍； 合营企业的投资总额，注册资本，合营各方的出资额、出资比例、股权转让的规定，利润分配和亏损分担的比例； 董事会的组成、职权和议事规则，董事的任期，董事长、副董事长的职责； 管理机构的设置，办事规则，总经理、副总经理及其他高级管理人员的职责和任免方法； 财务、会计、审计制度的原则； 解散和清算； 章程修改的程序。

再以我国台湾地区“公司法”为例，其内容按绝对必要事项和相对必要事项加以区

分，至于任意记载事项，只要不违反法律的强制性规定和公序良俗，公司股东可选择记载于公司章程：

表 3－2　　我国台湾地区公司章程记载事项

绝对必要事项	相对必要事项
公司名称； 经营事业； 股份总额及每股金额； 公司住所； 公告方法； 董事及监察人的人数及任期； 订立章程的日期。	分公司的设立； 分次发行股份时，在设立公司阶段所预定的发行数额； 解散事由； 发起人所受的特别利益及受益者姓名； 公司债可转换股份的数额； 其他公司法规定的事项。

三、公司章程的修改

公司章程的修改为对公司章程记载内容的变更。作为公司的根本大法，章程应维持其稳定性和权威性，如需修改，应依法进行。对于公司章程的修改程序，法律一般都予以明确规定。以我国《公司法》为例，章程修改须由股东会/股东大会表决通过，有限公司修改章程的决议须有代表 2/3 以上表决权的股东通过；股份公司须经出席股东大会的股东所持表决权的 2/3 以上通过。公司修改章程，应向公司登记机关申请变更登记，即使公司章程修改未涉及登记事项的，公司也应当将修改后的章程或章程修正案送原登记机关备案。我国《中外合资经营企业法实施条例》更明确规定，公司章程属审批的文件之一，只有经审批机关批准才生效。修改后的公司章程亦须重新申请审批，经批准后发生效力。

另以英国公司法为例。英国 1989 修改了公司法的规定，允许公司以特别决议形式修改公司组织大纲中的目的条款，考虑到公司组织大纲中最受关注的条款即为公司目的条款，而且 1985 年公司法只是赋予公司有限的修改该条内容的权力，所以，修改后的公司法第 4 条实际上使得公司的权限（Powers）不再受限制。当然，异议股东有权向法院提出申请，请求法院撤销修改公司组织大纲的决议。按照该国公司法，债权人也有提出撤销请求的权利。公司的细则亦可以股东特别决议方式修改。但是，因为细则主要涉及股东彼此之间和股东与公司之间的权利义务关系，所以，英国的成文法和案例法对细则的修订都要求应符合以下两个原则：（1）出于善意；（2）为公司整体利益而作。总之，英国法赋予异议股东和债权人的提起撤销之诉的权利，很值得我国《公司法》借鉴。

股份公司成立后，章程应置备于本公司，供股东查阅。

第四节　公司的名称和住所

一、公司的名称

（一）公司名称的概念

公司名称是依法取得的、使公司区别于其股东、其他法人组织和民事主体的特定标志。在我国，对于公司名称的规定可见《民法通则》、《公司法》、《公司登记管理条例》、《企业法人登记管理条例》、《企业名称登记管理条例》等法律和行政法规。

（二）公司名称的特征

1. 公司名称的唯一性

按照《民法通则》的规定，符合法人特征的条件之一是有自己的名称，公司当然不例外。公司名称是公司登记的事项之一。为与其他民事主体相区别，公司也只能有一个名称。按照《企业名称登记管理条例》的规定，两个企业向同一登记机关申请注册同一企业名称的，适用申请在先的原则；两个企业向不同登记机关申请注册同一企业名称的，适用受理在先的原则；两个企业因已注册的名称相似或相同而发生争议，适用注册在先的原则。

2. 公司名称的排他性

公司以其名称对外行事，设立、变更或消灭法律关系。同理，公司以外的人也可通过不同的公司名称分辨不同的民事主体。如果出现名称混同或混淆，对于保护该公司的知识产权和商誉、防止商业欺诈和制止不正当竞争都有不容忽视的负面影响。在我国，公司的名称只能由该公司使用，公司登记机关辖区内同行业的其他公司不得再注册或使用该名称。公司也不得使用与其他公司类似的名称。

（三）公司名称预先核准制度

在我国，因为公司名称是公司登记事项之一，所以，在公司未成立之前，申请人就需向登记机关申请名称的预先核准登记。这种做法的好处在于：其一，使公司享受名称的先占权，在设立时就申请好名称，防止在公司成立之时与其他公司名称“撞车”的局面，对于本公司的顺利设立和保护公司的名称权都有好处。其二，为公司设立活动带来便利。虽然公司尚未成立，但是公司的股东或发起人为完成设立使命须对外发生不同的法律关系，比如，申请审批机关的批准证书，等等。名称的预先取得为此类活动提供了便利。

公司名称预先核准须由申请开始。设立有限公司，申请人为全体股东指定的代表或者共同委托的代理人；设立股份公司，申请人为全体发起人指定的代表或者共同委托的代理人。受理名称预先申请的机关是各级公司登记机关。

如果公司在登记前须经过审批机关的审批取得批准证书，则公司名称预先核准申请在先，取得公司名称后，再以该名称报送审批申请文件。

申请公司名称预先核准，应当提交下列文件：

（1）有限公司或股份公司全体股东或发起人签署的公司名称预先核准申请书；

（2）股东或者发起人的法人资格证明或者自然人身份证明；

（3）公司登记机关要求提交的其他文件。

公司登记机关接到全部申请文件之日起10日内作出核准或者驳回的决定。预先核准的名称保留期为6个月。在保留期内，该名称不得用于从事经营活动，不得转让。

（四）公司名称的构成

公司名称由以下几个部分构成：

1. 公司登记机关的行政级别和管辖范围

我国的公司登记机关都有不同的行政级别，而且各自有其受理公司登记申请的管辖范围。在不同行政级别的公司登记机关申请登记的公司，可以在其名称中加上不同的区域名称。公司名称的该部分内容一般放在最前面。

须特别说明的是，外商投资企业、知名企业的名称不受此限制。

2. 商号

广义上的商号是指商人的名称，除了指公司名称外，也包括个体工商户、个人合伙的字号。狭义的商号指公司名称中真正由申请人选择的部分，集中体现公司与其他民事主体不同的人格特征，商号是公司名称中的核心部分。依法它应有两个或两个以上的文字组成。

3. 公司的行业和经营特点

公司的名称应特别体现其从事经营的行业特征，以便其他人能够很容易地了解公司活动的范围和领域。鉴于目前公司的经营范围都约定得非常宽泛，所以，名称当中应反映其主营的行业特点。

4. 公司种类

按照各国公司立法的规定，在公司名称中，应当体现公司的性质和种类。我国《公司法》要求，公司名称中必须包含“有限责任公司”或“股份有限公司”的字样。

（五）公司名称的限制性和禁止性内容

各国公司立法一般都对公司名称的内容有限制性甚至禁止性的要求。下面，以我国1991年《企业名称登记管理条例》的内容加以说明。

1. 限制性要求

只有符合下列条件，才能在公司名称中加上如下特殊的文字：

（1）全国性公司、大型进出口公司、大型企业集团才可以在公司名称中使用“中国”、“中华”、“全国”或“国际”等文字；

(2) 具有三个以上分支机构的公司，才可以在名称中使用“总”字；

(3) 只有私人企业、外商投资企业，才可以使用投资者的姓名作为商号；

(4) 具有三个以上的子公司或分公司，才可以在名称中使用“开发”、“实业”、“发展”等作为商号。

2. 禁止性要求

(1) 公司名称不得含有下列内容和文字：

(2) 有损国家、社会公共利益的；

(3) 可能对公众造成欺骗或误解的；

(4) 外国国家（地区）名称、国际组织名称；

(5) 政党名称、党政机关名称、群众组织名称、社会团体名称及部队番号；

(6) 汉语拼音字母（外文名称中使用的除外）、数字；

(7) 其他法律、行政法规规定禁止的。

另外，根据1998年的《公司登记管理若干问题的规定》，公司不得称“总公司”、“集团公司”，对于符合企业集团条件的，其核心企业可以登记为“集团有限公司”、“集团股份有限公司”。

（六）公司名称的专用权

1. 公司对其依法取得的名称享有专用的权利

公司名称为依法取得，凡按规定应经却未经国家工商行政管理部门核准并公告的企业名称，或者超越职权擅自核准的企业名称，一律无效；继续使用的，按非法经济组织查处。而经过公司登记机关核准登记的名称受法律保护。

2. 公司名称专用权有特定的保护期限

该专用权一般始于公司成立之时，终于公司解散。但是，立法者考虑到公司名称使用中的特殊性，往往在法律中有特别的安排。比如，由于公司名称采用预先核准制度，公司名称早于公司确定，并获得了法律的保护。而公司虽然解散并退出市场，但是，这一事实可能难以公告或推定知悉等方式让公众真正知情。所以，为了防止出现对公司名称和公司主体的混淆认识，我国《企业名称登记管理条例》第21条规定：“企业被撤销或营业执照被吊销后未满三年的，或者企业因其他原因办理注销登记未满一年的，任何人以与此相同或相似的名称申请公司名称登记的，公司登记机关不予核准。”

3. 对于公司名称专用权的属性，学术界有不同的理解

基本上有这样几种观点：(1) 名称权；(2) 身份权；(3) 财产权；(4) 工业产权；(5) 人格权；(6) 人身权兼财产权①。本书采人身权兼财产权说，即承认公司名称是公司取得主体资格的条件和标识，也认为它具有财产权属性，专用权人可以行使使用、收

① 孔祥俊．公司法要论．北京：人民法院出版社，1997：153.

益、处分等具体权能。

4. 公司名称专用权受到侵害时，公司可以向公司登记机关请求对侵权人给予行政处罚

比如，《企业名称登记管理条例》第27条规定，擅自使用他人已经登记注册的企业名称或者有其他侵犯他人企业名称专用权行为的，被侵权人可以向侵权人所在地的登记主管机关要求处理，登记主管机关有权责令侵权人停止侵权行为，赔偿被侵权人因该侵权行为所遭受的损失，没收非法所得并处以五千元以上、五万元以下的罚款。当然，被侵权人也可直接向法院起诉，按照《民法通则》的规定，被侵权人有权要求侵权人停止侵害，恢复名誉，消除影响，赔礼道歉，并可要求赔偿损失。

二、公司的住所

公司的住所是公司主要办事机构所在地，一般也是公司申请注册登记之地点。它是公司活动的必不可少的物质条件，是公司章程的法定必备事项，也是公司登记事项之一。实践中，公司住所也往往是公司从事经营活动的主要场所，是确定公司在具体法律关系中权利义务的根据，同时在诉讼法上也具有重要的意义。

如果公司住所改变，依法须办理变更登记，否则不得以住所变更一事对抗第三人。

第五节 公司的能力

一、公司的权利能力

公司具有法人资格，如同自然人一样，具有权利能力，即依法享有民事权利和承担民事责任的能力。因公司为依法成立的“拟制体”，所以，其取得权利能力的时间从公司正式成立时起，终于公司终止之时。同时，公司毕竟不是有血有肉的自然人，其权利能力的范围受到限制。

（一）公司性质上的限制

公司权利能力的范围非常广泛，比如，公司拥有广泛的财产权利。但是，公司毕竟不同于自然人，没有自然人的“血肉之躯”，公司并不具有后者基于自然属性获取的权利，比如，生命健康权、亲属权、身份权，等。

公司的权利能力不仅受到其固有属性的限制，还有其他方面的限制。

（二）法律上的限制

1. 经营范围

按照我国《公司法》的规定，公司的经营范围记载于公司章程和公司的营业执照，

是公司从事营利性活动，实现利润最大化的范围。在其他国家，经营范围也被称为公司宗旨、目的事业，因此类内容可在公司章程条款中订明，也被称为“目的条款”（Object Clause，或 Purpose Clause）。

公司经营范围是公司登记的必备事项。公司通过其代表机关或代理人在经营范围内为法律行为，其行为对公司有约束力。公司的营业范围是公司对外公示的事项，意在提醒第三人的注意，保护与公司发生法律关系的第三人的权利和交易的安全，也是维护公司利益的有力措施。在我国，公司因从事各种经营活动进入市场，为维护市场的秩序和实现国家对市场和公司的有序管理，公司的某些经营内容属于须国家特别许可的范畴，可见，明确公司的经营范围也是国家监管的要求。经营范围不同的公司，其权利能力的范围也不同。

经营范围的界定方式，在法律上有不同规定：

（1）列举式。即在公司章程中逐项列举公司拟从事的经营活动的内容。在大陆法系国家和英美国家的公司立法中，都曾有过对公司经营范围（公司目的）的严格限制时期，英美国家案例中发展起来的不得“越权”（*Ultra Vires*）原则即是这一立法理念下的产物。越权的公司行为都是无效的，不会产生当事人预期的法律后果。而且，按照这一原则，对于越权所为的行为的合法性，公司和第三人都可以质疑。比如，公司董事代表公司越权而订立的合同，合同双方都可以请求解除，即使一方已经部分甚至全部履行其合同义务。此种僵化解释公司目的和公司权限的做法，给交易的安全稳定带来的负面效应一目了然，对公司外第三人的损害可能远远大于其对第三人的保护。同时，我们还可联想到，任何公司的股东都无法在公司设立之初准确预测和列举公司今后将要涉及的全部活动领域，一旦所经营业务未在公司章程中指明，就会出现超越经营范围的危险，而经常性地修改章程又是费事费力的工作。所以，针对这种困惑，立法者也在不断评估经营范围对公司经营活动、对第三人和整个交易环境的法律意义。目前的改革方法主要有：对经营范围作扩张性解释，既包括章程中列明的范围，也包括为实现章程记载的经营目的而必需的附带经营活动，比如，在英美案例中发展起来的“默示权限”准则（Doctrine of Implied Powers），是指法律允许公司从事为实现章程明示的目的而附带的交易，此等交易虽然没有规定在公司的章程中，但是，法律认可其属于公司的默示权限内的交易，应视为有效。这种扩张性解释甚至扩展到不违反法律和公司事业目的的范围。这样，公司越权的可能性就不断缩减。同时，对于已经部分或全部完成的交易，当事人也不得再以“越权”为由质疑其效力。当然，列举经营事项和种类也变成没有实质意义的安排。

（2）概括式。当公司作为经营主体越来越为社会所认可，公司已经普遍存在和活跃于交易市场的时候，法律的变革也在不断地反映现实的变化和公司的需求，先是允许公司制订内容宽泛的目的条款。以英美国家为代表，由量变引起质变，公司的目的条款转向“一般目的”的内容，即只要法律未禁止的活动，公司都可为营利目的而介入。在公司章程中可以简要将公司目的或经营范围概括为：“公司有权从事任何合法的经营或介入任何合法的交易”（见《美国示范商事公司法》第3.01－3.02条）。

但是，法律的变革并未到此，既然法律已经对公司目的作如此广泛的解释，因而，公司章程甚至无须重复法律已经许可的目的——除非公司股东选择在章程中订入比法律赋予的更小的范围。否则，公司目的条款无须在章程中明示。在法律认可的“一般目的”条款下，公司被认为有法律赋予的广泛的默示权限。

一般而言，即使采用概括式，甚或发展至删除目的条款的今天，英美国家对公司的经营权限仍有如下限制：

（1）股东自愿在章程中限制公司的活动范围；

（2）公司的活动与其营利性无关；

（3）董事或经理损害股东权利的行为。

超出公司经营范畴的行为对公司会有何影响呢？在我国，按照传统计划经济的观念，公司的经营范围都必须经核准，并明示于章程和公司营业执照，超越经营范围的活动当然无效，甚或引发当事人的行政或刑事责任。

最高人民法院在《关于在审理经济合同纠纷案件中具体适用经济合同法的若干问题的解答》（1987年）中规定，工商企业、个体工商户及其他经济组织应当在工商行政管理部门依法核准登记或者主管机关批准的经营范围内从事正当的经营活动。超越经营范围或者违反经营方式所签订的合同，应认定为无效合同。例如，非法经营重要生产资料和紧俏耐用消费品的；零售商经营批发业务的；代销商搞经销的；只准在特定地区内销售的进口商品，未经批准私自流入其他地区的，等等，均应按无效合同处理。全部为超营项目的，全部无效；部分为超营项目的，超营部分无效。这种严厉的规定在司法实践和学术界都受到批评，焦点在于，严格的限制反而不利于保护交易的顺畅进行，进而损害了第三人的利益。所以，目前立法强调的是，属于国家法律和行政法规强制规定必须审批的经营范围，如果公司未获批准而从事此等经营活动，其行为无效。如我国《公司法》第11条规定的，“公司的经营范围中属于法律、行政法规限制的项目，应当依法经过批准”。《公司登记管理条例》第22条也规定，“公司申请登记的经营范围中属于法律、行政法规或者国务院决定规定在登记前须经审批的项目的，应当在申请登记前报经国家有关部门批准，并向公司登记机关提交有关批准文件。”但是，其他超越经营范围的活动，是否当然无效呢？我国《公司法》目前无明确规定，司法实践也有不同的做法，这也是学术界争议的问题，有待今后的修订能够给予澄清。

与我国法律传统的无效论相反，目前对超越公司权限的行为结果，国外法律的解释表现得越来越宽松。比如，早在1968年欧盟公司法第1号指令第9条规定：“公司机关之行为得约束公司——即使此等行为不属于公司目的范畴之内，除非此等行为超出法律授予或允许公司机关行使的权限。然而，成员国可规定公司不受越权行为的约束——如果第三方明知该等行为越权或在当时情形下不可能不对越权一事知情；知悉此法律的规定不足以证明第三人对公司越权之行为知情。”《美国示范商事公司法》第3.04（a）项建议，无论交易是否已经履行，仅以公司越权为籍口，不得对抗交易或合同的效力。例外情形也已缩减为：如交易另一方对公司越权交易知情，为实现衡平法上的目的，股东得请求禁止越权行为；公司以越权为由诉其董事或经理；政府有权运用越权原则请求法院判令公司强制解散。从美国大部分州的公司法规定看，不得越权原则已极少发挥作用。英国虽然早期的案例和成文法都有禁止越权的内容，但是，随着欧盟第1号指令（1968年）的生效，其国内法也在改变当中，而在案例中的改变就更加常见了。最近的1989年《公司法》修改后，其中的第35条也有对以往严厉的越权原则加以限制的内容。

2. 转投资限制

所谓公司转投资，是指公司再以投资者身份，向其他企业投资。公司可以再投资于其他企业，使公司的营利规模扩大，营利目的得到加强吗？目前，对这一问题的答案多为肯定。大家进一步关注的是投资的对象和投资的股份数额限制。

（1）投资的对象。公司是否可向其他所有的具有营利性质的企业投资？按照我国《公司法》第12条的规定，公司可向其他股份公司和有限公司投资。对此解释通说为不得向此两种企业形式以外的企业投资。法理的依据是，其他的企业形式在我国目前无非是独资企业和合伙企业。两种企业都须由企业主或合伙人承担无限责任，此种无限责任对公司正常的经营活动时刻构成威胁，也影响到股东向公司投资的获利目标，所以，对于公司再投资的对象必须加以限制，目的当然是保护公司股东、公司自身和公司的债权人的利益。在1998年国家工商行政管理发布的《公司登记管理若干问题的规定》中已有明确的限制。但这一解释与1986年《民法通则》中关于联营的规定是有冲突的。而且，也与《中外合作经营企业法》中对非股权式合作企业的选择不一致。

同时，公司向其他的有限公司和股份公司投资，也因彼此的经营性质和行业限制而受到影响。比如，国务院颁布的《外商投资产业指导目录》中对外商（包括外国公司）进入我国某些行业和领域的投资设定的限制性或禁止性规定。

（2）投资的额度。我国《公司法》对转投资的额度规定为“累计投资额不得超过本公司净资产的50%”，所谓净资产为公司总资产减去公司负债，财会上称为“股东权益”。此规定的例外是，国务院规定的投资公司和控股公司不受此限制；另外，在公司投资后，该公司接受被投资公司以利润转增的资本，其增加额不包括在内。

对于公司再投资到其他公司的股本限制，目的是为了保持本公司有稳定和充足的资金从事其经营范围内的业务，实现公司的经营目的，如果将资本的大部分用于投资其他公司，固然可以期待从其投资行为中获取利润，但是，公司自己的业务活动可能受到影响，与股东设立公司的目的相悖。对于转投资额度的限制，在我国台湾地区的“公司法”中也有类似的规定，只是对于转投资限额的控制是以实收股本的40%为限（第13条）。除了与我国《公司法》类似的例外规定外，我国台湾地区“公司法”对转投资限制还有如下例外规定：

（1）无限公司、两合公司经全体承担无限责任股东的同意；

（2）有限公司经全体股东同意；

（3）股份公司经代表公司已发行股份总数2/3以上股东出席，以出席股东表决权过半数同意的股东会决议。

如果公司转投资的总额超过公司法规定的限度，其投资行为是否当然无效，法律并无明确规定，学术界的观点分为无效论、有效论和部分无效论，并不统一，司法实践也因受不同学理的影响而呈多样性。

（3）借贷和担保的限度。如同自然人一样，公司可为其他企业或个人提供担保，公司可向个人提供民事借贷。虽然此类活动没有在公司经营范围中明示列出，但是，这也是公司权利能力范围可以从事的活动。但是，提供担保可能使公司陷入经营风险中，所以，公司应谨慎对待。一般而言，我国法律禁止公司之间相互拆借，以防止此类活动扰乱正常的金融秩序，但不禁止公司对个人的民事借贷。《公司法》第16条规定，公司向其他企业投资或者为他人提供担保，依照公司章程的规定，由董事会或者股东会、股东大会决议；公司章程对投资或者担保的总额及单项投资或者担保的数额有限额规定的，不得超过规定的限额。可见，《公司法》并未禁止公司为其他企业提供担保，但对董事、经理违反公司章程的规定，未经股东会、股东大会或者董事会的同意，将本公司的资金借贷给他人或者以公司财产为他人提供担保的，所得收入无法律、行政法规及公司章程的依据，得视为不当得利，应收归公司所有；由此给公司造成的损失，应当承担赔偿责任。

董事、经理不得挪用公司资金或者将公司资金借贷给他人。如果他们挪用公司资金或者将公司资金借贷给他人的，责令退还公司的资金，由公司给予处分，将其所得收入收归公司所有。如构成犯罪的，依法追究刑事责任。董事、经理不得以公司资产为本公司的股东或其他个人债务提供担保。如果董事、经理违反此规定，责令取消担保，并依法承担赔偿责任，将违法提供担保取得的收入收归公司所有。情节严重的，由公司给予处分。

二、公司的行为能力

像其他法人一样，依法成立的公司享有民事权利能力和行为能力，独立对外享有民事权利、承担民事义务。公司享有权利能力和行为能力的范围和起止时间相同。

按照法人实在说的理论，公司是客观存在的实体，而不是法律上的“拟制”，它有独立取得权利和承担义务的能力，有自己的意思能力和行为能力。

公司通过其由自然人组成的机关（Organs）对外表示意思和为法律行为。按照我国法律的规定，对外代表公司行为的机关是公司的负责人，即法定代表人，我国《公司法》规定，有限公司和股份公司的法定代表人为董事长。法定代表人代表公司的利益，按照公司的意思，对内负责组织和领导公司的经营管理，对外代表公司行使职权。总之，法定代表人的行为是公司的行为。法定代表人属公司章程必备的法定事项，应向登记机关登记，如有变更，应自公司变更决议或者决定作出之日起30日内办理变更登记手续。

代表不同于代理（法人代表）。后者是因内部规章的规定或接受公司法定代表人的委托，在授权范围内代表公司对外行事，其行为的后果直接由公司承受。代理的行为不是公司的行为，其与公司、公司以外第三人的关系受民法代理的制约。公司的法定代表人只有一个自然人，而代理可由多个自然人单独或集体组成。

三、公司的侵权行为能力

在狭义上，公司的行为能力仅指公司享有民事权利、承担义务的能力，广义上，公司的行为能力包括公司的侵权行为能力，即公司对其代表机关或代理人的行为造成他人损失承担赔偿责任的能力。在这一问题上，法人拟制说和法人实在说的区别仍然存在。如前所述，只有法人实在说才认为公司具有行为能力，包括侵权行为能力，因此，对于公司法定代表人或其代理人履行职权的行为，如果侵犯了他人的合法权益，应当由公司直接对第三人承担责任。我国《民法通则》早就规定："公司对其法定代表人的经营活动，承担民事责任"。最高人民法院《关于贯彻执行〈中华人民共和国民法通则〉若干问题的意见》（试行）也规定："企业法人的法定代表人和其他工作人员，以法人名义从事的经营活动，给他人造成经济损失的，企业法人应当承担民事责任。"

第六节　公司的登记

一、公司的登记申请和核准登记

（一）公司的登记申请

我国的公司登记机关是各级工商行政管理机关，为取得公司资格，须向登记机关提出申请。

公司的股东或发起人应承担缴纳出资或股款并筹办公司设立的义务。当股东或全体认股人缴纳出资或认缴股款后，要由法定的验资机构验资并出具证明。经验资后，不同种类的公司和采用不同方式设立的股份公司各自有特定的程序和步骤准备登记申请。

1. 有限公司须有全体股东指定的代表或共同委托的代理人向公司登记机关申请设立登记，提交公司登记申请书、公司章程、验资证明等文件。如果是设立国有独资公司，应当由国家授权投资的机构或者国家授权的部门作为申请人，申请设立登记。

申请设立有限公司，应当向公司登记机关提交下列文件：

（1）公司董事长签署的设立登记申请书；

（2）全体股东指定代表或者共同委托代理人的证明；

（3）公司章程；

（4）具有法定资格的验资机构出具的验资证明；

（5）股东的法人资格证明或者自然人身份证明；

（6）载明公司董事、监事、经理的姓名、住所的文件以及有关委托、选举或者聘用的证明；

（7）公司法定代表人任职文件和身份证明；

（8）企业名称预先核准通知书；

（9）公司住所证明。

法律、行政法规规定设立有限公司必须报经审批的，还应当提交有关的批准文件。

2. 采发起设立方式设立股份公司，发起人交付全部出资后，应当选举董事会和监事会，由董事会向公司登记机关报送设立公司的批准文件、公司章程、验资证明等文件，申请设立登记。

3. 如果以募集方式设立股份公司，在验资机构出具验资证明后30日内，发起人应主持召开公司创立大会。创立大会由认股人组成。

发起人应当在创立大会召开15日前将会议日期通知个认股人或者予以公告。创立大会应有代表公司股份总数1/2以上的认股人出席，方可举行。

创立大会行使下列职权：

（1）审议发起人关于公司筹办情况的报告；

（2）通过公司章程；

（3）选举董事会成员；

（4）选举监事会成员；

（5）对公司的设立费用进行审核；

（6）对发起人用于抵作股款的财产的作价进行审核；

（7）发生不可抗力或者经营条件发生重大变化直接影响公司设立的，可以作出不设立公司的决议。

董事会应于创立大会结束后30日内，向公司登记机关报送申请文件，申请设立登记。

董事会提交的文件有：

（1）公司董事长签署的设立登记申请书；

（2）有关主管部门的批准文件；

（3）创立大会的会议记录；

（4）公司章程；

（5）筹办公司的财务审计报告；

（6）验资证明；

（7）发起人的法人资格证明或者自然人身份证明；

（8）载明公司董事、监事、经理姓名、住所的文件以及有关委派、选举或者聘用的证明；

（9）公司法定代表人的人质文件和身份证明；

（10）公司名称预先核准通知书；

（11）公司住所证明。

（二）公司的核准登记

经审核公司的设立申请文件，登记机关决定是否发给《企业法人营业执照》。一般而言，《企业法人营业执照》有两重效力：既是公司获得法人资格的证明文件，也是获得从事营利活动的许可。该执照记载的签发时间是公司成立的时间。可见，在我国，公司登记是取得法人资格的创制程序。

公司登记机关收到申请人提交的符合法律、行政法规的全部申请文件后，发给《公司登记受理通知书》。从发出该通知书之日起 30 日内，登记机关作出核准登记或者不予登记的决定。

登记机关核准登记的，应当自核准登记之日起 15 日内通知申请人，发给《企业法人营业执照》，如果不予登记，也应当在 15 内通知申请人，发给《公司登记驳回通知书》。同时，对于核准登记的决定，登记机关还要将登记事项记载于公司登记簿上，供社会公众查阅、复制。

从登记机关行使权力的性质看，不仅包括对申请文件形式的查对，而且也有权对申请事项的内容加以核查，比如，如果登记机关发现公司设立文件，诸如公司章程中有违反法律、行政法规内容的，有权要求公司作相应修改。申请人拒绝修改的，公司登记机关有权驳回公司的登记申请。

设立公司的同时可以申请设立分公司，并就所设分公司向登记机关申请登记，领取《营业执照》。如果在公司成立后申请设立分公司的，应当由公司的法定代表人向公司登记机关申请登记，领取分公司的《营业执照》。公司也可设立不具有企业法人资格的经营机构，其名称可以不含有“分公司”的字样，但应当按分公司登记程序办理登记。分公司的经营范围不得超过公司的经营范围。分公司从事法律、行政法规规定必须报送审批的项目，仍须报经国家有关部门批准。

股份公司成立后，应当由公司在被核准后 30 日内发布设立公告，自该公告发布之日起 30 日内将发布的公司报送登记机关备案。公司发布的设立公告内容与公司登记机关核准登记的内容不一致的，登记机关有权要求公司更正。

二、公司设立无效

如果公司设立过程中未能满足法律、行政法规规定的条件和步骤，其结果一般表现为两种情况：其一，公司最终未能获取营业执照，即未能取得法人资格。公司设立过程中可能发生一些问题或事由，使得公司停止设立活动，或者虽提出登记申请，但登记机关不予发给营业执照。以我国《公司法》规定的股份公司设立过程为例，发起人可能未能全部缴纳股款，或未按期募足股份、发起人未按期召开创立大会或者创立大会决议不设立公司，至此，公司设立工作停止，不能产生创制公司的法律后果。其二，公司得到登记机关办法的营业执照后被发现在设立阶段存在实质性的问题或缺陷，比如，公司股东虚假出资，提供虚假的证明文件，或者以其他欺诈手段领取营业执照，等等，此为公司的瑕疵设立。

在第一种情形下，公司自始至终未能取得法人资格，所以，西方国家多按合伙处理股东或发起人内部和他们的对外关系。对于公司设立过程中已经为设立目的而对外订立的合同，由股东或发起人对外承担连带责任。在股东或发起人内部，多按出资比例或约定比例分担风险。如果有发起人以外的认股人加入，发起人负有返还认股人认购股款和加计同期银行存款利息的连带责任。

在第二种情形下，因为公司在形式上已经成立，对外可能已经成立多种法律关系，如何最大限度地保护股东、公司和债权人的利益，保证交易的安全，是立法必须综合考虑的重点。国外的法律多规定，设立瑕疵的主张应向法院提出。该诉讼的原告可以是公司的股东、债权人或其他利害关系人，被告是公司。诉讼的期间由法律规定，即规定从公司成立之日起可以提起形成之诉的期限。考虑到较长期限对于公司今后的正常经营活动不利，所以，可以规定诸如 2 年的期限。从国外学术界的观点来看，该期限不同于诉讼时效期限，应连续计算，不得延长或重新计算。瑕疵设立的法律后果多有两种：

第一，法院责令股东或发起人弥补设立中的瑕疵，以求维持公司的法人地位，以保护债权人的利益和交易的稳定和安全。我国《公司法》的第 28 条规定也有同样的考虑，“有限责任公司成立后，发现作为出资的实物、工业产权、非专利技术、土地使用权的实际价额显著低于公司章程所定价额的，应当由交付该出资的股东补交其差额，公司设立时的其他股东对其承担连带责任。”《最高人民法院关于适用〈中华人民共和国公司法〉若干问题的规定（三）》（以下简称《公司法司法解释（三）》）中也参照了西方国家公司立法的成熟经验，意图在以下方面扩张公司设立瑕疵的弥补效果：

（1）股东在公司成立后抽逃出资的，公司可以请求人民法院判令其返还出资，并按其抽逃出资的数额和时间计付利息。

（2）股东因抽逃出资造成公司其他损失的，公司可请求其承担赔偿责任。为抽逃出资提供帮助或者负有直接管理责任的股东、董事、经理应当对返还出资承担连带责任。

（3）公司怠于起诉的，股东可提起代表诉讼。

（4）债权人请求公司清偿债务，公司不能清偿的，债权人可以对抽逃出资且未予返换的股东提起诉讼，请求其在抽逃出资的数额及利息范围内承担补充赔偿责任。

(5) 为抽逃出资提供帮助或者负有直接管理责任的股东、董事、经理应当对抽逃出资股东的上述债务承担连带责任。

另外，股东出资不足或者出资存在瑕疵，公司及已适当履行了出资义务的股东可以向人民法院提起诉讼，请求判令其不足出资或者补正瑕疵，并支付利息。

第二，请求确认公司设立无效。按照《公司法司法解释（三)》的设计，设立无效之诉由已实际出资的股东提出，人民法院受理公司设立无效纠纷案件后，应当责令公司停止经营，并责令有过错的股东在6个月内补足出资。逾期未能纠正瑕疵或者补足出资的，人民法院应当判决公司设立无效，并判令公司进行清算，即人民法院认定公司设立无效的判决，不溯及公司此前交易活动的效力。此为保护公司债权人的普遍认同和立法安排。

一旦认定公司无效的判决生效，任何人不得再主张公司有效设立。

本章小结

公司设立是指在公司成立以前，由股东或发起人依法所为的、旨在取得公司法人资格的行为总称。公司成立是由公司设立申请人向公司登记机关提出设立申请，经登记机关核准登记，发给营业执照，标志公司成立。

公司的发起人是为设立公司而签署公司章程、向公司认购出资或者股份并履行公司设立职责的人，包括有限责任公司设立时的股东。作为法人组织体的公司，在设立过程中也有准备公司章程，公司章程是公司的基本法律文件，对公司自身、股东、董事、监事等都有约束力。公司章程最初是公司股东（发起人）在公司设立之时制订的，经法定程序为股东或多数认股人通过，股东或公司董事应在章程上签字并作为登记文件交登记机关核准或备案，是公司设立阶段公司股东（发起人）依法必须制定和提交的公司文件。公司章程是公司的必备文件。

公司设立的方式有两种：发起设立和募集设立，为了保证设立的效率，绝大多数公司采用发起设立的方式。

公司也有权利能力和行为能力。公司的行为能力有狭义与广义之分。广义的行为能力包括公司的侵权行为能力，即公司对其代表机关或代理人的行为造成他人损失承担赔偿责任的能力。

为取得公司资格，须向登记机关提出申请。经审核公司的设立申请文件，登记机关决定是否发给《企业法人营业执照》。一般而言，《企业法人营业执照》有两重效力：既是公司获得法人资格的证明文件，也是获得从事营利活动的许可。该执照记载的签发时间是公司成立的时间。

重要概念

公司设立、公司成立、发起人、发起人协议、公司章程、不得越权、准则设立。

同步测练与解析

一、不定项选择题

1. 如采用募集设立方式，股份有限公司的公司章程是由发起人制定，经公司创立大会通过，于公司成立后对公司、股东等具有约束力的自治性规章，但这种约束力不涉及（　　）。

A. 未参加过公司创立大会的股东

B. 公司的一般职工

C. 公司成立后新加入的股东

D. 已转让全部股份的原公司股东

2. 有限责任公司设立的方式是（　　）。

A. 募集设立　　B. 定向募集设立　　C. 私募设立　　D. 发起设立

3. 甲有限责任公司章程规定，本公司董事长未经股东会授权，不得处置公司资产，也不得以公司名义签订非经营性合同。一天，董事长任某见王某开一辆新款宝马车，遂决定将自己乘坐的公司旧奔驰车与王某调换，并办理了车辆过户手续。对任某的换车行为，以下表述正确的是（　　）。

A. 违反公司章程处置公司资产，其行为无效

B. 违反公司章程从事非经营性交易，其行为无效

C. 并未违反公司章程，其行为有效

D. 无论是否违反公司章程，只要王某是善意的，该行为就有效

4. 经过公司登记机关预先核准的公司名称可保留（　　）。

A. 30 天　　B. 3 个月　　C. 6 个月　　D. 1 年

5. 依照我国《公司法》，公司的住所一般是（　　）。

A. 主要股东所在地　　B. 主要办事机构所在地

C. 公司注册登记地　　D. 公司主要财产所在地

6. 股份有限公司不能成立时，因设立行为而产生的费用和债务应当（　　）。

A. 由发起人承担连带责任

B. 由发起人承担按份责任

C. 由发起人在认购的股份金额范围内承担责任

D. 由全体认股人承担责任

二、简答题

1. 依照我国《公司法》的规定，发起设立和募集设立的区别是什么？

2. 公司章程对哪些人有约束力？

3. 审批设立原则与准则设立原则的差异是什么？

三、论述题

1. 以我国《公司法》的规定为例，股份公司发起人的责任是什么？

5. 设立无效的法律后果是什么？如何加以补救？

四、案例题

甲乙两人拟设立公司，但是甲没有资金。两人约定公司全部注册资本 50 万元都由乙承担。公司成立后，因甲帮助公司获得一笔贷款 25 万元，乙以分红方式向甲给予奖励。公司章程载明两人各出资一半。几年后甲去世，他的儿子丙表示要继承父亲在该公司的股权，但遭到乙拒绝。丙向法院起诉主张股东权利。请问：丙的请求应否得到法律的保护？

参考答案

一、不定项选择题

1. D 2. D 3. D 4. C 5. BC 6. A

二、简答题（略）

三、论述题（略）

四、案例题

请参照《公司法司法解释（三）》。其第 25 条规定，有限责任公司的实际出资人与名义出资人订立合同，约定由实际出资人出资并享有投资权益，以名义出资人为名义股东，实际出资人与名义股东对该合同效力发生争议的，如无《合同法》第 52 条规定的情形，人民法院应当认定该合同有效。前款规定的实际出资人与名义股东因投资权益的归属发生争议，实际出资人以其实际履行了出资义务为由向名义股东主张权利的，人民法院应予支持。名义股东以公司股东名册记载、公司登记机关登记为由否认实际出资人权利的，人民法院不予支持。

实际出资人未经公司其他股东半数以上同意，请求公司变更股东、签发出资证明书、记载于股东名册、记载于公司章程并办理公司登记机关登记的，人民法院不予支持。

第四章

CHAPTER FOUR

公司的资本

学习目标

通过本章内容的学习，熟悉公司资本的内涵、资本三原则的内容。把握股东权的具体表现，对于公司债与公司分红中的法律规定也有所了解。

重点难点提示

- 公司资本的定义
- 法定资本制与授权资本制的差异
- 公司股与公司债的差异
- 公司股与公司债的具体种类
- 股东权的具体表现
- 公司法定公积金的来源与用途

第一节 公司的资本制和资本三原则

公司的资本是公司运营和存续的物质基础，是公司对外承担民事责任的物质保障。公司资本有广义和狭义之分。广义的公司资本是指公司据以独立对外承担民事责任的全部资本，即包括股本（Share Capital）、借贷资本和公司在运营中累积的而未向股东分配的部分。狭义的公司资本仅指公司股东投资于公司的股本总和，包括股东向公司初始投资的股本额和公司在增资之时股东追加的投资额总和。在没有特别说明时，本书所称“资本”指狭义的公司资本，也称为“公司的自有资本”。

一、公司的资本制度

对于股东享有有限责任的公司而言，各国法律规定的公司资本制度主要有如下三种模式：

（一）法定资本制（Statutory Capital System）

公司资本在章程中记载，并由股东在公司成立时实际缴纳。公司成立后，如欲增资，须经股东同意并修改章程。法定资本制在大陆法系国家中的法国和德国首创，后为意大利、瑞士、奥地利、比利时、瑞典等国所接受，意在确定和充实公司从事经营活动的物质基础，加强对债权人的保护，保证公司维持与其从事的经营活动相适应的资金规模。以《德国有限责任公司法》的规定为例，该法要求公司的股本至少为2.5万欧元，每名股东的基本出资至少须为100欧元，而且，公司向其住所所在地辖区的法院申报商业登记时，如果约定货币出资，股东应对任何一项资本出资，均已缴纳1/4的股款，才可以申报；对于公司股本而言，股东已经缴纳的货币出资，连同应缴纳的实物出资的总额，应达到2.5万欧元。而且，应将出资的依据或为实施此种约定所订立的合同加在申报文件中。同属大陆法系的《法国商事公司法》第38条规定，有限公司的股份以实物或现金出资认购的，股东必须认足全部股本，并全部予以缴纳。

我国《公司法》只调整两种公司形式——有限责任公司和股份有限公司，此两种公司也被称为代表现代企业发展方向的形式，皆具有资合性，公司以其全部资产对公司债务承担责任，股东对公司只承担有限责任。自然，公司自有资本的多寡必然影响银行或其他债权投资者举债与否的决定。所以，我国立法对公司资本的规定，也体现了对法定资本制的认同。我国法律把公司章程记载的并由股东在设立时实际投入公司的股本总额称为注册资本（Registered Capital）。既然称为注册资本，在公司设立时，该资本额须由全体股东实际认缴，而且应以章程必备条款方式向公司登记机关登记，并记载于公司的营业执照，对外公示。除此之外，我国《公司法》对不同类型的公司还有法定的最低注册资本额

（Minimum Capital Requirements）的要求，以有限公司为例，其最低注册资本额为人民币3万元。股份公司的注册资本的最低限额为人民币500万元。股份公司中的上市公司的股本总额不少于3 000万元。对于类型更为特殊的或投资特别行业的公司，其他法律或行政法规也规定了更高的要求。比如，外商投资的股份公司的最低注册资本额不得少于人民币3 000万元。外商投资的投资性公司的注册资本不得少于3 000万美元。银行、保险公司、证券公司等金融企业的注册资本也高于对普通有限责任公司和股份责任公司的最低注册资本金的要求。

很多大陆法系国家对公司的注册资本有最低要求。《韩国商法典》规定，有限公司成立之时，股东的出资必须到位，而且公司最低股本金不少于1 000万韩元。《法国商事公司法》第71条规定，向社会公开募集股份的公司，其最低资本必须达到150万法郎，采发起设立方式时，应达到25万法郎。《欧盟公司法第2号指令》规定，在欧盟注册的公众公司，其最低资本应不少于25 000欧元。我国台湾地区的“公司法”第156条第三项规定：“股份有限公司之最低资本总额，得有主管机关分别性质，斟酌情形，以命令定之。”按此授权，主管机关发布“有限公司及股份有限公司最低资本额标准”，设定了不同类型公司之最低注册资本额。

对于最低注册资本金的要求，学理上一直有肯定说和否定说之争。肯定说强调其对保证公司正常经营、维护交易安全、保护债权人利益和防止公司泛滥的重要意义，而否定说则指出，在以下几个方面，法定资本制并不能起到前述作用：

（1）公司的自有资本与公司经营的关系。应由公司结合自身状况和市场反映自行决定。无论采何种单行法形式，都不能以一般性规定反映不同的公司及其投资者的特别要求和安排。

（2）公司最低注册资本金的规定。一方面也许可能防止公司滥设的局面，甚至阻塞了多数实力有限的投资者设立公司的路径；另一方面，可能反而使得个别胆大妄为的投资者采取欺骗手段，以虚假出资等形式骗取设立登记。

（3）对公司的最低注册资本制的规治。侧重公司的静止状态，或偏重公司设立、存续中某个点的状态，而事实上，公司的运营是动态的，公司资本也在不断地变化，难以某一点的公司资本形态管窥公司长期运营中的资本增减变动；而且，即使对公司成立之时的注册资本设定门槛，公司成立之后很有可能无法维系其资本金规模，公司实际偿债能力持续下降，反而因注册资本的要求，对债权人起到误导作用。

（4）公司注册资本的增减都需要修改公司章程，费时费力，增加了公司的成本。

（二）授权资本制（Authorized Capital System）

与法定资本制不同，英美国家的资本制度反映了对公司资本的另一种态度和看法。授权资本制是指公司的资本由股东约定并记载于公司章程，为公司的名义资本（Nominal Capital），公司设立时只需发行其中的一部分，由股东认购（to subscribe），但公司成立时股东无须足额缴纳。在名义资本额限度内，股东今后何时需要缴纳股本或公司何时拟增发股本，由公司董事会决定即可。

以英国封闭型公司（Private Companies Limited by Shares）为例，公司章程（组织大纲）记载公司的授权资本和股份数及每股金额，但设立时股东只需认购极少的份额。《英国公司法》第2.5条规定，每个在章程上签字的股东只需认购公司1股即可。《美国示范商事公司法》也有类似的规定。

授权资本制的特点是：

（1）公司资本呈现多种具体形态，而非都是全部到位的资本金。

（2）公司章程记载公司有权发行的全部股本金和公司设立时发行的（第一次）的发行额。公司成立时，股东只需认购第一次的发行额。公司章程可要求股东全部缴纳，或只在公司成立时缴纳一部分，其余部分在公司成立后，由董事会视公司发展需要向股东追缴（Call）。

（3）在名义资本额内追加发行股本，或向股东请求缴纳已经认购但尚未实际缴付的股本金的权限属于董事会。

可见，授权资本制体现了法定资本制所欠缺的优势：设立公司的门槛几乎对任何投资者都不构成障碍；如果结合设立准则主义，设立公司变得十分方便而且费用低廉；只要不超出公司授权资本额的限度，日后公司的增资也可由董事会随时实现，也无须修改章程。

在授权资本制下，以下几个有关资本的概念应当准确加以区分：

（1）授权资本。也叫做"名义资本"（Nominal Capital，或 Nominal Share Capital），在授权资本制下，公司的授权资本额、发行股数、每股票面金额（如发行的是有票面额股票）都应记载于公司章程。

（2）发行股本（Issued Share Capital）。一般指公司设立时对股东发行的股份总额，股东认购该发行额并记载于公司章程。第一次发行股本无须等于授权资本，公司即可成立。

（3）实收股本（Paid-off Capital）。指股东认购并实际缴纳股款的股本总额，从股东的角度看，也可称为"实付股本"。在授权资本制下，股东可以认购一定数量的股份，如无法律或章程规定，无须同时付足全部股款，等到公司董事会要求时，股东再向公司支付余下的股款。

（4）在外流通股本（Outstanding Share Capital）。指公司对外发行的、由股东持有的股份总额。在外流通的股本总数不会大于发行股本。其中的差额一般是由公司发行过的、现已收回的股份。

（5）库藏股份（Treasure Shares）。这是美国公司法的概念，是指公司曾经对外发行并在外流通的、但被公司买回购（to reacquire）和保留（held in its treasure）的股份。从经济意义上看，库藏股与公司授权资本额内尚未发行的股份无实质区别。但是，在传统理念上，美国法律视其为已经发行的股份。当前，《美国示范商事公司法》（MBCA）和部分州的公司法删除了“库藏股”的概念，从此，公司买回的股份自动具有未发行股份的性质，公司董事会视需要，随时决定重新发行。按此理解，公司买回曾发行和流通在外的股份后，应将其注销，其额度自动回归到公司有权发行但尚未发行的总股份额度之中。

授权资本制也有弊端。由于法律对于设立资本的门槛放低，投资者只有少量资金即可成立公司，股东可以灵活选择公司资本的具体形态。但是，对于公司债权人来说，法律设计的保护程度不高，如果未在合同中约定的话，债权人很有可能蒙受商业损失。同时，由于公司的资本实力弱，股东又具有有限责任，因而，侵权法律关系中的债权人得不到强有力的保护。有鉴于此，英美国家的公司法发展出了独特的补救措施：

（1）揭开公司面纱原则的作用。对于公司资本不足（under-capitalization）的公司，股东得承担公司资本不足部分的赔偿责任。当然，对于资本不足的判断，法院要做个案分析和评判。

（2）担保制度的作用。债权人依据担保法的规定，要求股东对公司债务提供保证或担保。

（3）保险的作用。保险公司面向公众和公司提供多元化的保险产品，当事人可以为自己选择购买适当的保险产品。商业竞争也使得公司为其产品的使用者或服务的享用者提供保险安排，通过保险来事先防范风险和事后分散风险。

（4）最低注册资本额的要求。虽然在法律整体上贯彻授权资本制，但是，对于影响公众利益的股份公开型公司（Public Companies，或 Publicly-held Corporations，或称公众公司），仍有最低注册资本额的规定。《英国公司法》第 101 条规定，公众公司的设立时，全体股东应至少认缴 12 500 英镑的股本金。

值得注意的是，我国《公司法》虽然确立了“分期缴纳”的法定资本制的立法模式，但是，早前的外商投资企业法的规定却反映了授权资本制的影响。以对“注册资本”的同样规定为例，《中外合资经营企业法》规定，注册资本是为设立合营企业，在工商行政部门登记的合营各方认缴的出资额之和；该等资本可以在合营公司成立后一次或分期缴纳。为了引导外商投资企业的健康发展，纠正外商投资企业迟迟不投入认缴的注册资本的现象，国家工商行政管理局和原外经贸部也陆续发布了加强外商投资企业审批和登记管理的文件，明确外商投资企业的投资者应当在企业成立后，按照其注册资本金的数额分期或一次性缴足出资的期限，在注册资本尚未缴足之前，按外商投资企业的出资期限发放有效期与出资期限一致的营业执照；待到外商投资企业资本金全部到位后，再发放有效期与经营期限一致的营业执照，防止营业执照记载的注册资本额与实际缴付的出资总额不一致而可能给债权人造成的误导。此外，对于未按出资期限缴清注册资本的外商投资企业，不予受理增设经营性的分支机构和增加经营范围的变更申请；对于未按期足额缴付出资的，批准证书自动失效，登记机关可以作出吊销该企业营业执照的处罚决定。

（三）折衷资本制（Eclectically Capital System）

该资本制度也被称为“认许资本制”。法定资本制过于严厉，因其规定的设立门槛太高而使得大型企业难以募足资金而受到阻碍。所以，大陆法系国家也都试图调整其资本制度，适应多方需要，比如，注册资本需得到全部认购，但成立时股东只需缴纳股本金的一部分，其余的在公司成立后由股东分期缴纳出资额。折衷资本制应运而生。《日本商法典》对公司资本的相关规定的改变代表了从法定资本制向授权资本制调整的典型做法。在1948年以前，日本沿袭德国的规定，采法定资本制及全额认购下的分期缴纳制（此时，已经对过去严格的法定资本制进行了调整，允许股东在全额认购后分期缴纳股款）。1948年~1950年又回归到严格的法定资本制。1950年以后，开始学习美国的授权资本制，其公司资本制度调整为，公司仍需在章程中记载股本总额，在设立时股东应当认足其中一定比例的资本，公司即可成立，其余部分在公司成立后由董事会视需要向股东发行。目前，德国、日本、我国台湾地区都改变为折衷资本制。折衷资本制的特点在于：

（1）从实质上看，折衷资本制仍坚持资本法定的原则；

（2）对于公司授权发行的资本，法律或章程限制缴纳的期限，比如，《德国股份公司法》规定，不得超过5年。

（3）在公司设立时，股东认足的股本不得低于一定限额，即对于公司授权发行股本的最高额加以限定。以台湾地区“公司法”的规定为例，公司授权发行股本总额不得高于公司注册资本的3/4。同样，《日本商法典》也规定，公司成立时，股东认足的部分应占到公司股本总额的1/4。

二、资本三原则

在法定资本制下，法律对公司资本的严格规范体现出以下三个原则：

（一）资本确定的原则

公司设立时应在章程中载明股本总额，并由发起人全部认足或缴足股款，否则，公司不得成立。此原则的目的是为了保证公司成立时资本真实、明确和可靠。目前，曾经采用如此严格的确定原则的德国、日本和我国台湾地区公司立法都已经放宽要求，不再固守此原则。改变的原因是，一方面，公司成立之时的资本要求阻碍了一些人设立公司的愿望，另一方面，公司成立之时的公司资本能力与今后的偿债能力并无必然联系。

如前所述，我国2005年《公司法》仍保留了资本确定原则的规定，要求公司股东应在设立之时认缴全部股本金额。2005年《公司法》第28条规定，股东应当按期足额缴纳公司章程中规定的各自所认缴的出资额。股东以货币出资的，应当将货币出资足额存入有限责任公司在银行开设的账户；以非货币财产出资的，应当依法办理其财产权的转移手续。

（二）资本充实的原则

该原则也叫做“资本维持原则”。它是指在公司存续期间，公司应维持与其经营相当的财产。以我国《公司法》为例，该原则具体表现为：

（1）股东不得退股，不得抽回投资（第36条）。

（2）股票发行价格不得低于票面额（第128条）。

（3）对于非货币出资，应进行评估作价，核实财产，不得高估或者低估作价；全体股东的货币出资金额不得低于公司注册资本的30%（第27条）。

（4）公司成立后向股东签发出资证明书（第29条）。

（5）转投资限制（第15、16条）。

（6）公司依法或依据章程提取和使用公积金（第167－169条）。

（7）公司亏损或没有利润时不得向股东分派红利（第167条）。

（8）非依法律规定，公司不得收购本公司的股票；为减少公司资本而注销股份，应在收购后10日内注销；持有本公司股票的其他公司合并时可以收购本公司股票，并应当在6个月内注销（第143条）。

（9）公司不得接受本公司的股票作为抵押权的标的（第143条）。

此外，有些国家也禁止公司和股东之间的债务抵偿，比如，公司的债务人不得以其对公司股东个人的债权，主张与其所欠公司的债务相抵消，即使无限公司的债务人，也受这一规则的限制。《日本商法典》第200条规定，股东不得就股款缴纳以抵销对抗公司。另外，以德国和法国为代表的大陆法系国家的法律多禁止或限制母子公司之间的相互持股（或称交叉持股，Cross-ownership）。

（三）资本不变的原则

公司资本一经记载于章程，并登记公示，其变动应履行法定程序。所谓公司资本的变动，并非指公司经营过程中因运用资本而发生的持续性增减，而是指经公司股东决定的、记载于公司章程并登记公示的增加或减少公司资本。就增资而言，因其代表公司的资本实力的增强，对债权人而言是有利的，所以，一般法律不予禁止或限制，而只是要求履行必要的程序，比如，股东大会或董事会的决议、章程变更和申请变更登记。增资的目的有所不同，可以是一般意义上的扩大出资金额，增加注册资本；也可以是为了特定的目的，为特定目的的增资，依法或公司章程可以附加条件，此为附条件增资。《德国股份公司法》是个例证，它对公司附条件增资的目的也有明确要求，非符合下述目的之一的，不得增加资本：

（1）向可转换公司债的债权人发行转换权证或认购权证；

（2）准备数个公司的联合；

（3）以同意决议或授权决议的方式向公司或关联企业的雇员或业务执行机关的成员发行认购权证。

减资不仅是减少注册资本，而且很有可能意味着公司实力的减弱，所以，各国公司法对公司减资多在实质和程序方面分别加以规定，意在严格控制。我国《中外合资经营企业法》曾规定，合营企业不得减少注册资本。但是，实践中的合营企业因经营不善或其他原因造成公司资产的损耗，其价值实际已经低于注册资本额。如果仍在章程和营业执照中维持原来的注册资本，其实也是对债权人的不负责任。后来的部门规章中规定：包括合营企业在内的外商投资企业在经营期限内，如确有正当理由，在不影响企业正常经营，且不侵犯债权人利益的前提下，可以向原审批机关提出缩小生产规模、调整投资总额和注册资本的申请，经原审批机关批准，由原登记机关核准后，办理变更登记，并报国家工商行政管理局备案。《公司登记管理条例》还规定，公司减少注册资本的，应当自公告之日起45日后申请变更登记，并应当提交公司在报纸上登载公司减少注册资本公告的有关证明和公司债务清偿或者债务担保情况的说明。公司减资后的注册资本不得低于法定的最低限额。

第二节　股东的出资

股东的出资是指股东对公司的投资行为，包括股东向公司的出资具体方式和出资额占公司整体资产的比例，都属于探讨股东出资时应当包括的内容。按照我国《公司法》的规定，有限公司股东的投资被称为“出资”，股份公司股东的投资行为表现为认购股份。从广义上看，两者的法律意义是一致的，都是使得股东获取公司的出资比例或股份，并按该出资比例或股份数额享有股东权利、承担实际缴付出资款的义务和承受今后的投资风险。因此，在下文的讨论中所使用的“出资”一词，是包括股份公司和有限公司股东的投资活动在内的，并不仅指有限公司股东的投资行为；“出资”也可发生在公司设立阶段的出资，其法律意义在于使得股东取得股东身份和资格；“出资”还可指公司成立后增资阶段的出资。

我国《公司法》对有限公司和股份公司股东的出资方式规定相同，下述之：

一、股东的法定出资方式

（一）货币出资

也叫现金出资，一般是指以国家的法定货币出资。在我国，外商投资企业的外方投资者也可以其他硬通货币出资。现金出资以实际的货币移交（转账）实现出资义务，无须估价，易于判断。而且，现金构成流动资金中最活跃的组成部分，对于公司启动和持续经营至关重要。所以，各国一般将货币出资列为出资的首选。2005年《公司法》第28条规定，股东应当按期足额缴纳公司章程中规定的各自所认缴的出资额；股东以货币出资的，应当将货币出资足额存入有限责任公司在银行开设的账户。按此规定，在公司成立前，专用账户内的资金是为实现出资目的而注入的，不得用于日常往来或结算目的。股东将资金打入专用账户，视为履行了出资义务。

（二）实物出资

也叫做现物出资。学者中有人认为，实物只是现物的一种，现物概念外延更大。对于实物的范围，我国《公司法》没有进一步地列举，但是，比照以往的外商投资企业法的规定，当时所讲实物出资是以诸如建筑物、厂房、机器设备、运输工具、办公用品、原材料、产品等有形资产出资。同理，《公司法》所列举的实物也应包括这些常见的实物出资形式。和现金出资的明确直接的特点不同，实物出资中应注意以下一些问题：

（1）采实物出资是各方协商的产物。在公司设立阶段，实物的价值必须经各方协商认可，在公司成立后增资时的实物出资，要经过公司的同意。从公司的类型特点看，股份公司如采用募集设立方式，或者在成立后为其公开募股增资的目的计，公众股东应采现金出资方式，而不采纳现金以外的其他方式，以减少筹资的费用和设立失败的危险。

（2）公司章程应记载实物的具体形式、估价、转移的方式、期限等内容。

（3）估价和验资。为了保证出资物的价值真实可信，不减损公司资本的充实程度，我国《公司法》和《公司登记管理条例》都规定，实物出资，应经过行政管理部门登记注册的评估机构评估作价。对于评估结果，要由股东认可，验资机构进行验证并出具验资报告。法定的验资机构包括经过工商行政管理机关登记注册的会计师事务所和审计事务所。对于出资的实物，验资报告应附有实物清单。如果验资机构出具的报告出现虚假结论，验资机构须和股东承担连带责任。

（4）实物的交付。和现金一样，实物也必须交付公司使用，并转让所有权，才真正保证公司可以对该实物享有实在的权利。按照我国《公司法》对出资和认购股款的规定，如果是在设立公司时股东/发起人选择实物出资的，也应在公司成立前实际交付。如果实物中有房屋、汽车等需要办理过户手续的实物，公司应当于成立后半年内办理过户手续，并报公司登记机关备案。

作为出资的实物的法律属性。在我国公司法学界，对于实物的法律属性有以下认同：可确定性；实物价值的现存性；可估价性；可独立转让；符合公司目的的可收益性。

（三）知识产权出资

知识产权属于人类的精神财富，属于无形资产，也被称为“智力成果权”。科学技术的发展孕育着巨大的财富，所以各国公司法都允许以工业产权和非专利技术出资。如果股东/发起人以智力成果作价出资，首先要明确出资的内容。对于知识产权的内容，我国传统的立法和司法上多解释为专利权、商标权和著作权。我国《公司注册资本登记管理暂行条例》第9条规定：“以专利权出资的，其专利权人为全民所有制单位的，专利权转让须经上级主管部门批准；以注册商标出资须由商标主管部门审查的，按有关规定先由商标主管部门审查同意后方能作为出资”。目前《公司注册资本登记管理条例》并没有规定知识产权出资需经过相关主管部门的批准。随着科学技术的发展，对于工业产权的外延的理解也在不断扩大，诸如集成电路设计图、产品标识、原产地标志等等，也都被普遍理解为属于工业产权的内容。所以，我国的公司立法也需要相应调整工业产权出资的内容，扩大技术成果出资的可选择形式。同时，随着高科技企业的兴起，技术人员投资入股的情况不在少数。如果不承认他们以自己所有的、包括计算机软件在内的技术出资，只会打击他们的创业积极性，从整体上看，也不利于提高国家的科技水平和竞争力。从现有法律的规定看，计算机软件属于著作权的组成部分，我国法律也将著作权列入出资的选择之一。

出资人以知识产权出资的，出资转让事项须记载于公司章程。

知识产权须作价。在现实中，我们都知道，无形资产的作价非常困难，其中，技术领先性是评估其价值的重要因素，而先进程度恰恰难以把握。科技的发展使得技术及技术产品的淘汰率增大，几个月前的领先技术可能现在的价值已经大打折扣。所以，为了实现公司资本的维持和充实，我国《公司法》对于智力成果出资的比例上限有所规定，即不得超过注册资本的70%，这是出于保护其他股东和公司利益的考虑。而且，无形资产作为公司资产中的非流动资产，在公司经营中固然不可或缺，但是公司的短期偿债能力是以流动资产为标志。所以，限制公司资产中包括无形资产在内的非流动资产的价值比例，也有利于增强公司的偿债能力，保护债权人的利益。

知识产权的转让应当于公司成立后半年内依法办理，并报公司登记机关备案；非专利技术的转让应在公司成立后1个月内由该技术所有人和受让人（公司）签订转让合同，也须报公司登记机关备案。

（四）土地使用权

在我国，土地属国家和劳动群众集体所有。国家所有的土地，可以依法由全民所有制单位使用，也可以依法确定由集体所有制单位使用；国家保护它们使用、收益的权利。国家和企业都可以土地使用权出资；股东/发起人可以土地使用权出资。获得土地使用权的途径是无偿划拨和有偿转让。按照《公司注册资本登记管理条例》，以划拨土地使用权出资的，使用人应当向市、县人民政府土地管理部门申请办理土地使用权出让手续后方能出资。至于以集体所有的土地使用权出资，应区别以下两种情况：（1）城市规划区内的集体所有的土地，应当先依法征为国有土地后方能作为出资；（2）农村和城市郊区的集体所有的土地，应当经县级人民政府登记注册，核发证书，确认所有权后方能作为出资。

以土地使用权出资，股东/发起人应当在公司章程中对此加以规定，而且应当在公司成立后半年内办理土地变更手续，并报公司登记机关备案。

以土地使用权出资，其使用价格必须有法定的评估机构评估。其评估结果交县级或市级人民政府管理部门初审后，根据所设公司的审批权限，分别由国家土地管理部门或省级人民政府土地管理部门确认。股东/发起人在办理土地评估之前，必须依法进行土地使用权登记，领取土地使用权证书。

国家以国有土地使用权作价出资/入股的，必须对国有土地使用权的投资价值予以保护，以《股份有限公司土地使用权管理暂行规定》为例，具体措施有三：

（1）土地使用权作价折抵的出资/股份金额不得低于审核确认的土地使用权作价总额除以股票的溢价倍数；

（2）土地使用权作价入股占国有资产总额的比例也不得低于土地使用权作价总额占进入股份制企业的国有资产总额的比例；

（3）土地使用权折股及土地使用权出让金、租金数额的确定均应以经审查确认的土地评估结果为基础。

按照对其他非货币出资形式的一般认识，土地使用权不得以租赁方式出资，但是，公司成立后可以通过租赁取得土地使用权，此时的取得已经不是股东/发起人的出资行为，而是公司的经营行为。

二、对其他出资方式可行性的探讨

除了我国公司法以及出资登记的配套行政法规、规章的规定外，能否以其他形式出资，既是学界探讨的问题，也是实务界迫切希望得到确认的选择。

（一）股权出资

股东/发起人能否以在其他公司已经投资获取的股权再行出资呢？从我国《公司法》的规定看，因该种方式未曾明示列举于相关条款，所以似不能采此形式。但是，从我国和英国政府之间早在1984年签署的《关于促进和相互保护投资协定》的规定看，双方投资者，包括我国的企业、法人和其他经济组织可以采用“公司的股份、股票”出资。这样就出现了对股权出资的不同立法规定。

从股份的性质分析，股份是股东权利义务的总括，是可转让的有价证券。所以，以股权投资，并不违背我国《公司法》中对资本制度的现有规定。

（二）债权出资

债权出资同样没有出现在我国《公司法》规定的出资方式中，这是反对债权出资的主要理由。另外，债权是一种期待权，能否实现并不确定，如果允许股东/发起人以债权出资，可能因日后债权无法实现，而损害了公司资本的真实性和充实性。但是，如果对债权的特点加以区分，我们可以看到，可按债权的流通性将其分为一般债权和债券（债权)。对于后者，我国《公司法》并未禁止，因为债券中就有可转换公司债券，而我国《公司法》允许公司发行可转换公司债券。而对于一般债权，如果可以确定价值，而且，股东提供出资担保，也未尝不可以作为出资的又一可选择形式。

另外，对于人力资本、商誉、票据等能否作为出资的合法方式，现在也都在讨论之中。

三、股东/发起人的出资责任

（一）股东的出资瑕疵

股东未按照法律和公司章程或股东/发起人协议的约定而履行出资义务，构成股东的出资瑕疵。我国《公司法》对于股东的出资瑕疵规定了三种表现形式：

1. 虚假出资

公司的发起人、股东未交付货币、实物或者未转移财产权的，为虚假出资。按照前面对于股东/发起人出资的具体途径介绍，我们知道，如果股东选择货币出资，该出资应在公司成立前即缴入设在银行的“专用账户”，在公司设立期间不得动用；而非货币出资，都分为实际交付和法律上移转权利两步走，后者可以在公司成立后的一段时间内在完成。由此，未实际交付或未转移财产权，都构成虚假出资。

2. 抽逃出资

和前者不同，抽逃出资的前提是，股东/发起人已经向公司出资，完成了出资的法定手续。在此之后，又将出资抽走。抽逃出资的构成要件之一是股东的故意，即明知不得为而为之。

3. 出资不足

即股东未按约定的金额和法律或章程规定的额度向公司全部出资或缴纳股款。

（二）出资责任

我们在此主要以有限公司为对象探讨股东违反出资义务的民事责任。

在我国《公司法》中，主要有两条规定涉及有限公司股东出资的民事责任：第 28 条和第 31 条。两条的适用条件和场合不同。下面分述之。

1. 违约责任

股东为设立公司而达成合意——无论是否采用书面形式订立协议。对于股东之间的合意，包括他们对未来公司出资的形式和比例的设计，都要在公司章程中加以明示，所以，从这个意义上看，章程也可以视为具有协议的性质。当某个股东不按照约定出资，无论是价值不符或形式不符，都是违反了股东们共同设立公司的约定。所以，股东的出资瑕疵是对其他股东的违约，应当对其他股东承担违约责任。从合同法的责任构成出发，此处的违约责任也是严格责任，无须由原告股东证明被告股东是否存在故意或疏忽。

我国《公司法》第 28 条规定的是股东足额出资的义务，而且应依法向公司转移财产。如果未足额和按时缴纳出资，对其他股东而言即是违约。

如果股东以货币出资，应在公司成立之前就将足额现金存入在银行开设的临时账户。所以，如果判断股东在现金出资方面是否违约，在公司成立之时就可以得出结论；而从股东非货币出资的情况看，其虚假出资可能发生在公司成立之前，也可能发生在公司成立之后办理转让手续之时。因而对于其他股东而言，针对出资方式和法律规定的履行义务的时限不同，在上述两个时段，其他股东都可提出违约之诉。

请注意的是，其他股东是指已经足额和适当履行了出资义务的其他股东。

2. 公司成立后对公司承担的责任

2005 年《公司法》第 31 条规定，有限公司成立后，发现作为出资的实物、知识产权、非专利技术、土地使用权的实际价额显著低于公司章程所定价额的，此种情况也是出资不足的表现。而且，此时的出资不足是在公司成立后才为公司和/或其他股东所发现的，公司设立时的股东都要对公司承担责任。首先，出资不足的股东应对公司承担补缴出资的义务，补缴的数额按差额部分及其同期利息计。此责任也是严格责任，不以过错为责任构成要件。在公司设立时的其他股东对公司承担连带责任，该责任在大陆法系国家被称为“充实责任”。原因是，在公司设立时，股东之间除了相互约定履行出资义务外，还彼此负有监督和督促他方出资的义务。该等股东对公司承担了充实责任后，可以向出资不足的股东追偿。

如果公司怠于向出资不足的股东追偿，其他股东可代表公司向法院提起诉讼，请求判令该股东补足出资，并支付利息。此种做法在英美法系和大陆法系国家都有规定，是股东派生诉权或称代表诉讼权利在实现股东出资义务方面的应用。

3. 对股东出资责任体系的补充

我国《公司法》对有限公司和股份公司分别规定了设立阶段股东/发起人的责任，但是，两种类型下的责任内容都不完整。比如，对于违反出资义务的表现，在第九章法律责任部分规定了三种情况：出资不足、虚假出资和抽逃出资，但是，并未对虚假出资和抽逃出资的情况下股东的民事责任加以规定。与有限公司股东的出资责任相比，股份公司发起人的出资责任规定得更少。下面，仍以有限责任公司的股东出资责任为主，结合最高院关于《公司法》的司法解释，对该责任体系补充性规定的具体内容予以说明。

（1）抽逃出资的责任。我国《公司法》第 31 条只规定了出资不足的情况，第 36 条只规定了公司成立后股东不得抽逃出资，对于公司成立后抽逃出资的股东只设计了行政救济措施却没有设计民事救济措施，这是当时立法的一个缺陷。从 2011 年最高人民法院《公司法司法解释（三）》第 14 条可以看到弥补现行法律不足的尝试：“股东抽逃出资，公司或者其他股东请求其向公司返还出资本息、协助抽逃出资的其他股东、董事、高级管理人员或者实际控制人对此承担连带责任的，人民法院应予支持。公司债权人请求抽逃出资的股东在抽逃出资本息范围内对公司债务不能清偿的部分承担补充赔偿责任、协助抽逃出资的其他股东、董事、高级管理人员或者实际控制人对此承担连带责任的，人民法院应予支持；抽逃出资的股东已经承担上述责任，其他债权人提出相同请求的，人民法院不予支持。”这也是借鉴其他主要西方国家公司立法中的普遍性规定而拟制定的补充性规则，意在弥补现行《公司法》中的漏洞。

（2）设立失败的责任。对于公司设立的失败，法律往往区分受其影响的不同主体的主次顺序，分别设计不同的保护措施。我们知道，在公司设立过程中，股东/发起人内部、发起人和其他认股人之间、设立中的公司与第三人之间都已经形成某种法律关系，相比之下，法律往往把保护第三人和其他认股人的利益放在对股东/发起人内部关系加以救济之上。所以，股东/发起人首先须连带对第三人或其他认股人承担赔偿或返还股款的责任。而在股东/发起人之间，再由对外承担了赔偿或返还责任的股东/发起人向有责任的股东/发起人按出资比例或章程约定的比例追偿。具体说来，如果由于股东/发起人出资不足或者因其他过错导致公司设立失败的，其他股东或者发起人有权向人民法院提起诉讼，请求判令有过错的股东/发起人负担已发生的设立费用。

(3) 设立无效的诉讼。我国《公司法》第 199 条规定了采用欺诈手段获取营业执照时，公司登记机关可以对公司采取的行政处罚措施。但是，该法未规定此时善意的股东/发起人/其他认股人能否向法院主张权利的问题。设立公司固然是基于股东之间的合意，但是，由于股东/发起人中出现以虚报注册资本、提交虚假证明文件以及其他欺诈手段取得公司登记的情况，可能已经损害了股东/发起人彼此之间形成的信任，而且也违背了股东/发起人设立公司的初衷，所以，法院应当接受股东以欺诈为由提出的设立无效之诉，即为已实际出资的股东/发起人打通请求司法救济的路径。结合我国最高人民法院《关于适用〈中华人民共和国公司法〉若干问题的规定（二）》，（以下简称《公司法司法解释（二）》）提起设立无效之诉的股东/发起人限于已经实际履行了出资义务的股东/发起人。

法院受理了股东/发起人提出的设立无效之诉后，首先应责令公司停止经营，以防止债务的进一步扩大。考虑到对公司及其债权人的利益的保护，保持公司的存续应为更好选择，所以，法院亦不会断然宣布公司设立无效，而是责令违反出资义务的股东在一段时间内补足出资或纠正其他设立瑕疵。如果逾期未能补足或纠正，法院再行判决公司设立无效。为保护公司债权人的利益，对于无效的后果，国外的通常解释是，无效判决不具有溯及力。同时，无效判决生效后，公司依法进行清算。

4. 对债权人的保护

股东出资不足、虚假出资、抽逃出资以及其他违反出资义务的情形，最终将影响公司债权人的利益。对此，法律也必须允许债权人直接向法院就公司资产不足部分向违反出资义务的股东主张自己的权利，这是诚信原则和禁止权利滥用原则在出资方面的具体运用。英美国家在案例中发展起来的“揭开公司面纱”原则，其适用的场合之一即是公司注资不足（Under-capitalization），大陆法系国家也在公司立法中规定了发起人出资责任，并在审判实践中引入了“法人格否认”的做法，以实现对债权人合法权益的保护。

从债权人主张权利的顺序看，债权人应首先向公司追偿，但可以将出资不足的股东和公司设立时的其他股东作为共同被告；对于股东抽逃出资而言，债权人除向公司求偿外，可以请求抽逃出资而且未予返还的股东承担补充赔偿责任，也可以向为抽逃出资提供帮助或者负有直接管理责任的股东、董事、经理主张其承担连带责任。

从承担责任的性质看，和股东以全部资产对其债权人承担责任相比，此时股东承担的是补充赔偿责任，即在公司的资产不足以偿还其债务的时候才对外承担责任。从补充赔偿责任的范围看，是在股东出资不足的差额及其利息或抽逃出资的数额及其利息的范围内对公司债权人承担责任。

第三节　公司法人财产权和股东权

一、法人财产权

（一）我国法人财产权的政策和立法演变

股东投资设立公司，其出资或缴纳的股款形成公司法人财产中最初的组成部分，而公司经营的财产不仅来自于股东的投资，还有公司对外举债和经营积累而来的部分。这些来自于不同渠道的财产有机地汇集于公司的名下，为公司支配和利用，最终为股东创造新的财富。公司作为独立法人，应当有独立的财产，这是我国《民法通则》对包括公司在内的法人特征的规定。对于公司，特别是国家拥有或控股的公司对其占有和使用的财产行使何种权利，我国的相关政策和立法原则有一个演变的过程。这也是人们从传统计划经济观念向市场经济理念转变的过程。

早在 1986 年，对于当时的企业法人，立法区分不同的所有制形式，规定有所不同，对于全民所有制企业法人行使的权利，我国《民法通则》只是规定了国家授予企业法人经营管理财产的权利，并以其经营管理的财产承担民事责任。换言之，企业法人对其占有和使用的财产只有经营管理权，而国家仍保留对投入企业的财产的所有权。同时，对于集体所有制的企业法人、外商投资的企业法人，我国法律承认企业有自己的财产，以其所有的财产对外承担民事责任。

1988 年制定的《中华人民共和国全民所有制工业企业法》对于国家（股东）对其投资与企业的财产权利的属性、工业企业（法人）对其占有和使用的财产所享有的权利有更加明确的规定，即企业的财产属于全民所有，国家依照所有权与经营权分离的原则授权企业经营管理。企业对国家授予其经营管理的财产享有占有、使用和依法处分的权利。企业依法取得法人资格，以国家授予其经营管理的财产承担民事责任。其中，“占有”、“使用”和“依法处分”后来被总结为全民所有制企业法人的“两个半权利”。

1992 年国务院发布的《全民所有制工业企业转换经营机制条例》也是沿袭了占有、使用和依法处分的说法。

十四届三中全会通过的《关于建立社会主义市场经济体制若干问题的决定》提出了

法人财产权的观点，即“企业中的国有资产所有权属于国家，企业拥有包括国家在内的出资者投资形成的全部法人财产权。”“国有企业实行公司制，是建立现代企业制度的有益探索。”同时重申：“规范的公司，能够有效地实现出资者所有权与企业法人财产权的分离。”

1993 年的《公司法》中依法确定了一般意义上的公司的法人财产权。依照该法第 4 条的规定，一方面，公司享有由股东投资形成的全部法人财产权，依法享有民事权利，承担民事责任。另一方面，公司中的国有资产所有权仍属于国家。

1994 年通过的《国有企业财产监督管理条例》对于国家作为出资者所享有的所有权和企业法人的法人财产权的关系做了具体的规定：国有企业享有法人财产权，依法独立支配国家授予其经营管理的财产；政府和监督机构不得直接支配企业法人财产，不得以任何形式抽取诸如企业的资本金，不得调取企业财产，不得以任何名义向企业收取任何费用；国家对企业承担的财产责任以投入企业的资本额为限，企业以其全部法人财产独立承担民事责任。

2003 年 6 月 5 日公布的《企业国有资产监督管理暂行条例》也规定，企业国有资产属于国家所有。国家实行由国务院和地方人民政府分别代表国家履行出资人职责，享有所有者权益，实现了权利、义务和责任的相统一，从而构成了当下管资产和管人、管事相结合的国有资产管理体制。所出资企业及其投资设立的企业，享有有关法律、行政法规规定的企业经营自主权。国有资产监督管理机构应当支持企业依法自主经营，除履行出资人职责以外，不得干预企业的生产经营活动。

2005 年《公司法》第 3 条规定公司是企业法人，有独立的法人财产，享有法人财产权。公司以其全部财产对公司的债务承担责任。可见公司拥有独立的法人财产权。

（二）有关法人财产权属性的不同理论

有关法人财产权的属性，学理上一直有不同的观点，综述如下：

1. 经营权理论

按照经营权的理论，股东向公司出资后，并未转让出资的所有权。公司只是取得对由股东投资形成的财产的经营权，即占有、使用和依法处分的权利。这是一种不完整的物权，因为它只是所有权中的几项权能，以支配权为核心特征。所以，在我国国有企业改革过程中，曾经长期存在于国家政府部门的意见是基于这一理论而形成的。可见，按照经营权理论，对于国家拥有全部出资、控股和参股的公司、企业而言，法人财产权并不是归属意义上的财产权。

经营权理论的缺陷在于，如果认为国家在出资后仍然享有对出资物的所有权，那么，在同一公司中，国家股东和非国家股东之间对公司的权利就明显不同，而这有悖股东平等的理念。同样，因为国家在其投资的公司中仍保留对所投资财产的所有权，那么，同为公司法人，因其股东构成不同，就使得公司行使的经营管理权的内容和范围也不一致，这也有违独立法人应有自己独立财产的法律规定。

2. 所有权理论

这一理论是传统民法在公司法领域的延伸，是用传统所有权的理论解释公司对其支配和使用的财产的关系，即：股东投资公司的财产，从转让生效时起，股东已经放弃了对该财产的所有权，股东的出资财产已经组成公司的有机财产，公司以所有者的身份对自己的财产行使权利，在此统一的物质基础上对外承担民事责任。公司的所有权是物权中的自物权。

所有权理论可以解释股东在投资后为何不能抽回投资和退股。但是，所有权理论的缺陷在于，公司拥有的财产是具有不同性质的，比如，股东投资于公司的工业产权和土地使用权，股东原本就没有所有权，当然，也不可能转让其所有权。所以，如果按照所有权理论解释，必然无法自圆其说。另外，公司的财产不仅仅是股东投资形成的，还有因为债权债务关系而由公司利用的财产，对于这些财产，也不能以所有权的理论来解释。可见，传统所有权理论在公司法中表现出了局限性，不能适应公司发展的现实，也不能满足公司法理论的需求。

3. 法人财产权理论

为了摆脱所有权与经营权之争，在传统物权概念之外尝试以一种内涵尚未完全确定的理论解释公司对其利用和支配的全部财产享有权利和承担义务的具有综合性特征的权利属性。这一尝试的原因在于，公司是以其全部资产对外承担责任的，而公司资产的构成是丰富多样的，除了股东投资的货币、实物形成的部分资产外，还有股东投资的工业产权和非专利技术、土地使用权，公司对外享有的债权、知识产权等等。公司取得财产的方式不同，享有的权利内容和性质也不同，所以，很难以传统物权法中的所有权概念全部囊括。该理论强调的是，应将法人财产权理解为一种新型的权利，具有广泛的内容，既有与所有权有关的财产权、债权和知识产权，也包括国有资产的使用和收益权等等。

二、股份和股票

按照我国《公司法》的规定，股份公司的资本划分成等额股份。所以，下面的内容主要是针对我国的股份公司而言的。

（一）股份

1. 股份的含义

在不同的语境下，股份的含义各有侧重：

（1）从经济学意义上看，股份是公司资本的最小计量单位，公司的资本划分成等额股份。针对投资巨大，股东人数众多的股份公司来说，采用等额股份的计量方法，可以将股东的投资、未来的收益和风险都以简单明了的方式量化，对于公司和股东双方来讲，这是一种非常有效率的方式。

（2）股份表示股东的权利和义务，依法取得股份，获得股东资格是享有股东权利和承担投资风险的法律原由。

（3）股份是股票记载的价值所在，是股票的内容。

2. 股份的特征

（1）股份的金额性。股份是有价值的，其价值按份额衡量和计算，在公司的不同阶段，可以将注册资本或公司的净资产作为指向标计算单位股份的价值。

（2）股份的平等性。每个股份所代表的股东权利和义务是平等的，在我国公司法中，股东地位的平等被表述为“同股同权、同股同利”。

（3）股份的不可分性。股份是计量公司资本的最小单位，不可再次拆分。如果几个股东共同持有一个股份，即形成共有关系，任一股东不得主张分割股份，但可以共同推选代表行使股东权利。

（4）股份的可转让性。股东一般不能在公司存续期间从公司抽回投资，但是，股份可以转让，无论是按照市场价格，还是由交易双方定价，股份转让使得股东可以随时实现股份的价值，满足其不同的需求。各国公司法普遍赋予股份的可转让属性，但是，在特殊情况下，股份的转让受到限制。以我国公司法为例，发起人持有公司的股份，自公司成立之日起1年内不得转让；公司董事、经理、监事持有本公司的股份，在其任职期间内每年转让的股份不得超过其所持有本公司股份总数的25%；所持本公司股份自公司股票上市交易之日起1年内不得转让。上述人员离职半年内，不得转让其所持有的本公司股份，公司章程还可以做其他限制性规定。这种特别规定是通过对个别股东转让权利的限制，保护其他股东、公司和市场上其他投资人的利益，实现市场整体的公平和公正。

3. 股份的种类

（1）普通股（Common Shares）和特别股（Preferred Shares）

按照股份包含的股东权利内容的不同，可将股份分成普通股和特别股，其中，特别股又可分为优先股和滞后股（或称为“后配股”）。因为后者很少为公司发行，在此我们只比较普通股和优先股所包含的不同的股东权利。

普通股是公司发行的股份中最为核心的部分。和普通股相比，优先股的权利优先性可以表现在：在公司分红时，优先股的股东先于普通股股东分得股利；在公司分配剩余资产时，优先股的股东先于普通股股东按股份比例分得剩余资产。另外，优先股的设计借鉴了债券的特点，股利是固定的，如优先股股票采纸面形式，股利与票面额一并记载于股票之上，所以，股东事先可以计算出大致的投资收益，当公司没有收益时，优先股股东和普通股一样，无法得到投资回报，而当公司收益良好时，固定的股息率使得优先股股东的收益与公司的利润没有正比关系。

鉴于优先股股东得到固定的收益，所以，在法律不禁止的情况下，公司的章程可以规定，或者在认购优先股的协议中由公司和优先股股东约定，优先股股东不享有表决权，不参与公司的重大决策——除非他们的受益权的行使受到阻碍或权利受到侵害。

为了吸引投资者认购公司的股份，公司还可以对优先股设计更加优惠的条件，比如，在优先股中，还有两种较多使用的形式：参与的优先股和累积的优先股。参与的优先股（Participating Preferred Shares）是指，持有此类股份的股东在按照固定的股息率分得收益后，再参加普通股股东的分红。累积的优先股（Cumulative Preferred Shares）是指，如果公司的盈利不好，优先股股东未能得到某一年公司的股利，其当年应得的收益可以累积起来，在下一年公司分派股利时享有得到累计分红的权利。

在实务中，考虑到优先股股东的投资动因，此类股份一般采现金分配股利方式，所以，对于公司来说，长此以往也是不小的现金压力。有鉴于此，公司也可以考虑发行可转换的优先股，即公司和股东双方事先约定好转换条件和比例，经公司事先通知或股东在规定期限内向公司提示，股东将优先股转换成普通股；或者，公司按照章程的规定或合同约定的价格从优先股股东手中回购股份。

我国《公司法》对于股东权利义务的规定，都是针对普通股而言的，一个公司如果没有发行普通股，不得先发行优先股。

所谓滞后股，是在红利和剩余资产的分配顺序上滞后于普通股股东的股份（票）类型。因在国外的实践中也很少使用，所以不再赘述。

（2）记名股和无记名股

按照股票和股东名册上是否记载股东的姓名或名称以及其他法定事项，可将公司股份（票）分成记名股和无记名股。我国《公司法》对这一类型做了规定。两者的区别如下：

① 从持股人的特点看，记名股的股东为公司发起人、国家授权投资的机构、法人，其中，向发起人发行的股票，应当记载发起人股票字样；而向社会公众发行的股票，可以是记名股，也可以是无记名股。

② 从公司记载的股东信息看，公司发行记名股的，应当置备股东名册，在股东名册上，应当记载：股东姓名或名称及住所；各股东所持份数；各股东所持股票的编号；各股东取得其股份的日期。而对于无记名股，股东名册上只记载其股票数量、编号及发行日期。

③ 在股份转让方面，记名股票的转让应由股东背书或法律、行政法规规定的其他方式完成，并由公司将受让人的姓名或者名称及住所记载于股东名册。而无记名股转让，由股东在依法设立的证券交易场所将该股票交付给受让人后即发生转让的效力。

④ 从公司召集股东大会的程序看，对于记名股东，应采用按股东名册记载的地址各个通知的方式，而且，应将会议审议的事项在会议召开30日前通知记名股东，并说明确定股东名单的基准日，以该基准日股东名册记载的记名股东为公司通知的股东；如果公司发行无记名股，应当在会议45日前就会议事项作出公告。无记名股票持有人出席股东大会的，应当于会议召开5日前至会议闭会期间（锁闭时期）将股票交存于公司。

(3) 有票面额股和无票面额股

按照股票的票面是否记载发行面额（Par Value），可将股票分为有票面额股和无票面额股。

发行有票面额的股票，公司的发行股本或注册资本是按照每股票面额和发行股份数的乘积计算得出。如果股票按照低于票面额的价格发行，其发行总价将低于章程记载的发行股份或注册资本，在英美国家，此种情形是出现渗水股（Watered Shares）的原因之一。股票的发行价应不低于票面额，如果高于票面额发行，其超过票面额的部分记入公司的资本公积金。早期的股票票面额都比较大，比如1 000元。后来，为了吸引更多的公众购买公司股份，公司纷纷将股票的票面额减少，甚至在美国出现1美分的股票。股票的票面额与股票的价值和价格之间已无任何联系，股票事实上已经转换为单纯的计量单位，即比例股。所以，从1915年开始，纽约州率先允许公司发行无票面额的股份，公司的发行资本和资本盈余按发行价格和发行总数的乘积计算，并人为划定两者的比例；公司向注册机关交纳的费用也按发行价格计算。无票面额的股份成了纯粹的计量单位，每个股份的价值要根据发行价格和市价估算。

(4) 可赎回股（Redeemable Shares）

公司的某些股份性质决定了其在条件形成时可由公司按事先约定的条件将其买回（Reacquisition），也被称为回购股。在前面的介绍中已经提及的可转换的优先股既是。一般情况下，为实现转换而进行的回购，公司都应当给予证券持有人一定的选择期限，以便他们决定是否行使转换权。

(二) 股票

股票是股份的形式，是记载股东权利的证明。股份具有可转让性，而股份的转让是以股票的转让而体现出来的。

股票由公司成立后对认购人签发，可采用书面形式，也可采用法律、行政法规许可的其他形式。如果采书面形式，法律规定了股票必须记载的内容：公司名称、公司登记成立日期、股票种类、票面金额及代表的股份数、股票的编号；如果为记名股票，还应填入股东姓名，股票由公司董事长签字，并由公司盖章。

记名股票被盗、遗失、灭失后，股东可以依照民事诉讼法规定的公示催告程序，请求人民法院宣告该股票失效。

依照公示催告程序，人民法院宣告该股票失效后，股东可以向公司申请补发股票。

三、股东权

(一) 股东权的性质

对于股东权的性质，主要有以下三种的学说：

(1) 所有权说。股东向公司出资或认购公司的股份，只是将自己财产的经营权交给公司，目的是为了实现赢利。为此目的，股东允许他人（公司的经营管理层）占有、使用其财产；但是股东仍保留所有权，并享有投资的最终受益权和公司解散时剩余财产的分配权。这种观点和前面所探讨的公司财产经营权吻合。所以，它的缺陷也是将法人财产权视为经营权的理论所共同面对的困惑。

（2）债权说。在英美国家的案例中，经常可以看到用股权认购合同作为解释公司和股东之间关系的基础，即股东支付对价，认购公司的股份，双方在合同（章程）中约定权利义务。这一理论试图以债权描述股权的性质。从股东权的具体内容看，其中有些内容确实具有请求权的性质，比如，受益权和剩余财产分配权都具有请求权的性质。但是，我们都知道，股东和公司的关系和债权人与公司的关系是有本质区别的，所以，债权说也未能揭示股东权的核心属性。

（3）社员权说。这是来自于对社团法人成员权属性的探讨而形成的学说，也是目前关于股东权属性的通说。该学说认为，股东出资或通过认购股份而取得公司股东资格，并基于此成员资格在公司内享有权利。股东在公司中享有重大事务的决策权，对公司财产有间接的支配权，表现为参与重大决策、检查和监督公司的经营管理，等等，这些内涵使得股东权既具有所有权与债权的某些特征，但又不同于所有权和债权的一般属性，所以，不能用传统的所有权和债权分类将其涵盖。

（二）股东权的取得

股东权的取得源自股份的取得，而股份的取得分为两种情形：

（1）原始取得。认购公司股份是原始取得股东权的途径，认购可在公司设立之时，也可在公司成立后增发新股时完成。

（2）继受取得。继受取得股份包括以下几种途径：（1）继承；（2）赠予；（3）转让，还包括在国家认可的证券交易所买进上市公司的股票。

（三）股东权的内容

股份代表股东享有的全部权利和义务。对于股东而言，他对公司的义务是按照约定向公司缴纳其认购的股款或出资款。一旦他按期、按约定缴纳了股款，他对公司的义务已经全部履行完毕，而证明股东权的股票是在公司成立后才对股东签发的，所以，在我国的法定资本制下，股份对股东而言已然是权利的象征。

（1）资产受益权。股东投资的动因是获得利润的最大化，是为了追逐利润的目的。法律设置独立法人和股东有限责任的公司形式，也是为了引导股东依法实现这一目的。所以，如果不把保护股东的受益权放在首位，股东的投资积极性就受到打压，这也不符合公司法的立法宗旨。至于其他权利的设计，是为了保证股东能够实现其投资的意愿，是为受益权设定的保障措施。作为公司最终的受益人和剩余资产的分配者，股东分红的方案是由股东大会通过的，公司可以三种方式向股东分派利润：现金分红、股份分红和实物分红。股份公司多采用前两种方式。

（2）重大决策权。我国《公司法》赋予股东对公司的重大事项享有参与决策的权利。股东参与决策的方式是参加定期和临时举行的股东大会，在会议上按照持有的有表决权的股份数进行表决，公司重大事项按照股东多数票决定。

（3）选择管理者。公司由董事、经理负责经营管理，股东有权选出和更换公司的董事（执行董事）、决定董事的报酬；同时，因为我国的公司设有监事会，监事会成员人选和报酬也是由股东决定的。

（4）股东知情权。根据我国《公司法》第 34 条、第 98 条规定，股东有权查阅公司的有关文件并向董事会提出质询，对公司的经营管理提出建议。股东的知情权是股东对公司监督的前提和途径。

（5）股份转让权。

（6）新股认购权。

（7）股东的诉权。

如果股东行使自己的权利而受到不正当的阻碍，他有权到法院起诉。股东的诉权分为两种情况：直接诉权和派生诉权，后者又叫做“派生之诉”或“股东派生诉权”（Derivative Suits），在大陆法系国家也被称为“股东代表诉讼”。派生诉讼在美国创制，后为大陆法系国家所接受。我国《公司法》对于直接诉权有规定，即《公司法》第 152 条“股东大会、董事会的决议违反法律、行政法规，侵犯股东合法权益的，股东有权向人民法院提起要求停止该违法行为侵害行为的诉讼”。《公司法》同时还规定了股东代表公司诉讼的派生诉权。两者的区别在于，前者的诉由是股东从法律、行政法规或章程获得的权利受到侵害，股东直接向侵权人提出诉讼主张，比如，接受股份转让的股东未能将名称记载于股东名册，遂向法院提出确认其股东身份的主张。后者是公司的权利受到侵害，但公司怠于向侵权人提出诉讼请求，而这种消极表现将最终损害股东的利益。为了保护公司的利益，股东代表公司提出诉讼，此为派生诉讼。在派生诉讼中，股东的诉权是派生的，公司的诉权才是主导的。在美国，派生诉讼的各方当事人是这样安排的：诉讼的名义原告是股东，实际原告是公司；名义被告是公司，实际被告是侵权人，可能是董事、监事、经理或第三人。在大陆法系国家中，公司在派生诉讼中被定位为第三人；比如，《韩国商法典》中就采取这种做法。我国《公司法司法解释（二）》中，也借鉴了这种做法。如果股东在派生诉讼中胜诉，从被告处获得损害赔偿的真正主体是公司，而股东可以为其在诉讼中垫付的包括律师费在内的费用要求公司给予补偿。

从美国实施派生诉讼的经验看，派生诉讼多为集团诉讼。所以，在认定股东代表的资格和条件、案件受理的条件、股东的诉前担保、案件的合并审理、双方律师的费用、管辖、和解等方面都需要公司法和民事诉讼法的合力安排。

（四）股东权的分类

（1）自益权和共益权。按照股东行使权利的目的，可将股东权分为自益权和共益权。

前者是指股东为实现个体利益的目的而行使的权利，比如，受益权和剩余资产分配权；而为自身利益兼为股东共同利益行使的权利为共益权，如，表决权、检查公司账目的权利，等等。

（2）固有权和非固有权。按照股东权利的性质，可将其分为固有权和非固有权。前者是指股东依照法律规定而取得的权利，不得以公司章程或股东会决议剥夺或限制；反之，可依据公司章程、股东会决议或公司和股东之间的约定加以限制甚或剥夺的权利为非固有权。

按照大陆法系国家公司法的一般理论，共益权通常为固有权，而自益权多为非固有权。

（3）单独股东权和少数股东权。按照股东权行使的方式判断，可将股东权分为单独股东权和少数股东权。前者由股东单独行使即可实现其法律效果，比如，股东会议的表决权；而少数股东权须由持有一定比例数的股东相互合作共同行使，比如，临时股东会议的召集请求权、股东的派生诉权等。

（五）股东权的消灭

股东权因下列原因而消灭：

（1）股东死亡；

（2）非自然人股东解散或破产；

（3）股东转让股份；

（4）股东抽回投资或退股，一般发生在法律许可的特殊情况下，比如，公司合并时，异议股东请求公司买回自己的股份；

（5）公司解散或破产。

第四节　公司资本的增加与减少

公司资本的增加与减少是针对注册资本而言的，在一定意义上可以表明公司经济实力的变动。按照法定资本制的原则，公司应当维持与其经营相适应的资本实力，其增加和减少都须按照一定的程序进行。相比之下，减资可能对公司债权人的利益产生负面影响，所以，更需要格外引起法律的重视。在有限公司和股份公司的不同形式下，增资和减资的法律规则有所不同，下面分别介绍。

一、公司资本的增加

（一）有限公司资本的增加

有限公司增资的对象可以是原来的股东，也可以向股东以外的人募集。在程序上，首先要由股东会对增加注册资本作出决定；增资属于公司的特别决议事项，必须经代表2/3以上表决权的股东同意并通过增资决议。当公司增资时，股东可以行使优先认购权，此权利为选择权，股东也可以放弃行使优先认购权，其放弃的股份应由公司章程或股东会决议决定如何由其他股东出资或优先认购。当公司增资结束后，应有验资机构出具验资证明。公司亦需修改章程，自股款缴足之日起30日内申请变更登记。

（二）股份公司资本的增加

股份有限公司增加注册资本的，应当提交国务院授权部门或者省、自治区、直辖市人民政府的批准文件；以募集方式增加注册资本的，还应当提交国务院证券管理部门的批准文件。

股份公司增加注册资本可以通过增发新股、发行红利股和公积金转增股份实现。下面分述之：

1. 发行新股

股份公司为增资目的，可向原股东或社会公众发行新股。我国《公司法》规定，股份公司发行新股亦须经过审批，并在发行条件、程序等方面都有相应的法律要求。

（1）发行新股的条件

① 具备健全良好的组织机构。

② 具有持续盈利能力，财务状况良好；

从公司增资的目的看，应是为了扩大生产，为股东更大获利而充实公司的资本。法律不允许公司从股东或其他公众处增资弥补亏损。所以，能够让监管部门、股东和社会公司相信的是公司成功的经营和现实的获利能力，而经营好坏和获利多少的判断标准是公司是否有持续盈利能力。

③ 公司在最近三年内财务会计文件无虚假记载，无其他重大违法行为；

④ 经国务院批准的国务院证券监督管理机构规定的其他条件。

（2）发行新股的程序

董事会决议通过发行草案，交股东大会讨论，公司股东大会通过发行新股决议。决议内容包括：新股种类及数额；新股发行价格；新股发行的起止日期；向原有股东发行新股的种类及数额。与有限公司增资一样，因增资决议事项属公司的特别决议事项，应在股东大会按绝对多数表决通过才有效。

公司董事会代表公司向国务院授权的部门或者省级人民政府申请批准。如果选择向社会公开募集的，经国务院证券管理部门批准。

经批准向社会公开募集的，公司必须公告新股招股书和财务会计报表及附属明细表，并制作认股书。

如同公司募集设立一样，公司向公众发行新股的，仍须和依法设立的证券经营机构签订承销协议。

在增资完成后，公司应变更章程、办理变更登记和公告。

二、公司资本的减少

（一）有限公司资本的减少

我国公司法并未完全禁止公司减少注册资本，但是，对减资的条件和程序有严格的要求。具体说来，第一，有限公司的减资需履行必要的内部程序，即通过公司股东会特别决议程序通过决议；第二，减资后的注册资本额不得低于法定最低注册资本额；第三，通知债权人，经债权人要求，为其提供清偿、必要的清偿保证或其他安排；第四，减资部分也须经验资机构出具验资报告，其中，应当载明公司债务清偿情况；第五，限制减资的目的；第六，办理变更登记，然后向社会公告。

（二）股份公司资本的减少

股份公司减资一般是通过按比例从股东手中回购和注销股份来实现。按照我国公司法的规定，除了公司为减少注册资本而作出减资决定以外，有股份投资关系的公司之间因合并而造成注册资本总体减少的，为了体现资本真实的原则，也通过按比例注销股份来实现减资。此时的减资是为了实现名义注册资本和实际累计的资本额的真实吻合。

第五节　公司财务、会计

公司应当依法建立财务、会计制度，保证会计资料真实、完整，加强财务管理，为公司决策提供准确的依据，以实现公司的经济效益，维护股东、公司和债权人的利益。

财务报表是公司对生产经营活动的定期总结和综合反映，是了解企业财务状况的最快途径。制作财务会计报表，应体现真实性、完整性、准确性、及时性和规范性的特点。

（一）公司财务会计报告的构成

公司是企业的一种，公司财务会计报告是企业财务会计报告的一种。所以，我国公司编制和对外发布财务会计报告时，不仅要遵循《公司法》的特别规定，还应遵守企业财务会计制度的相关法律原则和规范。企业财务会计报告的主要组成部分是企业财务会计报表，除了报表之外，财务会计报告还包括会计报表附注和财务情况说明书。各个组成部分是相互关联的，它们可以从不同角度和侧面反映企业（公司）的财务状况、经营业绩和现金流量情况。

从报表编制和发布的期限看，财务会计报告分为年度、半年度、季度和月度财务会计报告。其中，年度、半年度的财务会计报告包括：会计报表；会计报表附注和财务情况说明书。会计报表应当包括资产负债表、损益表、财务状况变动表及相关附表。而季度、月度财务会计报告通常仅指会计报表，此时，该报表至少包括资产负债表和损益表（利润表）。

1. 资产负债表

资产负债表又被称为“平衡表”。资产负债表是反映企业（包括公司）在某一特定日期财务状况的报表，应当按照资产、负债和所有者权益（股东权益）分类分项列示。如果以公式表示三者之间的关系：资产=负债+所有者权益（净资产）。对于资产、负债和所有者权益的定义以及资产负债表编制时应当遵循的规定，我国有关企业财务会计报告的行政法规有更加详细的规定：

（1）资产，是指过去的交易、事项形成并由企业拥有或者控制的资源，该资源预期会给企业（公司）带来经营利益。在资产负债表上，资产应当按照其流动性分类分项列示，包括流动资产、长期投资、固定资产、无形资产及其他资产。

（2）负债，是指过去的交易、事项形成的现时义务，履行该义务预期会导致经济利益流出企业（公司）。在资产负债表上，负债应当按照其流动性分类分项列示，包括流动负债、长期负债等。

（3）所有者权益，是指所有者（股东）在企业（公司）资产中享有的经济利益，其金额为资产减去负债后的余额。在资产负债表上，所有者权益应当按照实收资本（股份、注册资本）、资本公积、盈余公积、未分配利润等项目分项列示。

资产负债表是企业会计报表中的首要报表，在我国会计报表体系中，其标号通常为01号，足以体现其重要性，它可以使我们快速清楚地了解一个企业（公司）的财务状况和实力。资产负债表的主表采用账户格式，分为左右两方，资产项目列在表的左边，负债和所有者权益分上下顺序列在表右边。其中，资产和负债两列中又按流动性从大到小排列前述各项内容。资产负债表的两边应当平衡。

从资产负债表记载的内容看，它是对企业过去某个时点（编制日）的财务状况的总结，是一张静态会计报表。

2. 损益表

损益表也称为“利润表”或“收益表”。损益表是反映一段时期内公司经营成果的报表。该表应当按照各项收入、费用以及构成利润的各个项目分类分项列示。公式为：收入-费用=利润。该表采上下分步计算形式，其中：

（1）收入，是指企业（公司）在销售商品、提供劳务及让渡资产使用权等日常活动中所形成的经济利益的总流入。收入不包括为第三方或者客户代收的款项。在损益表上，收入按照其重要性分项列示。

（2）费用，是指企业（公司）为销售商品、提供劳务等日常活动所发生的经济利益的流出。费用应当按照其性质分项列示。

（3）利润，是指企业在一定会计期间的经营成果。在损益表上，利润应当按照营业利润、利润总额和净利润等利润的构成分类和分项列示。

和资产负债表的性质不同，损益表是动态的财会报表，反映企业（公司）一段时期的经营成果；比如，月度或年度报表。一般而言，该表会列示两个期间的经营数据；比如，当月损益表一般会记载当月数和至该月的当年累计数，而会计期间期末的年度损益表则包括上年同期数和本年累计数。在企业（公司）报表编号中常为“02”号。

3. 财务状况变动表

财务状况变动表也叫做“现金流量表”或“资金来源及运用表”。它是反映企业（公司）一定会计期间现金和现金等价物流入和流出的报表，在性质上也是动态会计报表。现金流量表应当按照经营活动、投资活动和筹资活动的现金流量分类分项列示。其中：

（1）经营活动，是指企业（公司）投资活动和筹资活动以外的所有交易和事项。在现金流量表上，经营活动的现金流量应当按照其经营活动的现金流入和流出的性质分项列示。

（2）投资活动，是指企业（公司）长期资产的购建和不包括在现金等价物范围内的投资及其处置活动。在该表上，投资活动的现金流量也应当按照其投资活动的现金流入和流出性质分项列示。

（3）筹资活动，是指导致企业（公司）资本及债务规模和构成发生变化的活动。在该表上，筹资活动的现金流量也按其流入和流出的性质分项列示。

4. 利润分配表

利润分配表属于“相关附表”之一。所谓“相关附表”，是反映企业（公司）财务状况、经营成果和现金流量的补充报表，主要包括利润分配表以及国家统一的会计制度规定的其他附表。利润分配表反映的是企业（公司）一定会计期间对实现净利润以及以前年度未分配利润的分配或者亏损弥补的报表。根据《企业财务通则》第32条的规定，企业（公司）利润应按以下顺序分配：① 填补被没收财务、交付税费滞纳金、罚款给公司造成的损失；② 弥补亏损；③ 提取法定公积金；④ 提取公益金；⑤ 向投资者分配利润。

5. 财务情况说明书

财务情况说明书是对企业（公司）财务会计报表中记载的内容加以进一步说明和解释的文件，它至少应当对下列情况做出说明：

（1）企业（公司）生产经营的基本情况；

（2）利润实现和分配情况；

（3）资金增减和周转情况；

（4）对企业（公司）财务状况、经营成果和现金流量有重大影响的其他事项。

（二）财务会计报表的编报期限和报送方式

按照我国公司法和相关会计准则的规定，公司编制不同时段的财务会计报告，都须遵循法定的时限要求。比如，编制年度财务会计报告，应当在年度终了之时编报，对于国家统一的会计制度规定企业（公司）应当编报半年度、季度和月度财务会计报告的，也应按照会计制度规定的时间编报。

视公司的性质不同，财务会计报告应及时报送股东、公众查阅。

有限公司的财务会计报告应送交各个股东，期限由公司章程规定。对于国务院派出监事会成员或各地人民政府派出监事会成员的国有重点大型企业、重点金融机构和国有企业，还应当定期向监事会提供财务会计报告。国家有关部门、机构可以依法要求企业向其提供部分或全部企业（公司）财务会计报告。

股份公司的财务会计报告应在召开股东大会年会 20 日以前置备于本公司，以供股东查阅。

以募集方式设立的股份公司必须公告其财务会计报告。

（三）法律责任

对于公司财务会计管理和提供财务会计报告方面的违法行为，《公司法》规定了如下法律责任：

（1）公司在法定的会计账册以外另立会计账册的，责令改正，处以 50 000 元以上 500 000 元以下的罚款。

（2）公司向股东和社会公众提供虚假的或者隐瞒重要事实的财务会计报告的，对直接负责的主管人员和其他直接责任人员处以 30 000 元以上 300 000 元以下的罚款。

二、公积金与公益金

（一）公积金

1. 定义

公积金是指，公司在分配当年利润之时，依法所应提取的一定比例的留存资金；或者，由于资金来源的特殊性，而依法必须由公司留存的部分。公积金须用于法律规定的特定用途。设立公积金留存的目的是为了维持和增强公司的资本实力，切实保护公司债权人的合法权益。

2. 公积金的种类

按照公积金的提存来源，可分为资本公积金和盈余公积金。按照我国《企业会计制度》的规定，前者来源于盈利以外的财源，而后者来自于盈余以内的财源。另外，从两者储备的效果上看，只要对应的财源存在，资本公积金可以无限量地提存；而盈余公积金存储达到公司的注册资本的一定比例后，公司可决定不再提取。此外，以是否依法律规定强制提取为标准，可把公积金分为法定公积金和任意公积金。

鉴于法定公积金和任意公积金是对盈余公积金按其用途的更细分类，以下仅对资本公积金和盈余公积金予以简述。

（1）资本公积金（Capital Surplus）

资本公积金，简言之，是指公司非营业活动所产生的收益中提取的公积金，其来源有以下五个方面：

① 股份发行的溢价收入。股份公司的股票溢价发行，其中超过注册资本的部分计入公司的资本公积金；

② 接受捐赠的资产；

③ 拨款转入，即国家拨入企业（公司）的专项资金，按规定应计入资本公积金的；

④ 外币资本折算差价；

⑤ 公司减资时，经弥补亏损或按比例返还股东后的剩余部分计入资本公积金。

另外，从因合并而被消灭的公司处承受的财产价额，超过从该公司处承受的债务总额、并已向被消灭公司的股东支付的金额部分而剩余的差额，也应计入资本公积金。但是，该被消灭的公司的盈余公积金以及该公司保留的相当于盈余的金额，应作为合并后存续公司或新设公司的盈余公积金①。资本公积金不得用于向股东分配红利。

（2）盈余公积金（Earned Surplus）

是指公司从其税后的营业利润中提取的公积金。按其用途，又可分为法定（盈余）公积金和任意（盈余）公积金。按照我国《公司法》的规定，公司分配当年税后利润时，应当提取利润的10%列入公司法定公积金，当公司法定公积金的累计额达到公司注册资本的50%以上时，可不再提取。

任意公积金和法定公积金一样，也是从公司当年税后利润中提取的。不同在于，任意公积金的提取非源自公司的法定义务，而是公司股东会/股东大会的决定，而且须在公司提取法定公积金之后提取，不得以后者替代前者。如果股东大会决定提取，也须决定提取的比例或数额。如果决定不提取，也不影响公司利润分配方案的效力。

3. 公积金的用途

无论从何种来源提留的公积金，必须依法使用。其用途如下：

（1）弥补亏损。我国《公司法》第169条规定，公司的公积金用于弥补亏损、扩大公司生产经营或者转为增加公司资本。但是《公司法》规定资本公积金不得用于弥补公司的亏损。因为资本公积金来源特殊，不能保证每年都能够从上述几个渠道得到扩增。所以，如果首先以资本公积金弥补，该部分可能很快用罄。而先以法定公积金偿还，《公司法》第167条规定，公司的法定公积金不足以弥补上一年度公司亏损的，在依照法律规定提取法定公积金之前，应当先用当年利润弥补亏损。所以，先以盈余公积金弥补相当于占用了当年本可分派给股东的利润。此时，保持公司资本的维持和充实与最大化地实现股东的当年利润，两者孰先孰后呢？《日本商法典》对此的规定为：非于盈余公积金不足以弥补亏损时，不得以资本公积金弥补亏损。《韩国商法典》也有同样的规定。

（2）扩大公司生产。

---

① 日本商法典．王书江，殷建平，译．北京：煤炭工业出版社，1994：75.

（3）转增股本。资本公积金和法定盈余公积金都可用于转增公司资本，即扩大公司的注册资本额。转增股本须经股东会/股东大会的同意。无论有限公司或股份公司，转增按股东出资比例增加出资额或按股份比例派送新股或增加每股面值。将法定公积金转为股本时，所留存的盈余公积金不得少于注册资本的25%。但是，25%的额度是以转增之前的注册资本为准计算，还是以转增之后的注册资本计算，对于转增资本，2005年《公司法》明确规定，法定公积金转为资本时，所留存的该项公积金不得少于转增前公司注册资本的25%。

（二）法定公益金

1993年《公司法》还规定有法定公益金。公司分配当年利润之时，还须按利润的5%～10%提取法定公益金，用于公司职工的集体福利。与公司向职工支付的工资不同，公益金不属于公司在利润之前扣除的成本，而是从公司的利润中提留的一部分，按我国的财务会计制度，公益金仍计入盈余公积金，性质上属所有者权益的组成。在公司依法弥补亏损、提取了法定公积金和公益金后，才可向股东分派红利。值得注意的是2005年《公司法》修改后，法定公益金已经取消，其对应资金可归于任意公积金中。

（三）外商投资企业法的特别规定

规制中外合资经营企业、中外合作经营企业和外商独资企业的单行法和实施条例或细则，当时，对于企业留存的规定与后来的《公司法》有所不同。以《外商独资企业法》及其《实施细则》为例，外商独资企业依照我国税法规定缴纳所得税后的利润，应当提取储备基金和职工奖励及福利基金。储备基金的提取比例不得低于税后利润的10%，当累计提取金额达到注册资本的50%时，可以不再提取。职工奖励及福利基金的提取比例由外资企业自行确定。而《中外合资经营企业法》则规定，除了前两项基金外，尚须提取企业发展基金，简称“三金”。其提取比例由董事会确定。下面以《中外合资经营企业法》的有关规定为例，说明“三金”的法定用途。

1. 储备基金

合营企业的储备基金是为了垫补合营企业可能发生的亏损以及应付意外事件而从企业利润中提取的一项专款。储备基金一般不得挪作他用，但经审批机构的批准，也可用于企业增加注册资本，实现扩大生产的目的。

2. 职工奖励及福利基金

此项基金是为了鼓励在生产中和工作中贡献较大的个人或集体，为了职工生活福利事业而从合营企业利润中提取的一项专门款项。它只能用于奖励企业贡献较大的职工或集体，兴办职工集体福利设施、职工医疗卫生和生活困难补助等支出。

3. 企业发展基金

企业发展基金是为了发展合营企业生产而从合营企业利润中提取的一项专门款项。它可用于购买固定资产，增加流动资金，扩大企业的生产经营，也可用于新产品试制、科研和职工技术培训方面。

（四）法律责任

如果公司股东会或董事会违反法律规定的顺序，在弥补亏损和提取法定公积金、公益金之前向股东分配利润的，在性质上属不当得利，股东必须将该部分违法分配的收入退还公司。

如果公司不按照《公司法》的规定顺序和比例提取法定公积金的，责令如数补足应当提取的金额，并可对公司处200 000元以下的罚款。

第六节　公　司　债

一、公司债概述

从公司获取资本的来源看，利润再投资形式是公司的消极筹资渠道，由于受到公司盈余多寡和股东意愿的影响，不能随时按公司需要完成，局限性非常明显。相比之下，股本和借贷资本是公司主动对外筹措的资本，可随时经公司同意向原股东、银行和社会公众进行，而且，可以按公司需要的数量对外筹措。在借贷资本中，还可按照公司筹资对象的不同，分为商业贷款和公司债。其中，公司债是公司通过发行债券向外举借之债。按照我国公司法的解释，公司债券是公司依照法定程序发行的、约定在一定期限内还本付息的有价证券。公司债与公司债券的关系如同公司股和公司股票的关系一样，是内容和形式的关系，公司债券是表彰公司债的有价证券。一般情况下，公司只有收到全部发行债券金额后，才对外派发公司债券。公司债券都是有票面额的，公司按票面额发行债券或以低于票面额的价格发行，债券上记载固定的利息率，无论公司盈亏如何，公司都须定期向债券持有人付息，到期还本。如果债券以低于票面额的价格发行，还本时按票面额返还，差额部分相当于公司向债券持有人支付的利息。公司债券具有可转让性，按照我国公司法的规定，在偿付期内可在市场上交易，可随时变现。

公司股票和债券是证券市场上常见的两种基本证券形式，两者在社会化、流通性、公开性、发行程序、信息披露方面都有相似之处，但是，它们毕竟各自代表着公司与其持有人之间不同的法律关系，两者之间的区别主要体现在：

（1）股票（股份）是由股东持有的，是股东的社员身份的证明。股东向公司行使股东权，包括分红请求、参加公司股东大会和对公司重大事务参与表决、查阅公司资料和派生诉讼等，而债券代表的是公司和债券持有人之间的债权债务关系，是公司的对外关系。债券持有人不能参与公司的内部事务的决策和表决。但是，公司债券持有人依法参加公司债债权人会议，通过召集开会讨论对债权人利益有重大影响的公司事宜而行使对公司的监督权。

(2) 股权投资是长期或永久投资，除非公司解散或出现法律规定的特殊事由，股东不能从公司抽回投资或退股。而债权投资都有一定的期限，到期公司向债券持有人返还债券本金。

(3) 股权投资是为实现个人投资收益的最大化的选择，它和公司的经营业绩密切相关；所以，事先无法确定其红利率的高低。而债券都记载固定的利息率；并且，有的国家对其利率的上限有所规定，所以，债券投资者事先可以了解投资回报的多少。公司向债券持有人发放利息与公司经营好坏无关，到期必须按债券约定条件进行，否则属于违约，债券持有人可以向公司主张权利。

(4) 在公司解散时，债券持有人先于股东得到清偿。随着证券种类的丰富，公司在市场上融资的竞争压力越来越大，一些边缘化的证券产品也不断推出，以吸引更多投资者的需求；比如，优先股、可转化公司债、附新股认购权的公司债、可参与的公司债等等。这些证券产品都带有混合的特征和优势，分别具有“股份债券化”和“债权股份化”的倾向，公司股和公司债两者之间的界限越来越难以区分。

二、公司债券的种类

(一) 有担保的公司债与无担保公司债

按照公司是否为债券提供担保，可将公司债分为有担保的公司债（Mortgage Bonds）和无担保的公司债，后者也被称为“信用公司债”。

前者可由公司以动产质押、股票质押、不动产抵押等方式为发行公司债提供担保，有担保的公司债比后者在偿还上更有保证。如果公司到期无力偿还，债券持有人可向法院请求将抵押品拍卖变现，从抵押品拍卖款中优先受偿。因而，前者对于债券持有人的保护更加有利。

(二) 记名公司债和无记名公司债

按照公司债券上是否记载购买者的基本信息而将债券所做的分类。两者之间的区别类似于记名股和无记名股。记名公司债和无记名公司债是我国《公司法》规定的法定债券分类形式。

无记名公司债可采用在公司债券上附有各付息期的息票（Coupons），持有人凭息票向公司请求到期利息。息票为不记名形式，凡持有人即可凭其向公司主张利息所得，无须同时提示债券。

附息票的公司债的特殊性在于，息票是可以单独流通的无记名有价证券。

(三) 可转换公司债（Convertible Debentures）

可转换公司债最早在美国创制，后为大陆法系国家接受。可转换公司债的持有人可在债券发行后的一段时间内向公司请求将债券转成股票，公司也可向债券持有人发出转换的通知。在按约定价格转换后，原债券持有人变成公司股东，其原持有的债券消灭。可转换公司债的性质为无担保的公司债，事实上，债券持有人获得的是否以债券换取股票的选择权。

和一般公司债券的发行主体有所不同，发行可转换公司债如同发行新股；所以，上市公司才是可转换公司债的发行主体。这是由此类债券的特点决定的。按照我国《公司法》的规定，公司债券转换为股票的，应同时具备发行公司债券和发行股票的条件。

发行人申请发行可转换公司债券，公司股东大会应决定是否优先向原股东配售；如果优先配售，应明确进行配售的数量和方式以及有关原则。

我国曾于1997年颁布有《可转换公司债管理暂行办法》（以下简称《可转债暂行办法》）。到2001年，中国证监会又发布了《上市公司发行可转换公司债券实施办法》（以下简称《可转债实施办法》）。目前，上述两“办法”都已经失效。所以，《公司法》和《证券法》是调整我国可转换公司债法律关系的直接依据。

关于可转换公司债券，《公司法》第162条规定，上市公司经股东大会决议可以发行可转换为股票的公司债券，并在公司债券募集办法中规定具体的转换办法。上市公司发行可转换为股票的公司债券，应当报国务院证券监督管理机构核准。发行可转换为股票的公司债券，应当在债券上标明可转换公司债券字样，并在公司债券存根簿上载明可转换公司债券的数额。第163条规定，发行可转换为股票的公司债券的，公司应当按照其转换办法向债券持有人换发股票，但债券持有人对转换股票或者不转换股票有选择权。

关于可转换公司债券，《证券法》也规定，上市公司发行可转换为股票的公司债券，应当符合《证券法》关于公开发行公司债券的条件和公开发行股票的条件，并报国务院证券监督管理机构核准。

可转换公司债券持有人可按约定的条件在规定的转股期内随时转股，并与转股完成后的次日成为发行人的股东。

（四）附新股认购权的公司债

公司发行公司债的条件是同时赋予债券持有人新股认购的权利。和可转换公司债的不同之处在于，日后债券持有人行使新股认购权时，不影响其债权的存续，不会引致债权的消灭。

公司可将债权和新股认购权结合记载于债券上，也可分别向债券持有人发行债券和新股认购权证。根据新股认购权证的性质不同，债券持有人可依法或依据债券发行的条件向公司缴纳款项，取得股东资格；或在股票价格上升时，转让认股权书获得发行价和市场价之间的差额作为收益。

因此类债券持有人可以从债券和新股认购权两个方面获利；所以，公司对其利息率的规定一般比较低，意在利用新股认购权吸引投资者。

附新股认购权的公司债影响到现有股东在公司中享有权利的比例；因此，如同可转换公司债一样，原则上应对股东发行，如果对股东以外的人发行部分或全部附新股公司债，须由公司章程规定或股东大会特别决议为之，以防止股东权利被稀释。

（五）可参与的公司债

持有此类公司债券的人可以在按照固定的利息率获利之外，和公司的股东一起参与公司的分红。公司决定发行可参与的公司债，应依法由章程规定；或由股东大会依普通决议或特别决议程序决定；或由公司董事会决定。参与的对象可以是公司的普通股，也可以是优先股。发行的对象可以是股东和/或第三人。如向第三人发行，会影响到股东的分红权利，所以必须以股东大会决议为之。

（六）交换公司债

交换公司债的持有人有权在债券偿还期内的特定时间向发行公司请求以债券交换股份。交换的股份可能是公司已经发行但交由第三方保管的股份、发行公司持有的本公司的股份、本公司持有的其他公司的股份或本公司的可转换公司债。根据不同国家公司法对资本制度、持有本公司股份的规定，可以决定交换公司债券可换取的证券范围。以我国《公司法》为例，我国采严格的法定资本制，公司持有自己的股份必须注销。因此，即使允许发行交换公司债，也无法在现有立法范围内交换公司现有股份，除非公司为此目的发行新股；但考虑审批程序的复杂以及发行成本等因素，交换公司债在筹资方面并不具有优势。

三、公司债的发行

（一）发行人的主体资格

在我国，可以申请发行公司债的主体有：（1）股份有限公司；（2）国有独资公司；（3）两个以上的国有企业或者其他两个以上的国有投资主体设立的有限责任公司。

除《公司法》以外，早在1987年，国务院就发布了《企业债券管理暂行条例》（以下简称《债券暂行条例》），当时规定只有国有企业才有资格申请发行债券。为了规范债券发行的市场秩序，在1989年国务院又发出了《关于加强企业债券管理的通知》，到1993年《公司法》颁布之前，又以《企业债券管理条例》（以下简称《债券管理条例》）取代了以往的《债券暂行条例》。目前，该《债券管理条例》也已经失效。

由此可见，和西方国家对有限公司封闭性的理解不同，我国允许有限公司发行企业或公司债券。

（二）债券发行的法定条件和目的限制

下面，结合我国《公司法》和《证券法》的规定，说明我国债券发行的条件和目的限制

1. 债券发行的法定条件

（1）公司的净资产规模。如果是有限公司，其净资产额不得低于人民币6 000万元；如果是股份公司，其净资产额不得低于3 000万元。

（2）债券总额限制。公司累计债券总额不得超过公司净资产额的40%。

（3）利息偿付能力。公司最近3年平均可分配利润足以支付公司债券一年的利息。

（4）发行目的。公司通过发行债券筹资的目的应符合国家的产业政策。

（5）债券利率的上限。债券的利率不得高于银行同期限居民储蓄定期存款利率的40%。

（6）国务院规定的其他条件。

2. 对公司债券的目的限制

公司发行债券的目的是为了筹集生产经营资金，不得将以发行债券获得的资金用于弥补亏损和非生产性支出。

公司债券的用途应在公司债券筹集办法中对公众公布。

（三）再次发行禁止

公司得视其经营发展需要决定发行债券，但是，如果以前发行的债券出现下列情形之一的，该公司不得再次发行债券：

（1）前一次发行的公司债券尚未募足。从再次发行禁止的目的看，是为了保护公司债券持有人的权益。此处所谓的"尚未募足"应指超过债券发行期而未能募足。在实践中，募集债券的方式也是多种多样，如果和承销商签订包销协议，由承销商先行买下全部债券，在对外发行，如有剩余，由承销商接受。如此一来，也就不会发生某次发行未全部募足的情形。

（2）对已发行的公司债券或者其债务有违约或者延迟支付本息的事实，且仍处于继续状态的。

（3）违反《证券法》规定，改变公开发行公司债券所募资金的用途。

（四）公司债的发行程序

1. 公司发行债券的内部程序

在我国，公司是否申请发行债券的决策机关是股东会/股东大会（国有独资公司除外）。这和我国《公司法》赋予股东会/股东大会广泛的法定权限的做法是吻合的。但是，这和西方国家的做法确有差异。无论大陆法系还是英美法系国家，公司内部的有权决定机关多为董事会，原因在于，按照西方国家公司法的原理，只有股份公司或公众公司才有资格发行债券，而在这类公司中，由于所有和经营分离的趋向，董事会甚或经理人已具有广泛的经营和管理公司的权限，股东大会只决定影响股东根本利益和公司生存的重大事项，而发行债券属于公司经营管理中的必要权限，由董事会决定即可——除非公司发行的某种债券会影响到股东的权利，比如决定发行可转换公司债的情形。

2. 债券发行的申请和审核

（1）发行审核的目的

从我国开始规范发行企业债券以来，企业（公司）债券的整体规模是国家计划和控制的产物。对于公司债券的申请人来说，申请的目的有二：一是将本公司的申请纳入整个的国家发行总额度内；二是获得如期发行债券的许可。正如我国《公司法》规定的，“公司债券的发行规模由国务院确定。国务院证券管理部门审批公司债券的发行，不得超过国务院确定的规模。”当时，中国人民银行和国家计划委员会审核发行配额，企业（公司）如获额度，将得到省、自治区、直辖市、计划单列市人民银行发放的“发行企业债券申请表”，此后，再向证券管理部门申请发行债券。

（2）申请发行提交的文件

① 公司营业执照；

② 公司章程；

③ 公司债券募集办法；

④ 资产评估报告和验资报告；

⑤ 国务院授权的部门或者国务院证券监督管理机构规定的其他文件。

从公司提交的申请文件以及文件记载的内容看，我国的证券管理部门不仅核实公司发行债券的形式要件，也对发行公司的实质性资格加以审查；而且，对已经作出批准决定后发现的问题，还有权采取事后的补救措施。

（3）发行公告

发行申请获得批准后，公司应当公告公司债券募集办法。该募集办法应当记载如下事项：

① 公司名称；

② 债券总额和债券的票面金额；

③ 债券的利息率；

④ 还本付息的期限和方式；

⑤ 债券发行的起止日期：

⑥ 公司净资产额；

⑦ 已发行的尚未到期的公司债总额；

⑧ 公司债券的承销机构。

公司债券募集办法记载的是与债券发行有关的重要信息，对于潜在的投资者来说，是帮助他们做出决定的重要依据；所以，其中记载的内容必须真实、客观和全面。

（4）发行方式

① 整体认购。发行公司与单一认购人或认购人团签订整体认购合同，后者认购后再向公众出售。认购人一般是专门从事证券金融业的公司。此方法的好处是让发行公司快速完成债券的发行，而且，也无须准备对公众的认购要约书。

② 公开募集。发行公司直接或通过承销商向公众发行债券。在我国，债券发行多由发行公司与承销商签订承销协议，承销商在约定的承销期限内代为发行债券，在发行期届

满后的一段时间内，承销商应向发行公司提交销售情况报告书，说明发行的经过和结果。

（5）置备公司债券存根簿

公司发行债券应当置备公司债券存根簿。针对记名债券和无记名债券，在公司债券存根簿中记载的内容不同。

如为记名债券，公司应在债券存根簿中记载：

① 债券持有人的姓名或者名称和住所；

② 债券持有人取得债券的日期及债券的编号；

③ 债券总额、债券的票面金额、利率、还本付息的期限和方式；

④ 债券的发行日期。

如为无记名债券，应当载入公司债券存根簿的相关内容为：债券总额、利率、偿还期限和方式、发行日期及债券的编号。

四、公司债券的转让

作为一种有价证券，公司债券也具有可转让性，其转让应依法进行。

（一）转让的场所

按照我国《公司法》第160条的规定，公司债券的转让在国家依法设立的证券交易场所进行的，按照证券交易所的交易规则转让。此处所谓的“证券交易场所”包括证券交易所、证券交易中心及证券经营机构。所以，公司债券交易可以在交易所场内进行，也可通过场外交易完成。相比之下，在证券交易所内交易，公司证券须符合交易所的上市资格和条件，并且还须经证券管理部门的上市审核，所以，交易条件和程序比较严格。而场外交易可以在相对宽松的条件和程序下进行。

（二）转让的方式

记名债券和无记名债券分别以不同的方式转让，前者须经背书或采法律、行政法规规定的其他方式，转让后的公司债券应当办理公司债券存根簿的变更登记。后者只要凭实际交付债券即可完成转让。

本章小结

公司资本是公司运营和存续的物质基础，是公司对外承担民事责任的物质保障。公司资本有广义和狭义之分。广义的公司资本是指公司据以独立对外承担民事责任的全部资本，即包括股本（Share Capital）、借贷资本和公司在运营中累积的而未向股东分配的部分。狭义的公司资本仅指公司股东投资于公司的股本总和，包括股东向公司初始投资的股本额和公司增资之时股东追加的投资额总和。在没有特别说明时，本文所称“资本”指狭义的公司资本，也称为“公司的自有资本”。

公司股与公司债共同构成公司资本的来源，但两者在法律属性、获得收益的先后顺利和盈利程度、是否参与公司管理，分配公司资产的顺序等方面存有差异。公司股与公司债各有分类。

公司的股东投资后获得相应的权利，其中，派生诉权是我国2005年《公司法》新增的内容，也是借鉴英美法的尝试。为了保护公司的利益，股东代表公司提出诉讼，此为派生诉讼。在派生诉讼中，股东的诉权是派生的，公司的诉权才是主导的。

按照公积金的提存来源，可分为资本公积金和盈余公积金。按照我国《企业会计制度》的规定，前者来源于盈利以外的财源，而后者来自于盈余以内的财源。另外，从两者储备的效果上看，只要法定的财源存在，资本公积金可以无限量地提存；而盈余公积金存储达到公司的注册资本的一定比例后，公司可决定不再提取。

重要概念

法定资本制、资本三原则、授权资本制、折衷资本制、股份和股票、普通股和优先股、记名股和无记名股、派生诉讼、自益权和共益权、公积金和公益金、股东权益、公司债、可转换公司债

同步测练与解析

一、单项选择题

1. 甲有限责任公司与乙股份公司等5家发起人商定，共同投资组建一家以房地产开发为主营业务的股份有限公司。依照《公司法》的规定，若采用发起设立方式，这些发起人首次至少要出资（　　）作为注册资本？

   A. 10万元　　B. 50万元　　C. 100万元　　D. 500万元

2. ABC三人出资设立了有限责任公司，约定以货币、实物、软件技术作价出资，注册资本为1 000万元，其中，他们以货币出资的部分至少应达到（　　）。

   A. 100万元　　B. 300万元　　C. 500万元　　D. 700万元

3. 在实行授权资本制的国家，以下表述正确的是（　　）。

   A. 名义资本≥发行资本≥实收资本　　B. 名义资本≤发行资本≤实收资本

   C. 名义资本≥发行资本＞实收资本　　D. 名义资本≤发行资本＜实收资本

4. 在有限责任公司设立时，股东出资不实的资本填补责任的性质是（　　）。

   A. 过错责任　　B. 侵权责任

C. 违约责任　　D. 既是无过失责任，也是连带责任

5. 依照我国《公司法》的规定，股份有限公司以超过股票票面金额的发行价格发行股票所得的溢价款，应当列为公司财产的（　　）。

A. 利润　　B. 资本公积金

C. 盈余公积金　　D. 法定公益金

6. 我国《公司法》规定，公司可以提取任意公积金，但要（　　）。

A. 经过股东（大）会作出决议　　B. 经过董事会作出决议

C. 经过监事会作出决议　　D. 经过职工代表大会作出决议

二、简答题

1. 请比较法定资本制与授权资本制的区别。
2. 请比较公司股与公司债的区别。

三、论述题

1. 请以我国《公司法》为例，说明我国公司法如何贯彻“资本充实原则”？
2. 如何完善我国的股东派生诉讼制度？

四、案例题

某有限责任公司的三位股东在2008年的股东年会上，一致同意年终分红，将公司收益300万平均分配给三位股东。如果你是公司聘请的法律顾问，请根据我国《公司法》的规定，告知该三位股东在分配红利时应注意哪些问题？

参考答案

一、单项选择题

1. C　2. B　3. A　4. D　5. B　6. A

二、简答题（略）

三、论述题（略）

四、案例题

公司获得收益，应先弥补亏损，缴纳企业所得税，并按照10%提取法定公积金——除非公司已经提取的法定公积金达到公司注册资本的50%以上，公司股东会决议不再提取。剩下的公司收益，可以经股东会会议决议在股东之间分配。

第五章

CHAPTER FIVE

公司的组织机构

学习目标

通过本章的学习，把握公司治理的目的，我国公司法设计的“新三会”的权限与关系。了解股东会、董事会和监事会各自的构成与属性；把握董事的信义义务的内容与应用；把握独立董事与监事会的性质和职能；对于公司不同的治理结构有所了解。

重点难点提示

- 公司的机关
- 公司治理的内容和作用
- 公司股东（大）会的职权和种类
- 董事与董事会的定义、性质和权限
- 董事的信义义务
- 独立董事的定义
- 监事会的职权和作用

第一节　公司的组织机构概述

一、公司机关

公司是依法设立的独立法人，它没有自然人基于自然状态而形成的器官。但是，公司也须形成自己的意思，对外交往。设置于公司的组织体上、形成公司意思、代表公司为法律行为的“器官”为公司的机关（Organs）。公司的不同机关合成公司的组织机构（Corporate Structure）。公司的权限（Powers）也须由不同的公司机关分别或协作完成；公司机关的活动实现了公司的权限。通常情况下，在大陆法系国家，股东会、董事会和监事会（或者为监察人）是公司组织机构的三个主要机关。从它们行使权力的属性上看，分别为公司的权力机关、执行机关和监督机关。

（一）公司机关的分类

对于公司的机关，可视标准不同而作多种分类。比如，按照法律对机关的设置和活动是否有强制性的要求，可将公司机关分为：（1）法定必备机关：公司的股东（大）会、董事会、监事会为法定必备机关。按照我国《公司法》的规定，董事长、经理也是公司的法定必备机关。（2）法定任意机关：依我国《公司法》的规定，副董事长是依法可由公司视需要选择设置的机关。在大陆法系国家的公司法中，检查人属于法定的任意机关。在美国，一般州的公司法中多允许公司选任一名总裁（President）、一名或数名副总裁（Vice President）、一个秘书（Secretary）和一个司库（Treasurer）。（3）章程任意机关：公司法并未要求，依公司章程加以设置的公司机关。在大陆法系国家的立法实践中，副董事长、执行董事、经理人等均为章程任意机关。在实务中，公司机关由自然人充任或代表行使权力，按照公司机关充任者资格与股东资格是否一致，可将公司机关分为自己机关和他人机关。在人合公司中，原则上股东可以单独和共同代表公司对外行事，对内执行公司业务和事务，对外代表公司；每个股东都是公司的自己机关。在资合公司中，由于股东人数众多，公司的对内、对外事务须由多个机关完成，除了股东大会以外，充任其他机关职位多不以具有股东资格为前提，此为他人机关。从公司机关形成意思的方式加以区分，可将公司机关分为独任机关和合意机关。前者是指由公司机关的充任者独自作出意思决定，比如，在股东人数较少的有限公司，不设董事会，而只设1名执行董事（我国《公司法》第52条），公司设法定代表人（我国《公司法》第13条），监察人（《日本商法典》第274条）等；他们都是公司的独任机关。后者是指必须由复数成员共同表决形成意思决定，比如，我国有限公司和股份公司所设的股东（大）会、董事会和监事会都是合意机关。

（二）公司机构模式

不同公司各个机关之间的权限安排和协调，形成不同的公司机构模式（Models）。在公司的发展历史中，有以下几种具有代表意义的模式：

1. 股东（会）中心主义

一般情况下，在大陆法系国家或受大陆法系影响的其他国家，有限公司一般也都设置股东会、董事会和监事会（或监察人）。如果公司的规模非常小，公司可能只设执行董事（业务代表董事）和监察人。按照法律的规定，有限公司的股东不得抽回投资，而且对外转让并不容易实现，除了这些因素，股东往往为了减少或降低代理成本等考虑而亲自参与公司的经营管理，或者对公司行使监控权，比如，股东会上不同股东之间的争夺；股东同时在股东会、董事会或者监事会行使公司权限；各个股东以不同方式维持公司的支配权或监控权。此种公司组织模式被称为“股东会中心主义”。总之，在股东会中心主义模式下，股东积极参与公司的经营管理，注重自己的利益实现不受干扰。

2. 董事会中心主义

以美国为代表，公司的组织机构是以董事会为中心构建的，此谓“董事会中心主义”。《美国示范商事公司法》规定，公司的业务和事务由董事会指导和管理。不采用该示范法的特拉华州、加利福尼亚州、纽约州也都在公司法中有类似的规定，赋予公司董事会广泛的权力。公司的股东会只在影响公司正常存续的重要事项上行使表决权。

3. 经理人中心主义

经理人中心主义从20世纪30年代开始，美国一些公司法和经济学学者通过实证研究注意到，大型股份公司的股东人数众多，股权分散，包括机构投机者在内的股东在股份公司中的持股份额更加细化。任何单个股东，包括机构投资者在内，都难以成为对公司经营管理事务实施控制和支配的控股股东。而且，当股东们越来越意识到个体持股份额和公司整体资本的差距后，他们会更加顾虑交易成本等原因，而不愿意主动通过参与投票方式行使对公司重大事务的表决权。股东“搭便车”的想法也就不足为奇。同时，公司的经营管理层通过代理投票等方式把持对公司事务的掌控权。这样，所有和经营分离的现象呈现为大型股份公司的规律性的特征。股东对公司经营管理层的不满，只能通过在二级市场抛售股票表示，此为“用脚投票”。如此一来，“经理人中心主义”成为美国大型上市公司的组织机构模式。按照美国早期两学者伯利（Adolph A. Berle）和米恩斯（Gardiner Means）的考察发现，在1929年，美国最大的200家非金融上市公司中，有65%的公司是由经理人控制的①。

① 江平．新编公司法教程．（第二版）．北京：法律出版社，2003：79.

二、公司治理

所有和经营的分离，为公司立法、上市公司监管和实务界提出了新的问题：如何监督和引导公司的经营管理层为股东利益最大化行事？如何协调公司机体上不同机关之间的关系，设计出适应所有和经营分离的机制？如何规范公司董事、经理的职责？由此，“公司治理”（Corporate Governance）由美国学者提出，并逐渐引起其他国家的普遍关注。

（一）公司治理的概念

何谓“公司治理”，目前并没有统一的概念。总的说来，对于公司治理的理解，可以集中在以下相互关联的三个方面：（1）公司治理涉及公司的内部组织和权力架构，比如：公司的董事会的职能；公司的股东结构；董事会、股东和其他利益相关者（Stakeholders）之间的关系，尤其是与公司职工和债权人的关系。此为公司的“内部治理结构”、“内部治理体系”，或称“内部控制体系”。（2）内部治理体系通常与外部的公司治理体系或称外部控制体系区别开来。前者关注于公司内部的各种因素的相互制约和影响；后者则包括外部作用者及市场力量，前一种概括关注是公司控制权市场（收购）、资本和劳动力市场的规律和对内部治理体系的影响。（3）披露或审计是内外部控制体系之间的衔接环节，因为披露及审计发生于公司内部，但却需要发布给外部市场且作用于外部市场①。本章所探讨的内容属于公司的内部治理体系。

（二）公司治理结构模式

不同国家的上市公司治理结构呈现出不同的特点，这些特点是各国历史、文化、社会、经济、政治、法律等多种因素综合作用所致。目前，公司治理结构主要有三种模式：

1. 美国式

美国的上市公司设股东大会和董事会，但没有内部专司监控职能的监事会、监事或监察人，只有负责财务会计审核之职的审计员（Auditors）。股东大会选出董事会成员，表决公司重大事项；董事会拥有指导和管理的广泛权限，董事会选出公司高级管理人员，视公司规模和决策效率，董事会可设专门委员会，并向专门委员会授权，高级管理人员也因其和董事会成员间的相互渗透等原因，慢慢控制公司的经营管理决策权。整个公司的权力体系是上下贯通的，简称“单层制”（One-tier System）。随着公司规模的扩大，股东持股分散化的影响，公司的实际控制权下移是权力的必然走向。英、美、爱尔兰等国家主要采用的是单层制，在欧洲大陆的南欧国家，诸如意大利、西班牙、葡萄牙、希腊，也都采用

① 克劳斯J·霍普特，“欧洲公司治理的共同准则？”载于《比较》，第122页，2003年第5期，中信出版社，2003年3月版。

单层治理结构。

2. 德国式

德国的上市公司治理模式和美国有以下不同：第一，公司设监事会（Supervisory Board）。监事会成员由股东大会和职工/工会分别选出，监事中的职工代表的人数由公司职工人数决定，职工参与公司重要决策，与其他监事通过表决形成公司意思，此为职工（雇员）的“共同决策”（Co-determination），属于德国公司治理的特色之一。第二，监事会下设管理委员会（Board of Management），监事会选举公司管理委员会成员，该委员会执行监事会的决议，管理委员会下设经理人。第三，德国银行采混业经营，称“全能银行”（Universal Banks）。银行，特别是德国的三大银行——德意志银行、德累斯顿银行和商业银行，经常成为各类上市公司的控股股东，因而银行代表得以进驻不同上市公司监事会，由于银行代表在不同公司监事会兼职，形成不同公司监事会的网状系统。全能银行是德国模式的又一特色。德国模式又被称为“双层制”（Two-tier System）。除了德国以外，瑞士、奥地利、荷兰，以及斯堪的纳维亚国家普遍采用双层治理结构。法国和比利时则采用一种混合结构，即单层制与双层制并存，以供公司加以选择。可见，在欧洲国家并没有统一的公司内部治理模式。

3. 日本式

在公司主体结构上，日本式和德国式比较接近。公司内设专门的监督机构——监察人会。监察人会由监察人组成。和德国治理模式不同之处在于：日本的公司监察人单独行使职权，而不须通过会议形成集体意思或集体为法律行为。

和前面各章的侧重一样，本章内容仍以股份公司和有限公司为重点。鉴于无论在市场经济国家或转型经济国家，上市公司都是经济生活中至关重要的企业形态；所以，我们在本章中也会特别关注上市公司内部治理机构设置和运作的法律特点。

第二节 股东（大）会

一、股东（大）会的性质

股东（大）会由公司股东组成，是公司的权力机关，通过开会表决方式决定公司的重大方针政策，即以组织化的方式形成团体意思。股东（大）会在公司内部形成公司的意思，和董事会和监事会相比，虽然后两者为履行其权限和义务，也须形成意思决定，但只有股东（大）会才是公司内部的最高意思决定机关。

股东（大）会是公司的集体意思机关，但不负执行之职，也不直接对外表达公司意思，不代表公司对外发生法律关系。

股东们集体决定形成公司的意思是通过股东（大）会会议实现的，就具体含义而言，公司股东（大）会会议不可能持续和长期举行，会议总有期限，多数时间公司股东（大）会并不处于开会状态。但是，从抽象意义看，股东会是多数有限公司、股份公司法定必备的常设机关。在我国，有两类公司依法不设股东会：（1）国有独资公司，因为该类公司单一股东的属性，按照我国《公司法》第66条规定，国有独资公司不设股东会；（2）法人型的外商投资企业不设股东会，其董事会是公司的权力机关。

二、股东（大）会的职权

按照我国《公司法》第38条和第100条规定了相同的有限公司和股份公司股东（大）会的法定职权：

（1）决定公司的经营方针和投资计划；

（2）选举和更换非职工代表担任的董事、监事，决定有关董事、监事的报酬事项；

（3）审议批准董事会的报告；

（4）审议批准监事会或者监事的报告；

（5）审议批准公司的年度财务预算方案、决算方案；

（6）审议批准公司的利润分配方案和弥补亏损方案；

（7）对公司增加或者减少注册资本作出决议；

（8）对发行公司债券作出决议；

（9）对公司合并、分立、解散和清算等事项作出决议；

（10）修改公司章程。

（11）公司章程规定的其他职权。

除了《公司法》的规定外，中国证监会在2006年发布了《上市公司章程指引》（以下简称“指引”），其中，对于股份公司股东大会的职权又加上了六项内容：

（12）对公司聘用、解聘会计师事务所作出决议；

（13）审议批准第四十一条 规定的担保事项；

（14）审议公司在一年内购买、出售重大资产超过公司最近一期经审计总资产30%的事项；

（15）审议批准变更募集资金用途事项；

（16）审议股权激励计划；

（17）审议法律、行政法规、部门规章或本章程规定应当由股东大会决定的其他事项。

股东（大）会能否将部分权限授予董事会行使呢？我国《公司法》对此并未作一般性规定，只是针对国有独资公司规定，国家授权投资的机构或者国家授权的部门，授权公司董事会行使股东会的部分职权，决定公司的重大事项，但是，公司合并、分立、解散、增减资本和发行公司债券等事项的决定权，不得对董事会授权。而在《上市公司章程指引》中，董事会在股东大会授权范围内，决定公司的风险投资、资产抵押及其他担保事项，另外，按照该指引，股东大会还可就其他事项向董事会授权。

三、股东（大）会会议种类和召集方式

按照股东（大）会会议召集的事由和时间的不同，可将股东会会议分为：

（一）首次会议

如果公司的类型为有限公司，首次股东会会议是由出资最多的股东召集和主持的。

如果按募集方式设立股份公司，股东参加的首次会议被称为“创立大会”，创立大会由认股人组成，在验资机构出具验资证明后自股款缴足30日内由发起人召集，创立大会的名称已经告诉我们，该次会议的主旨是认股人集体决定是否设立公司并对前期公司发起人的设立活动加以审查，具体说来，创立大会的职权有：

（1）审议发起人关于公司筹办情况的报告；

（2）通过公司章程；

（3）选举董事会成员；

（4）选举监事会成员；

（5）对公司设立费用进行审核；

（6）对发起人用于抵作股款的财产的作价进行审核；

（7）发生不可抗力或者经营条件发生重大变化直接影响公司设立的，可以作出不设立公司的决议。

（二）股东定期会议

也叫做股东年会或股东全会。股东年会每年召开一次。按照我国《上市公司章程指引》的规定，该会议应在上市公司上一个财务年度终了之日起6个月内举行。

同时，2005年《公司法》规定，股东大会会议由董事会召集，董事长主持；董事长不能履行职务或者不履行职务的，由副董事长主持；副董事长不能履行职务或者不履行职务的，由半数以上董事共同推举一名董事主持。董事会不能履行或者不履行召集股东大会会议职责的，监事会应当及时召集和主持；监事会不召集和主持的，连续90日以上单独或者合计持有公司10%以上股份的股东可以自行召集和主持。

股东年会的通知应由董事会在会议召开20日以前通知登记公司股东。公司如果发行了无记名股票，应当于会议召开30日以前公告会议通知。

按照我国《上市公司章程指引》的规定，股东会议的通知包括下列内容：

（1）会议的时间、地点和会议期限；

（2）提交会议审议的事项和提案；

（3）以明显的文字说明：全体股东均有权出席股东大会，并可以书面委托代理人出

席会议和参加表决，该股东代理人不必是公司的股东；

（4）有权出席股东大会股东的股权登记日；

（5）会务常设联系人姓名，电话号码。

如果股东希望会议讨论未列人议题中的事项，必须向公司提出提案。提议人的资格由其持有公司的股份数决定，按照我国《上市公司章程指引》的规定，单独或者合计持有公司 3% 以上股份的股东，可以在股东大会召开 10 日前提出临时提案并书面提交召集人。召集人应当在收到提案后 2 日内发出股东大会补充通知，公告临时提案的内容。

（三）临时股东会议

1. 临时股东会议的法定召集原由

临时股东会议也叫做“特别股东会议”。在有限公司和股份公司中，召开临时会议的提议人、提议原由有所区别。

（1）有限公司召开临时股份会议的原由是：

代表 1/10 以上表决权的股东、1/3 以上董事、监事会或者不设监事会的公司的监事，可以提议召开临时会议。

（2）股份公司召开临时股份会议的法定原由是：

① 董事人数不足公司法规定人数或者本章程所定人数的 2/3 时；

② 公司未弥补的亏损达实收股本总额 1/3 时；

③ 单独或者合计持有公司 10% 以上股份的股东请求时；

④ 董事会认为必要时；

⑤ 监事会提议召开时；

⑥ 法律、行政法规、部门规章或本章程规定的其他情形。

出现前述所列的情形之一的，股份公司董事会应当在 2 个月内召集临时股东会议。

2. 股东会议的提议人、召集人和主持人

从我国公司法现有的规定看，股东会议的提议人、召集人和主持人并不相同。以临时股东会议为例，提议人是依法或依据公司章程按照一定的程序向公司请求召集股东会议的人。在我国，代表公司接受请求的人是公司的召集人，或称为“召集权人”，即有权代表公司召集股东会议的公司机关。召集人为公司的董事会。主持人为公司的董事长，或者按照法律规定的程序由董事长或半数以上股东指定的其他人选。

如果提议人向召集人提议，而召集人怠于履行召集职权时，我国公司法并未明确规定替代的召集人。为了填补法律的空白点，使得股东、董事、监事（会）的提议权利得到后续的保证。此外，2005 年《公司法》规定，董事会或者执行董事不能履行或者不履行召集股东会会议职责的，由监事会或者不设监事会的公司的监事召集和主持；监事会或者监事不召集和主持的，代表 1/10 以上表决权的股东可以自行召集和主持。

四、股东（大）会的表决方式

在具有资合特点的公司中，股东在股东（大）会上行使表决权的根据是其持有的公司有表决权的出资比例或股份数。公司的重大事项是按照资本多数决的原则表决通过的。按照我国公司法确定的表决原则，有限公司的股东按照出资比例行使表决权；股份公司中每个股份代表一个表决票，同股同权。对于同股同权，我国《上市公司章程指引》进一步规定，股东（包括股东代理人）以其所代表的有表决权的股份数额行使表决权，每一股份享有一票表决权。（指引第78条）。

股份公司股东大会表决方式可分为以下几种：

（一）直接投票法（Straight Voting）

该表决方法是股东投票的基本方法，可适用于股份公司和有限公司。股东按照一股一票的原则表决。视会议议题的重要程度，会议的议项以股东简单多数票或绝对多数票通过。我国公司法对股份代表的表决票数的规定，基本是以该方法为参照制定的。该方法也是直接体现“资本多数决”原则的表决方式。

对于直接投票法，法律也有一些限制性的规定：

（1）如果股东对表决事项有利益关联（Interested Shareholders），他（们）不能参与该事项的表决；

（2）公司可以发行无表决权的优先股，优先股股东在一般情况下不参与公司的经营决策（请参见前一章有关股份分类的说明）；

（3）公司持有本公司的股份，不得参与公司事务的表决；

（4）母子公司相互持有彼此的股份，子公司持有母公司的股份没有表决权。

另外，在有些国家和地区的公司法中，为了防止大股东操纵股东（大）会，允许公司在章程中对持有其一定比例以上的股东，对超过一定比例的股份表决权加以限制，比如，对于股东持有超过公司对外发行的股份数5%以上的股票部分，章程规定每100股才有一个表决票。以我国台湾地区“公司法”的规定为例，如果股东单独持有公司已发行股份总数3%以上的股份，应该在章程中限制其表决权（第179条）。

这些限制性的规定，目的是为了对资本多数决的原则加以调整，真正实现大小股东之间利益的公正和平衡，防止公司成为某个控股股东或股东集团的工具。

（二）累积投票法（Cumulative Voting）

该投票法于20世纪50～60年代在美国创制，后为其他国家接受。在美国，累积投票法只适用于上市公司股东大会选聘、解聘董事事项。方法是：以公司拟选出的董事人数和某股东持有的总股份数的乘积作为该股东可表决的总票数，股东可以将全部表决票投于一个候选人名下，也可分散投于不同候选人名下：分散投票的票数总和不得超过该股东所有的总票数。董事候选人按得票多少为序，当选为董事。采用累积投票法选举董事时，拟选出的董事总数应大于1人，否则，累积投票法没有实际意义。按照累积投票法选出的董事，只能以同样方法解聘。

累积投票法的目的是为了使得公司的中小股东能够选出他们满意的人进入董事会，调和大、小股东之间因股份数差异而引发的矛盾。但是，在大陆法系内部，借鉴该制度也有不同的方式。我国台湾地区的“公司法”规定，公司选举董事和监事，应采用累积投票法。

我国2005年《公司法》第106条引入了累积投票法。该条规定：“股东大会选举董事、监事，可以依照公司章程的规定或者股东大会的决议，实行累积投票制。”所谓累积投票制是指股东大会选举董事或者监事时，每一股份拥有与应选董事或者监事人数相同的表决权，股东拥有的表决权可以集中使用。

值得注意的是，累积投票法并不能从根本上消除股东之间股份数不同的矛盾，也不从根本上颠覆资本多数决原则。

（三）代理投票法（Proxy Voting）

股东可以亲自出席会议表决，也可委托他人代为投票表决，此为代理投票法，或称为委托投票法。股东委托应采书面方式，书面委托书应由股东签署或由代理人签署。投票代理人出席会议的，应出示本人身份证、代理委托书和持股凭证。

按照我国《上市公司章程指引》的规定，委托授权书应记载以下内容：

（1）代理人的姓名；

（2）是否具有表决权；

（3）分别对列入股东大会议程的每一审议事项投赞成、反对或弃权票的指示；

（4）委托书签发日期和有效期限；

（5）委托人签名（或盖章）。委托人为法人股东的，应加盖法人单位印章。

另外，委托书应当注明，如果股东不作具体指示的，代理人是否可以按自己的意思表决。

充当投票代理人的，可以是股东，也可以不是公司股东。

在上市公司中，董事会、独立董事和符合有关条件的股东可以向上市公司股东征集其在股东大会上的投票权。投票权征集采用无偿方式，并应向被征集人充分披露信息。

代理投票法也可达到集中有表决权的股份，进而操纵公司的目的，因此有必要对每个代理能够合法征集的表决票数加以限制。仍以我国台湾地区“公司法”为例，该法第177条规定，除了代理信托事业外，如果一人同时受二位以上股东的委托，且代理的表决数超过已发行股份总数的3%时，超过部分的表决数不列入计算。

（四）表决信托法

上市公司股东对表决权的正式安排，多由复数股东和受托人之间签订书面协议，在一段时间内将股份转让给受托人（Trustees）。受托人取得股份普通法上的权利，成为股份的合法持有人，行使表决权。委托人或委托人指定的人成为衡平法上的受益人，除了表决权外，可以享有股份所记载的其他股东权利。受托人应向股东签发表决信托证书，该证书可以转让。

为了保护委托人的权利，法律应规定受托人的充分披露义务。和委托投票法不同，表决信托是对一段时间（比如，十年）股东投票权的整体安排，一般由多个股东和受托人签署协议。受托人可以是个人，更多情况下是法人，比如专门的管理公司，法律和协议应规定单个股东转让或退出信托的途径和方式。按照《美国示范商事公司法》第 7.30 条的规定，受托人应准备信托收益人（该收益人可能不是表决信托的委托人）名册，并将该名册和信托合同的复印件一并交至公司主办公场所。

因为表决信托多影响到多个股东委托人，所以，单个加入信托的股东不能请求撤销委托协议，但是，全体委托人可以通过表决终止或补充委托协议。

（五）分类投票法

也叫做“类别股东表决”。如果公司发行不同种类的股票，为了充分体现不同类别股东的意愿，公司可以决定采用分类投票法，股东会议案必须在不同类别股东投票中都达到一定的比例，决议才能生效。这种投票方式是为了决定重大事项时，特别是在不同类别股东利益并不一致时，防止侵害少数类别股东利益的情况而设定的。分类投票法不必用于公司股东大会的全部事项，而可以选择适用于对不同种类股东利益产生影响的事项上。

我国《到境外上市公司章程必备条款》中有专章规定类别股东表决的特别程序。

还要特别说明的是，股东投票参与公司事务的表决，只代表自己的意愿，可为自己利益的最大化进行表决，不对其他人负责，除非该股东为控股股东。

五、股东（大）会的决议

股东（大）会会议的决议程序和内容必须得以记载，并由公司作成股东（大）会会议记录，有限公司的会议记录由出席会议的股东签名，股份公司的会议记录由出席会议的董事签名。会议记录应当和出席股东的签名册及代理表决的委托书一并保存，股东有权查阅。我国台湾地区的“公司法”还要求将该会议记录在股东会结束后 15 日内分发给各个股东。如果代表公司的董事，违反这一保存会议记录等文件的规定，将对其个人处以罚款；公司负责人有虚假记载时，依照刑法或特别刑法的规定加以处罚。

如果股东（大）会决议的内容或议事程序有违反法律、行政法规或章程之处，将造成股东（大）会决议有瑕疵。如果股东（大）会决议的内容违反法律、法规或公司章程的规定，该决议无效。如果在召集程序或表决方式上违反法律或公司章程，该决议经监事（会）或少数股东申请，得由法院予以撤销。

第三节 董事和董事会

董事是董事会的成员，由股东（大）会选任、指定或股东委派。按照我国《公司法》的规定，3 人或 3 人以上董事组成公司董事会；董事以集体行事的方式执行公司股东大会的决议；对外代表公司的人由法律统一指定——董事长。

一、董事

（一）董事的资格（Qualification）

董事资格是指董事的任职条件，分为积极条件和消极条件。前者是指担任董事职务依法或公司章程必须具备的条件，比如，国籍、住所、年龄、自然人身份、股东资格，等等，后者是指不得担任董事职务的限制性条件。下面分述之。

1. 积极资格

（1）董事的国籍和住所。为了便于和公司注册地登记机关的联系以及其他的考虑，有些国家的公司法规定，董事中应有一定比例或数量的人选为本国人或在当地有住所。我国《公司法》要求，股份公司的发起人应有半数以上在国内有住所。但是，各国法律多允许外国人在本国公司中担任董事。比如，《法国商事公司法》规定，除了少数例外，外国人可以成为法国公司的董事。

（2）股东身份——资格股。股东身份是否为董事选任的前提条件之一？有限公司和其他具有人合特征的公司具有封闭的特点，而且股东之间存在内部决策的合作和彼此之间的监督，同时，为了降低代理成本，有限公司和其他具有人合特征的公司当然从股东中选择董事。而且，法律一般也要求董事应为公司的股东。以《法国商事公司法》为例，该法第 95 条规定：每位董事必须是公司的股份所有人，其持股的最低数额由公司章程规定；董事在被任命当天不拥有要求数量的股份的，或在其任职期间停止拥有这一数量的股份的，如未在 3 个月的期限内依法纠正其处境，视为依职权辞职。我国台湾地区的“公司法”也规定，公司董事由股东中选任。但是，也有一些国家的商法或公司法中并不要求董事必须具有股东资格，比如，《日本商法典》第 254 条规定，公司不得以章程规定董事必须是股东。从美国开始，上市公司专门设有独立董事，独立董事可以和公司没有任何股权方面的利益关联。所以，除非公司章程有明确的规定，否则，股东资格不是担任董事的必备前提条件。我国《公司法》中对此并没有一般性的规定。但是，对于国有独资公司，该法要求董事会应有职工代表，而在国有独资公司中，职工是没有股东资格的。对于上市公司，中国证监会的文件中要求设置独立董事，所以，即使没有股东资格，也可以担任公司的董事。事实上，早在 1994 年的《到境外上市公司章程必备条款》（国务院证券委、国家体改委联合发布）中就已经规定，董事无须持有公司股份（第87条）。2006年中国证监会发布的《上市公司章程指引》也有相同的规定。

（3）自然人身份。许多大陆法系国家的立法规定，董事须由自然人担任，德国、奥地利、意大利、瑞士、瑞典、丹麦、澳大利亚等国都有类似的规定，比如，《德国股份公司法》规定，董事应是有完全行为能力的自然人。但是，也有诸如法国、英国、美国、荷兰和我国的台湾地区允许法人或组织体担任董事，但是，具体履行董事职务的必须指定一名自然人代表。以《法国商事公司法》第91条规定为例，法人可被任命为董事。在其被任命为董事时，法人必须指定一名常任代理人。该代理人受和他以自己名义担任董事时同样的条件和义务的约束，并承担相同的民事和刑事责任，但不影响他所代表的法人承担连带责任。我国《上市公司章程指引》也明确规定，董事应为自然人。

（4）董事年龄。从前面的介绍中，我们已经看到，有些大陆法系国家明确要求，董事应是有完全行为能力的人，否则，无法应对经营活动的复杂判断和承担风险。因此，法律对于董事年龄下限有所要求是自然而然的，即董事应当是达到法定成年年龄的人才可以担任的。不仅如此，有些国家还规定了年龄的上限，即超过一定年龄的人不应再担任董事职务。仍以《法国商事公司法》为例，该法第90条规定，章程应当规定担任董事职务的人的年龄限制，或适用于所有公司董事，或适用于一定比例的董事。在章程未作明确规定时，超过70岁的董事人数不得超过在职董事的1/3。而且，董事长和总经理的年龄不得超过65岁；否则，视为辞职。

（5）专业技能。某些董事的选任是以其具有专业技能为条件的，比如，独立董事或外部董事中的一定人选，是因其专业经历和技能对公司的经营有帮助，才能为股东推荐或选任为董事。有些公司还专门聘请专业董事。按照我国证监会的要求，独立董事中至少有一人是会计专业人士，他加入董事会中的审计委员会。对于全体独立董事而言，其任职资格当中包含有如下要求：① 具备上市公司运作的基本知识，熟悉相关法律、行政法规、规章及规则；② 具有五年以上法律、经济或者其他履行独立董事职责所必需的工作经验。中国证监会还为独立董事候选人提供必要的培训。

2. 消极资格

各国立法中对于不得担任董事职务的限制性条件都有规定。

我国2006年修订的《上市公司章程指引》的规定，公司董事为自然人，有下列情形之一的，不能担任公司的董事：

（1）无民事行为能力或者限制民事行为能力；

（2）因贪污、贿赂、侵占财产、挪用财产或者破坏社会主义市场经济秩序，被判处刑罚，执行期满未逾5年，或者因犯罪被剥夺政治权利，执行期满未逾5年；

（3）担任破产清算的公司、企业的董事或者厂长、经理，对该公司、企业的破产负有个人责任的，自该公司、企业破产清算完结之日起未逾3年；

（4）担任因违法被吊销营业执照、责令关闭的公司、企业的法定代表人，并负有个人责任的，自该公司、企业被吊销营业执照之日起未逾3年；

（5）个人所负数额较大的债务到期未清偿；

（6）被中国证监会处以证券市场禁入处罚，期限未满的；

（7）法律、行政法规或部门规章规定的其他内容。

违反本条规定选举、委派董事的，该选举、委派或者聘任无效。董事在任职期间出现本条情形的，公司解除其职务。

和我国法律的规定类似，《英国公司法》经过多次修订和案例的不断发展，也积累了许多对董事资格的限制性规定，比如，① 未结案的诉讼破产人，即未清偿债务的破产人在得到宣告其破产的法院许可之前，不得担任公司董事，否则，应被处以2年有期徒刑或500英镑罚款；② 在公司设立和管理方面严重失职而曾被法院判刑的；③ 曾担任过两个公司董事，而这两个公司都因为经营失败资不抵债的；④ 曾任董事或公司秘书，在所制作的利润报表及报送的财务账簿等文件中，一贯进行欺诈，或在5年内至少犯有类似欺骗罪三次以上者；⑤ 在公司破产时，进行欺骗性交易，或在任公司职员时，犯有欺骗罪或逃脱对公司应承担的责任，曾被提起民事或刑事诉讼者。

另外，为了保证董事有充足的精力关注公司事务，对于董事兼职问题，也有立法上的限制，比如，我国对于独立董事的兼职有如下的限制，即独立董事原则上最多在5家上市公司兼任独立董事。而且，独立董事不得在上市公司担任除了独立董事以外的其他职务。另外，《上市公司章程指引》第96条规定，董事可以由经理或者其他高级管理人员兼任，但兼任经理或者其他高级管理人员职务的董事以及由职工代表担任的董事，总计不得超过公司董事总数的1/2。

（二）董事的任免

按照我国《公司法》的规定，董事的任期是三年，董事会每三年为一届。而我国有关外商投资企业的法律中则规定董事的任期是四年。

正常任期的董事选任的权力属于股东（大）会，这在有限公司和股份公司的股东会和股东大会的职权中有明确的规定。按照董事当选的途径和事由不同，公司董事可以是选举、委派或指定。选举董事是指，在公司股东（大）会提供的候选人基础上，由股东按照法律或章程规定的方式投票选出董事。委派发生在公司规模较小，不同股东按持股或出资比例约定各自在董事会中占据的席位，然后各自向董事会委派自己的人选。如，国有独资公司、中外合资经营企业、法人型的中外合作经营企业、法人型的外资企业都是依法采用委派董事的方式。其他股东人数较少的有限公司，也可依据章程规定采用委派的方式。指定董事一般发生在董事职位出现临时空缺的时候。

在董事任期内，如果公司拟免除其职务，是否需要提供理由呢？美国纽约州和特拉华州公司法都规定，多数股东投不信任票，应免除董事职务。如果选任时采用累积投票法的，免除该董事职务时也应采用累积投票法。如果采用分类投票法选出的董事，免除的程序也是一样的。《特拉华州普通公司法》允许股东大会无故解除董事职务。纽约州须由公司章程明确规定股东大会有权无故免除董事职务。《美国示范商事公司法》也允许公司解除董事职务，除非公司章程规定必须提供正当理由，否则，股东可以不提供理由。该示范法还允许公司或持有公司对外发行10%以上股份的股东向法院提出申请，免除董事职务，法院决定时，必须有依法成立的理由。我国《公司法》第46条也规定，在董事任期届满未及时改选，或者董事在任期内辞职导致董事会成员低于法定人数的，在改选出的董事就任前，原董事仍应当依照法律、行政法规和公司章程的规定，履行董事职务。

董事会在正常任期内也可能出现空缺，比如，董事在任期内被免职，或董事死亡或丧失行为能力，等等。那么，谁有权选出替补人选呢？从提高效率的角度考虑，可以让董事会临时指定补缺人选，该替补董事的任期是原董事任期未满的期间。但是，因股东（大）会决定免除而产生的空缺，应由股东（大）会选出替补人选。

（三）董事的分类

1. 内部董事和外部董事

这是按照董事是否担任公司的经营管理职务加以区分的。前者在担任董事职务之时，也担任公司的经营管理职务。而后者是只担任董事职务的人。这是美国开放型公司的董事分类方法。相比之下，内部董事更容易了解公司的业务和事务。

2. 执行董事和非执行董事

英国和我国香港地区的分类方法，适用于公众公司。执行董事相当于内部董事，而非执行董事也相当于外部董事。非执行董事和外部董事经常混用。在20世纪90年代初，英国《坎特伯雷报告》建议，公众公司董事会中至少应有3位非执行董事，其中1人可以担任董事会主席，这3人中至少有2人为独立的。1993年11月，香港联交所引入独立董事制度。联交所规定，在1993年8月1日前已经上市的公司获得宽限期，该宽限期到同年的12月31日。此后每家上市公司至少应有2名独立的非执行董事①。

3. 独立董事

美国率先推出独立董事制度，后为其他国家接受。早在20世纪中期，越来越的人意识到，大型股份公司已逐渐变为由经营管理层掌控，董事会依法获得的广泛的经营管理权形同虚设。人们开始抨击大型公司滥用权力的问题，质疑美国股份公开型公司的市场竞争力。有人提出，与其粉饰太平，不如正视现实。董事会应放弃其实已经失去的经营管理权，应当重新审视何为董事会的正确职能，即董事会应从管理职能转向监控管理层的职能。为了加强董事会的监控能力，独立董事制度被提上议事日程。早在1940年，美国发布了《投资公司法》，该法已经规定投资公司中至少40%的董事必须为独立人士。到1977

① 何美欢．公众公司及其股权交易．北京：北京大学出版社，1999：530～531．

年，经美国证监会批准，纽约证交所规则中加入了一条新的规定，即每家上市的美国公司“在不迟于1978年6月30日以前设立并维持一个专门由独立董事组成的审计委员会，这些独立于管理层的董事不得有任何会影响他们作为委员会成员独立判断的关系。”① 在英美国家，人们多认为，上市公司的审计、薪酬和提名委员会应全部由独立董事组成。

和非执行董事和外部董事的判断标准相比，独立董事的标准更加具有限制性。上市公司独立董事是指不在公司担任除董事外的其他职务，并与其所受聘的上市公司及其主要股东不存在可能妨碍其进行独立客观判断的关系的董事。我国证监会早在1997年制定《上市公司章程指引》时，就开始在上市公司中推行独立董事制度，当时，是否设独立董事，由公司选择，独立董事人员不得从下列人员中选任：（1）公司股东或股东担任的任职人员；（2）公司的内部人员（如公司的经理或公司雇员）；（3）与公司关联人或公司管理层有利益关系的人员。2001年中国证监会发布了《关于在上市公司建立独立董事制度的指导意见》（以下简称《指导意见》），要求我国各境内上市公司应当按照该指导意见的要求修改公司章程，聘任适当人员担任独立董事，其中至少包括一名会计专业人士（会计专业人士是指具有高级职称或注册会计师资格的人士）。在2002年6月30日前，董事会成员中应当至少包括2名独立董事；在2003年6月30日前，上市公司董事会成员中应当至少包括1/3独立董事。2005年《公司法》第123条规定，上市公司设独立董事。

为确保独立董事独立性，他们应当不属于下列任何一种情况：

（1）在上市公司或者其附属企业任职的人员及其直系亲属、主要社会关系（直系亲属是指配偶、父母、子女等；主要社会关系是指兄弟姐妹、岳父母、儿媳女婿、兄弟姐妹的配偶、配偶的兄弟姐妹等）。

（2）直接或间接持有上市公司已发行股份1%以上或者是上市公司前十名股东中的自然人股东及其直系亲属。

（3）在直接或间接持有上市公司已发行股份5%以上的股东单位或者在上市公司前五名股东单位任职的人员及其直系亲属。

（4）最近一年内曾经具有前三项所列举情形的人员。

（5）为上市公司或者其附属企业提供财务、法律、咨询等服务的人员。

（6）公司章程规定的其他人员。

（7）中国证监会认定的其他人员。

独立董事也是董事会的成员之一，参与董事会的决议。除此之外，独立董事应当对上市公司下列重大事项发表独立意见：

（1）提名、任免董事；

（2）聘任或解聘高级管理人员；

---

① 何美欢．公众公司及其股权交易．北京：北京大学出版社，1999：513.

（3）公司董事、高级管理人员的薪酬；

（4）上市公司的股东、实际控制人及其关联企业对上市公司现有或新发生的总额高于300万元或高于上市公司最近经审计净资产值的5%的借款或其他资金往来，以及公司是否采取有效措施回收欠款；

（5）独立董事认为可能损害中小股东权益的事项；

（6）公司章程规定的其他事项。

独立董事应当就上述事项发表以下几类意见之一：① 同意；② 保留意见及其理由；③ 反对意见及其理由；或④ 无法发表意见及其障碍。

如有关事项属于需要披露的事项，上市公司应当将独立董事的意见予以公告，独立董事出现意见分歧无法达成一致时，董事会应将各独立董事的意见分别披露。

二、董事会

董事会是公司的常设执行机关，执行公司股东（大）会的决议，为实现执行职能，亦须在其职权范围内形成公司的意思。在我国，如果公司为股东人数较少的有限公司，可不设董事会，只设一名执行董事。该执行董事同时享有业务执行权和对外代表权。其他公司都是由董事集体履行董事会的职权，即集体行使公司业务的执行权，对外代表公司的权力属于个别董事（董事长）。董事、董事长、董事会的权利与义务在法律上有基本的规定。但在，与我国《公司法》的规定不同，在有些国家，董事可以单独或集体执行公司业务，对外代表公司。《韩国商法典》就有这样的规定。

（一）董事会的组成和职权

1. 董事会的组成

按照我国《公司法》的分类，有限公司董事会的法定人数规模是3~13人；其中，国有独资公司为3~9人；股份有限公司董事会应为5~19人。

2. 董事会的职权

在我国，董事会的职权也是由《公司法》第47条直接规定的：

（1）负责召集股东会，并向股东会报告工作；

（2）执行股东会的决议；

（3）决定公司的经营计划和投资方案；

（4）制订公司的年度财务预算方案、决算方案；

（5）制订公司的利润分配方案和弥补亏损方案；

（6）制订公司增加或者减少注册资本以及发行债券的方案；

（7）制订公司合并、分立、变更公司形式、解散的方案；

（8）决定公司内部管理机构的设置；

（9）决定聘任或者解聘公司经理（总经理）及其报酬事项，根据经理的提名，聘任或者解聘公司副经理、财务负责人，决定其报酬事项；

（10）制定公司的基本管理制度；

（11）公司章程规定的其他权利；

此外，2006年修订的《上市公司指引章程》还加入了以下规定：

（12）制订本章程的修改方案；

（13）管理公司信息披露事项；

（14）向股东大会提请聘请或更换为公司审计的会计师事务所；

（15）听取公司经理的工作汇报并检查经理的工作；

（16）法律、行政法规、部门规章或本章程授予的其他职权。

（二）董事长

董事长是由董事选出的。在我国，董事长是公司的法定对外代表，如果有限公司不设董事会的，执行董事为公司的法定代表人。董事长可以兼任公司总经理。董事长的职权分为以下几个方面：

（1）在公司的对外关系上，董事长是公司的代表，董事长代表公司签署重要的合同和公告文件，签署公司的股票和债券；

（2）在内部事务上，董事长主持股东大会，主持董事会会议；检查董事会会议的执行情况；如果董事会会议表决出现僵局，董事长有权再投关键性的一票；公司根据需要，可以由董事会授权董事长在董事会闭会期间，行使董事会的部分职权。

（三）董事会的专门委员会

公司可以视董事会的规模和经营业务的需要，经股东（大）会决议设专门委员会，由法律、公司章程或董事会授权其行使某方面的职权，该专门委员会的决议相当于整个董事会通过的决议。各个专门委员会是由董事组成，对董事会负责，各专门委员会可以向董事会提出议案，交董事会集体决定。在实务中，上市公司董事会规模一般较大，董事们也经常“身兼数职”，不可能经常共同开会决定公司的事务，另外，上市公司董事任职原由不同，有的董事对于董事会拟讨论的议题中可能有利益关联之嫌，不便参与表决，所以，董事会设置专门委员会，以实现有效率和公正的判断。下面的委员会是上市公司经常设置的：

1. 执行委员会，或称常务委员会，主要负责公司的业务和经营活动，由熟悉公司内部关系和经营活动的人组成。在美国，该委员会多由内部董事组成。

2. 薪酬委员会，也叫做“薪酬与考核委员会”，按照我国《上市公司治理准则》的规定，该委员会的职责有二：

（1）研究董事与经理人员考核的标准，进行考核并提出建议；

（2）研究和审查董事、高级管理人员的薪酬政策与方案。

3. 审计委员会的主要职责是：

（1）提议聘请或更换外部审计机构；

（2）监督公司的内部审计制度及其实施；

（3）负责内部审计与外部审计之间的沟通；

（4）审核公司的财务信息及其披露；

（5）审查公司的内控制度。

4. 提名委员会

（1）研究董事、经理人员的选择标准和程序并提出建议；

（2）广泛搜寻合格的董事和经理人员的人选；

（3）对董事候选人和经理人员进行审查并提出建议。

上述审计、薪酬和提名委员会都主要由独立董事组成，以求公正客观的判断和决定，并由独立董事担任会议召集人。为了帮助董事做出前述判断和决定，各专门委员会可以聘请中介机构提供专业意见，有关费用由公司承担。

5. 战略委员会是我国《上市公司治理准则》提出的，主要是对公司长期发展战略和重大投资决策进行研究并提出建议。

从其他国家的实践分析，专门委员会固然可以代替董事会在某些方面作出决定，但是，有关董事会职权内的重大事项不得由委员会代替董事会决定。特别是在美国，董事会的权利非常广泛，有些影响公司生存的根本问题也是交由董事会决定；此时，这种限制更是必要。一般说来，下列事项不能由单个委员会自行决定：

（1）修改公司章程；

（2）批准本公司和其他公司的合并；

（3）发行和回购本公司的股份；

（4）指定董事会空缺的人选；等等。

（四）董事会会议

1. 有限公司的董事会会议

我国《公司法》对有限公司的董事会会议不加区分，只是规定 1/3 以上的董事可以提议召开董事会（第 40 条）。召开董事会会议，应当在会议召开 10 日前通知全体董事，至于董事会的议事方式和表决程序，除了公司法的现有规定外，主要由公司的章程规定。

2. 股份公司的董事会会议

董事会分为定期会议和特别会议。定期会议由公司章程规定或董事会成员事先商定。每年至少召开两次。每次会议召开 10 日前通知全体董事。特别会议必须事先通知董事会议的议题、召集的时间和地点。

董事可以亲自出席会议，也可委托其他董事代替表决，委托也必须采书面形式，委托书记载授权范围。董事会也可采用其他方式替代董事会会议，比如，以书面一致同意的方式达成董事会决议。

公司监事和经理列席董事会会议。如果会议决定的事项与公司职工工资、福利、安全生产以及劳动保护、劳动保险等涉及职工切身利益的问题，应当事先听取工会和职工的意见，并邀请工会或者职工代表列席有关会议。

3. 会议的法定人数

和股东大会不同，董事会会议的表决票按董事人数计算，与董事持有股份与否、持有多少无关。董事为公司和全体股东利益行事，并因此承担个人职责。

在我国《公司法》中，对于有限公司的法定人数没有规定，可由公司章程确定。而针对股份公司，董事会会议应有 1/2 以上的董事出席，董事会的决议，由全体董事过半数通过。

4. 董事会会议决议

董事会会议的决定应作成书面决议，由出席会议的董事签字。董事应当对董事会的决议承担责任。如果董事会决议违反法律、行政法规或者公司章程，致使公司遭受严重损失的，参与决议的董事对公司负赔偿责任。

5. 异议董事

董事有权对董事会的议题表示异议，不同意多数董事的意见。该异议董事将保留意见记录于公司董事会决议，今后如果出现问题，该异议意见作为证据可以使得董事免除个人责任。但是，董事弃权不代表异议，或者，董事未将异议记载于会议记录，都不能免除个人责任。

三、董事的职责

（一）董事与公司关系的法律依据

对于董事与公司的关系，两大法系内部都有不同的学说之争，影响到立法的规定有所不同。我国公司法学界的看法也不统一。

1. 大陆法系

大陆法系主要有两种学说：

（1）法定代理人说。以德国的立法为代表。《德国民法典》规定，董事会对外代表公司，具有法定代理人的身份，其代理权源于法律的规定。《德国股份公司法》也规定，在监事会成员和公司的关系中，他们有义务遵守章程、监事会、股东大会以及公司内部规章制度的规定。对于其代理权，公司章程可以加以限制。因为章程对外公示，所以其限制得对抗第三人。

（2）委任合同说。日本、韩国和我国台湾地区的立法都采用委任合同说，或称委任说。《日本商法典》第 254 条规定，董事与公司的关系从有关民法上委任的有关规定。公司为委任人，每个董事为受托人，董事只对公司承担义务和责任，而不是股东或股东大会的代理人。公司股东大会或董事会的决议以及董事的同意成立委任。

我国学术界多数学者采用委任合同说。

2. 英美国家

在英美国家，董事职责是公司法的重要组成部分。特别是在美国股份公开型公司中，所有和经营分离的特征非常明显，因此，董事和经理在经营公司业务和管理公司事务中的权力非常广泛，使得公司法的立法者必须关注如何通过法律的调节作用，协调股东整体（公司）与以董事为代表的经营管理者的关系，明确董事的法定职责，加强董事和经理对公司经营活动的责任感。所以，充实董事职责的体系是立法、司法、实务界和学术界都极为重视的问题。从董事职责的发展渊源看，它从代理法和信托法两个部门法中得到了最初的启发，所以，时至今日，在说明董事与公司关系的法律属性时，仍经常借用以下两种法律关系学说：

（1）代理说。从董事职责的早期案例开始，经常有法官将董事视为公司的代理人（Agents），并用委托人和代理人的关系解释公司和董事之间的权利义务关系。在这些法官看来，公司不是自然人，它本身不能表达自己的意思，对外活动，只能通过董事进行，所以，董事是公司的代理人。

（2）信托说。信托说早在十八十九世纪就为衡平法院的法官所设计并引用于董事职责的案件，目的是解决运用别人的财产、为别人利益行事的人的义务和责任问题。按照该说，董事是公司财产的受托人（Trustees），受托人是经别人（委托人）授予有合法所有权的财产并为他人利益而管理该等财产的人。一方面，董事不是公司财产的合法所有人，另一方面，他人对此等财产享有财产利益和衡平法上的权益，如果他的合法权益受到董事的侵害，他可以对董事起诉。

因为董事是受托人，也即英美法上所称的“被信任者”（Fiduciaries）；所以，他必须对公司尽忠诚义务，为公司利益最大化行事，不得将个人利益凌驾于公司利益之上，也不得使个人利益处于与公司利益冲突的位置。

（二）董事职责的内容

我们仍然从不同法系的规定出发，比较各个法系对于董事职责的体系架构方面的不同侧重点和内容。

1. 大陆法系

对于董事职责，以日本、韩国和我国台湾地区为代表的大陆法系国家和地区的公司法，多将其归纳为作为公司受任人的“善管义务”，即善良管理者的注意义务。董事被视为公司的“善良管理人”。他在执行业务或代表职务时，应遵守法律、公司章程的规定，秉承善意，以高度的注意为公司利益最大化行事。所谓高度注意义务，是指除非不从公司领取报酬，董事处理公司事务和业务所具有的注意程度应高于处理自己的事务所具有的注意程度。如果董事不领取报酬，可以仅以处理自己事务的注意程度管理公司事务和经营公司业务。

特别需要说明的是，在善管义务的理论下，大陆法系国家除了借用民法的一般原则和规定外，还在商法或公司法中特别提出了董事遵守法律、法规和章程的内容，与基于委任合同产生的过失责任不同，违法责任为严格责任，不以恶意或重大过失为董事、监事、经理的抗辩理由。

除了善管的一般民法原理外，大陆法系国家多在公司法中特别规定以下几个方面的义务：

（1）竞业禁止的义务。竞业禁止的目的是要求董事、经理以充足的精力和高度的注意从事本公司的经营和管理，不得从事与本公司营业相同或不同的其他经营活动。在理论上，竞业禁止可分为同业禁止和异业禁止。前者只以公司的营业部类为限，后者要求更严，还包括禁止非公司经营部类的活动。大陆法系国家的立法多禁止同业竞争。以《日本商法典》第264条规定为例，董事为自己或第三人进行属于公司营业部类的交易时，应向董事会说明其交易的重要事实，取得董事会的承认。已进行前款交易的董事，应从速向董事会报告其交易的重要事实。董事违反此规定为自己进行交易时，董事会可以将该交易视为为公司所为。董事会介入交易的权利，自交易时起经过1年消灭（除斥期间）。

（2）董事和公司之间的自利交易（限制董事为双方代理）。大陆法系国家并不当然禁止董事和公司之间的交易，但是，对于董事可以从中获利的交易、合同或安排，法律强调要征得公司董事会的同意。仍以《日本商法典》的规定为例，董事受让公司的制品或其他财产，向公司转让自己的制品或其他财产，自公司接受金钱借贷，以及为自己或第三人与公司进行交易时，应取得董事会的承认。公司为董事的个人债务提供担保或保证、与董事以外的第三人进行公司与董事利益相反的交易时，也按这一规定执行。

如果经过董事会批准，允许董事为自己或他人与公司交易，应由监事代表公司（见台湾地区“公司法”第232条）。

（3）忠实义务。董事负有遵守法律或章程规定及股东会决议，为公司忠实执行其职务的义务。这一规定从《日本商法典》开始，是借鉴英美国家的董事职责而加入。因缺乏具体的操作标准和案例解释，学理上并不认为它等同于英美国家董事职责体系中的忠实义务，而认为它是善管义务的延伸。

（4）对第三人的责任。如果董事在执行职务的时候有恶意或重大过失时，对第三人也负赔偿责任。

2. 英美法系

英美国家的成文法和案例法关于董事职责的内容有庞大的体系。相比之下，案例中的内容更加丰富和具体。总的说来，董事职责的内容有两大方面：

（1）忠实职责。作为公司的受托人或被信任者，董事身份的法律基础是信任，而且是单方的信任，是董事基于别人的信任而管理和经营别人的财产，法律为了维持社会诚信的纽带，对董事的职责必须设定明确而严格的规定。经过几百年的立法和案例的演进，无论采用代理说或受托人说，董事的职责都不是来自于合同，而是源于法律的规定，所以在英文当中采用的是职责“Duties”一词，是指董事职责是董事这一身份所固有的，履行职务是董事的本分，其职责由法律（包括案例法在内）直接加以调整。

因为董事的权力是基于信任而获取，所以，在董事职责中，董事对公司的忠诚是核心的内容。正如《英国公司法》所概括的，董事必须高度忠实勤奋地履行职责；因此，他们必须自认为是为了整个公司的最大利益忠实而善意地工作，并运用授予他们的权力。以达到这一目的。董事决不能使自己处于其职责与其个人利益有冲突的地位，即董事必须摆脱私利而忠实地为公司尽责。在案例中，董事的忠实职责也是法院经常强调的，比如，早在 1939 年的案例 Pepper v. Litton（308 U. S. 295）中，道格拉斯法官（Douglas，J.）就指出，负有受托义务的董事，不得利用自身的权力，丧失公正立场，谋一己私利而损害公司、股东和债权人的利益①。不仅如此，对于公司的经理人员，也比照董事，视其为公司的受托人，也承担同样性质的忠实职责。

董事的忠实职责主要包括以下几个方面的内容：

① 公正性，即董事为公司和全体股东的利益行事，无论董事是由谁选出或委派，在他履行职务时，需考虑公司的整体利益，不得仅为部分股东的利益或选派他担任董事之职的股东利益服务②。

② 利益冲突与披露，董事应尽可能防止个人利益与公司利益的冲突。所谓利益冲突（Conflict of Interests），有直接和间接之分，对于直接冲突，《美国示范公司法》没有规定。所谓间接冲突，主要指以下几种情况：董事是另一方实体中的普通合伙人；董事在该另一方实体中有实质性的利益；董事也是该另一实体的董事、经理或其他受托人，而交易在该实体中须有董事会决定。

如果出现利益冲突，无论冲突事项或交易在一般情况下是否应交由董事会或股东会批准，此时，董事都应将利益冲突的事实披露给董事会或股东会，由董事会或股东会决定是否批准交易。该有利益关联的董事（股东）可以出席董事会（股东会），但他不能参与投票。如果董事会或股东会批准，董事的利益冲突不属于违反董事职责的事由。或者，如果董事善意相信交易对公司有利，而未于事先及时披露，公司事后的追认也可免除董事的责任。否则，对于具有利益冲突的交易、合同或安排，公司有权要求撤销，并主张董事返还个人从此等交易、合同或安排中谋取的私利，除非交易对方是善意第三人。

---

① 艾伦·R·帕米尔特．公司法——案例与解析．（第四版）．北京：中信出版社，2003：561．

② 沈四宝．国际商法教学案例（英文）选编．北京：法律出版社，1999：145～157．

③ 公司机会，董事不得攫取公司的机会，为自己获利，这也是属于董事忠实于公司利益的表现。所谓“公司机会”，在案例中也有不同的标准；比如，从公司的经营类别和范围判断，从公司的经济实力判断，从第三方的订约意图判断，从董事、经理获取机会的途径判断，等等。如果董事、经理人员利用自己的职务优势，攫取公司的机会，对外订立交易合同，为自己赚取收益，该收益属不当得利，应收归公司所有。

忠实职责是法定的严格责任，如果出现此类争议，被告董事、高级管理人员须承担举证的义务，证明自己并没有违反忠实职责。

（2）谨慎职责

也被译为“注意职责”、“勤勉义务”、“尽职义务”。此项义务（职责）针对董事的行为方式，是法律为评判董事行为方式的正当性和适当性而设定的标准。

董事行为方式是否谨慎，应满足以下两大方面的考量：

第一，董事的行为是基于善意，并合理相信是为公司利益最大化而行事；此标准为主观标准，针对董事行为的正当性。

第二，董事的行为方式应参照正常谨慎之人在类似位置、处于相似场合所具有的注意；此标准采理性第三人标准，通过与处于类似职位以及相似情形下具有一般理性的第三人比较，考察董事行为的适当性。

考虑到董事个人的职务分工，他不能事必躬亲，董事之间和董事与公司经营管理层之间都存在必要的合作。为了执行职务，董事有权信赖有关人员为其提供的资料和信息，这些信息和资料包括：信息、观点、报告、说明（包括财务说明或其他财务数据），等等。而受到董事合理信任的人有：公司的高级管理人员和一般雇员、法律顾问、公共财务人员、其他专业人士、专门委员会（该董事并不是其中一员），等等。除非有证据证明董事的信任是不应该的，否则，董事善意相信来自前述各类人的资料和信息是可以信赖和依据的，据此等资料和信息得出的判断和决定，即使将来是错误的，董事个人也不承担责任。

了解和依据信息和资料，不仅是董事的权利，也是董事的义务，即他们必须在作出决策之前了解公司的有关情况，并依据必要的信息作出决定，此谓董事的知悉义务。知悉应由董事主动完成，而不是被动等待别人的告知，除了找寻公司内部的信息来源之外，董事有权也有义务征询诸如外部专业人士或中立机构的意见和建议，并在合理信任这些信息和资料的基础上做出判断和决策。

董事违反谨慎职责的构成要件是重大过失，由原告举证①。

在司法实践中，法院判断董事行为的正当性和适当性并不容易，往往容易陷入对公司内部决策正确和适当与否的评判，而这一评判是属于“事后诸葛亮”的明智，与公司可

---

① 沈四宝．国际商法教学案例（英文）选编．北京：法律出版社，1999：116～145.

能遭受的损失无补；而且，法官并不是经营专家，其对公司内部事务和经营业务的评价很难具有专业水准和做到客观公正。法官还考虑到：对于董事行为适当性的严厉追究，很可能打击董事等专业管理人员的积极性，从整体上不利于完善公司治理和提升公司的竞争实力。还有一个重要的立法宗旨的考量：违反忠实职责和违反谨慎职责的性质是不一样的，两种违反职责的行为对于这一体系的基石——信任的冲击和破坏程度也是不一样的，所以，虽然同为违反职责，但民事赔偿和行政处罚的力度应有所区别。基于诸如此类的考虑，在董事谨慎职责方面，案例法的标准非常不统一。一般说来，如果董事的行为符合正当的程序，即使事后被证明结果对公司非常不利，法院也不得撤销该董事会决定，也不会认定参与决定的董事违反谨慎职责。此谓“商业判断准则”（也有人译成“经营决断规则”或“业务判断规则”）。这一规则是在司法实践中发展起来的，与谨慎职责密切相关，法院以此来判断董事是否违反谨慎职责，从效果上看，适用商业判断规则对于董事来说是有利的。

同样，董事经理也很难把握其行为的适当性，所以，立法、行业自律性规章和公司章程都试图把董事谨慎职责具体化和量化；比如，董事是否需要一定的技能，董事可以信赖哪些人提供的信息和观点，等等。中国证监会发布的《关于在上市公司建立独立董事制度的指导意见》规定，独立董事连续 3 次未亲自出席董事会会议的，由董事会提请股东大会予以撤换。通过这样一些量化的指标，帮助董事本人、公司和司法机构评价董事是否适当地履行了其职责。

谨慎职责是一把“双刃剑”。如果不常使用，可能会造成董事、经理的整体懈怠职务，给公司的经营造成重大损失或浪费。另一方面，如果处罚过多过严，又损伤了职业管理人员的积极性，可能导致人们宁愿放弃选择担任公司董事和经理之职务，这也对公司的发展不利。谨慎职责不仅在立法和司法实践中让法律专家难以决断，在实务中，公司也必须小心行事，既明确违反职责的后果，也要让董事、经理的“军心”稳定，所以，在英美国家，公司为了解除董事和高级管理人员的后顾之忧，往往为他们购买董事 & 经理责任险（D & O Liability Insurance）。需要特别说明的是，该保险只针对董事、经理可能违反谨慎职责的情形，不适用于董事、经理违反忠实职责的情况。

3. 我国的董事职责体系和内容

我国董事职责的体系由两个部分组成：一是《公司法》的现有规定；二是中国证监会不断补充的规定。从内容上看，《公司法》的规定更接近于英美法系的忠实职责，同样适用于有限公司和股份公司，而且义务的主体不限于董事，还有经理和监事。中国证监会的一系列规定增加了董事职责的谨慎部分，并对谨慎职责和忠实职责两方面的内容都加以细化。但是，和《公司法》的适用场合不同，中国证监会目前的规定主要针对的是上市公司的董事、经理以及监事。下面，主要介绍我国《公司法》所规定的董事职责的内容。

（1）有关忠实职责的一般性规定

董事、经理和监事应当遵守公司章程，忠实履行职务，维护公司利益，不得利用在公司的地位和职权为自己谋取私利。不得利用职权收受贿赂或者其他非法收入，不得侵占公司的财产。除了遵守公司章程外，前述人员当然也得遵守法律和行政法规的规定。除此之外，从公司内部机关制约关系看，董事等人也得遵守公司股东会决议、董事会决议（对董事、经理而言）、监事会决议（对监事而言）和内部制定的、约束前述人等的规章制度。

（2）不得挪用公司资金用于借贷和担保

董事、经理不得挪用公司资金或者将公司资金借贷给他人，不得将公司资产以其个人名义或者以其他个人名义开立账户存储，不得以公司资产为本公司的股东或者其他个人债务提供担保。

对于不得借贷和不得提供担保的规定，目前在理解上并不一致，一种观点是完全禁止；另一种观点是禁止董事、经理未经公司正当程序私自提供借贷和担保。后一种解释似乎更符合公司活动的现实。如果对这一规定按照字面内容严格解释的话，当董事、经理从事了法律禁止的活动，比如私自提供担保，该担保合同应予以撤销。但是，这种处理办法和1995年《担保法》的规定以及2000年的最高人民法院对《担保法》所作的司法解释的内容并不一致，而且也不利于保护交易的另一方当事人（善意第三人）。所以，在学术界和司法实践中，人们多倾向于区别不同的情况分别处理。如果被担保人是善意的，对于担保公司董事、经理的私自活动并不知情，那么该担保合同仍然有效；第三方有权选择承担责任的主体，其选择权优于公司的撤销权。如果公司对外承担了担保责任，则可以再向负有责任的董事、经理追偿。

（3）竞业禁止

董事、经理不得自营或为他人经营与其所任职的公司同类的营业或者从事损害本公司利益的活动。从事上述营业或者活动的，所得收入应当归公司所有。

不仅如此，为了防止利益冲突可能产生的违反忠实职责的情况，中国证监会还于1999年发出通知，禁止上市公司的总经理和其他高管人员在控股股东单位兼职，不得担任除董事以外的其他行政职务；他们必须在上市公司领薪，不得由控股股东代发薪水。

另外，我国《公司法》第70条还特别规定，国有独资公司的董事长、副董事长、董事、经理，未经国家授权投资的机构或者国家授权的部门同意，不得兼任其他有限公司、股份有限公司或者其他经营组织的负责人。

（4）自利交易

董事、经理除公司章程规定或者股东会同意外，不得同本公司订立合同或者进行交易。

(5) 保密义务

董事、监事、经理除依法律规定或者经股东会同意外，不得泄露公司的秘密。我国《公司法》并未界定承担保密义务的期限，公司章程、股东会决议、董事会决议、内部规章制度或雇用合同可以规定承担义务的期限。一般说来，即使董事、监事、经理解任，仍须在一定期限内对公司承担保密义务。但是，该合理期限最好由各个公司自行规定，很难在立法层面做统一要求。

（三） 法律责任

董事、监事、经理在执行职务时，违反法律、行政法规、公司章程的规定，违反其职责，给公司造成损失的，应对公司承担赔偿责任。在特殊情况下，比如，公司处于资不抵债的阶段，董事、监事、经理违反职责的行为给公司造成损失的，实质上是给债权人造成的损失。为了在特殊阶段保护债权人的利益，法律也允许债权人直接追究董事、监事、经理的赔偿责任（或连带清偿责任）。除民事赔偿责任外，公司内部纪律处分、行政处罚、刑事责任也可能加诸董事、监事和经理的身上。以我国《公司法》184 条规定为例，董事、监事、高级管理人员不得利用职权收受贿赂或者其他非法收入，不得侵占公司的财产。

另外，从责任主体看，除了这里涉及的董事、监事、经理外，如果公司有控股股东，该股东因其控股地位对公司施加不正当的影响，也需要对公司和其他股东承担类似于董事的义务。

四、高级管理人员（Officers）

“Officers”一词引自美国法的规定，多译成“高级管理人员”。在西方国家，高级管理人员和董事在法律属性上不同，前者为公司的雇员，与公司有合同关系。按照大陆法系的分类方法，高级管理人员中既有属于法定任意机关的职位，也有属于章程任意机关的职位。实践中，经理的职权主要由公司章程或董事会决议规定，并反映在高级管理人员与公司的雇用合同中。

公司依法或依据章程规定聘任高级管理人员，他们负责管理公司的日常活动。所以在实践中，高级管理人员多是全职雇员（Full-time Employees），按照合同约定从公司定期领取工资（Salaries）①，如果高级管理人员业绩优良（Good Performance），可以按照合同约定领取奖金。为鼓励董事和高级管理人员积极主动地为公司服务，有些公司还推出激励机

① 董事因其对公司的服务得到补偿、津贴、辛苦费或车马费（Compensation），但是，不从公司领取工资，原因是，他们和经理人员不同，前者不是公司的雇员。从董事职务出现之初分析，早期的小型公司中，公司的内部组织机构并不如今日的公司框架清晰、机关设置明确，股东多同时就职董事，无论以股东或董事身份参与处理公司事务或业务，都是为自己利益最大化行事，如同自己为自己“打工”，投资有红利作为回报，无须再付给自己工资，所以，早期公司的董事是没有报酬、也没有补偿的。

制，比如，为董事和高级管理人员提供股份期权（Stock Option），刺激董事和高级管理人员的工作热情和增强他们的责任感。

我国公司法规定了三种高级管理人员：经理、副经理和财务负责人。和其他国家公司法不同，按照我国公司法的规定，经理属于公司法定必备机关，其职权的主要部分由法律直接规定：

（1）主持公司的生产经营管理工作，组织实施董事会决议；

（2）组织实施公司年度经营计划和投资方案；

（3）拟订公司内部管理机构设置方案；

（4）拟订公司的基本管理制度；

（5）制定公司的具体规定；

（6）提请聘任或者解聘公司副经理、财务负责人；

（7）聘任或者解聘除应由董事会聘任或者解聘以外的负责管理人员；

（8）公司章程和董事会授予的其他职权。

经理由公司董事会聘任或者解聘，对董事会负责。

我国证监会发布的文件中，对于高级管理人员（简称“高管人员”）的解释为：总经理、副总经理、财务负责人和董事会秘书。在实务中，对于公司经理的称谓非常多，比如，总经理（General Manager，简称 GM）、总裁（President）、首席执行官（Chief Executive Officer，简称 CEO），等等，对于其具体的职权，除了公司法规定的内容外，还有看公司章程和董事会的授权，所以，其职权的具体内容可能并不一致。但是，在法律上，他们和公司的关系属性是相同的，对公司承担的职责也是一致的。

第四节 监事和监事会

一、监事

监事是公司监事会的成员，集体行使监督公司业务和财务之职，单独或共同提请召开公司临时股东会议。监事分别来自股东或职工，由股东（大）会或职工选举产生，两者的比例由公司章程规定。在我国，职工代表担任的监事不得少于监事人数的1/3。公司董事、经理、财务负责人不得兼任监事。国有独资公司的股东只有一个，所以，公司中来自股东单位的监事是由国务院或者国务院授权的机构、部门委派的。监事的任期与董事一样，也是3年，可以连选连任。

按照我国公司法的规定，对监事的限制性要求是与对董事、经理的要求一致的。监事也是单独对公司承担职责。这一点也与董事承担责任的形式相同。

二、监事会

在我国，有限公司和股份公司一般都应当设监事会。监事会是公司的必备常设监督机关。监事会的成员不少于3人。监事会在其组成人员中推选一名召集人。如果有限公司规模较小，可以不设监事会，而只设一至二名监事。国有独资公司虽然只有一个股东，但是必须设监事会。

每届监事会的届期为3年，与董事会相同。

监事会的职权是法定的，包括以下方面：

（1）检查公司财务；

（2）对董事、经理执行公司职务时违反法律、法规或者公司章程的行为进行监督；

（3）当董事和经理的行为损害公司的利益时，要求董事和经理予以纠正；

（4）提议召开临时股东会；

（5）公司章程规定的其他职权。

国有独资公司监事会的职权为前述第（1）、（2）项的内容，还包括国务院规定的其他职权。

监事会的议事方式和表决程序由公司章程规定。

在大陆法系国家，公司内部监督机关的设置也有不同。从本章开始的介绍中，大家已经了解了德国上市公司双层结构的特点，其中的监事会有双重职能：既有决策和执行职能，也有监督职能。和我国一样，德国的监事会是由复数监事组成的；而且，监事中也必须有职工代表或工会代表，股东监事和职工监事的比例是由公司雇员的人数决定的。

以日本、韩国和我国台湾地区为代表的大陆法系国家，公司设置监察人或监事。该监察人或监事单独执行监督公司业务和检查公司财务的职能，每个监察人或监事都是公司的常设机关。和我国公司法的规定不同，这些国家的监察人或监事的职权中，还包含一项代表权，即监事有权因下列事由代表公司：（1）代表公司起诉；（2）代表公司与董事交涉。在董事长违反职责、董事会全体成员违反职责时，这些有关特别代表权的规定非常必要，值得我国公司立法借鉴。

英美国家不设内部监事或监察人，只有专司审核财务的审计员。

第五节　检　查　人

一、定义

检查人制度为部分大陆法系国家采用，目前在德国、日本、韩国和我国台湾地区的立法规定中比较典型。英美国家和我国的公司立法和实践中都没有这一设置。

检查人是公司为特定目的而设置的临时公司机关，检查人可由股东大会选任，也可由法院选任。

二、资格

检查人一般为自然人，但是，公司的发起人、董事、监事、清算人等不能任检查人。因为其选任目的多与前述各类人等履行职务或公司财务相关，所以，从德国开始，出现了专门的会计法人和专门的检查法人，现在的检查人也可以是法人实体。

在日本、韩国和我国的台湾地区，检查人与公司的关系也遵从民法中的委任的规定。

三、选任和职权

（一）股东大会选任的情形

（1）根据少数股东的请求而召集的股东大会上，为调查公司业务和财务状态，可以选任检查人；

（2）为调查股东大会上董事提交的文件和监事的报告书，可以选任检查人；

（3）在清算公司的股东大会上，为调查董事提出的文件和监查报告书，可以选任检查人。

（二）法院选任的情形

（1）公司设立时：有变更设立事项的情况发生，为了对此进行调查，根据董事的请求权选任检查人；此时，检查人的任务是调查变更设立事项及现物出资的履行与否。

（2）发行低于票面价格的新股时：法院变更认可最低发行价额时，为调查财产状态及其他必要事项而选任检查人。

（3）新股发行时现物出资的情形：为调查出资内容，依董事的请求选任检查人。

（4）在公司的业务执行方面，有可以怀疑为存在不正当行为或者违反法令、章程的重大事实之事由时：根据少数股东的请求，为调查公司业务和财产状态可以选任检查人。

（三）职务的终止

检查人没有固定的任职期限，任务完成之时，职务即终止。在任务完成之前，可由法院（如由法院选任）将其解任；如果检查人是股东大会选任的，也可由股东大会将其解任。

本章小结

大型公司出现后，公司所有与经营的分离日趋明显，西方学者提出了代理成本的问题。公司内部结构设计的不断完善可以减少代理成本，保障股东获得最大收益，有利于鼓励投资和刺激资本市场的繁荣。

公司的股东会、董事会和高管人员都可能成为公司治理内部机构中运作的中心。西方国家以美国和德国为代表，在公司治理模式上分为单层制和双层制，美国的单层制以董事会为中心，董事会在公司内部结构中具有广泛的领导权力；德国的双层制以“全能银行”和“雇员参与决策”（共同决策）为特点。

我国公司的股东（大）会是公司的权力机构，依法决定公司诸多重大事项，这些事项往往影响公司的“生死存亡”。董事由股东选出，组成公司的董事会，董事会是公司的决策机关。董事可以从股东中选出，也可由非股东或者与公司无实质利害关系的人选担任。董事被认为是公司及全体股东的利益代言人，在西方公司法理论中，称之为“被信任者”，对公司负有信义义务。信义义务主要有两个组成部分：忠实义务和谨慎义务，两者的内容、构成、归责原则等方面都不相同。我国《公司法》主要规定了董事的忠实义务。除了董事以外，公司的发起人、控股股东、高管人员、监事、清算组成员也都对公司负有信义义务。在公司资不抵债的情况下，公司的债权人也可直接依据上述人员的信义义务对其主张权利。

公司的监事会是公司的监督机构。公司设置监事会的传统来自大陆法系国家。监事一部分来自股东，一部分来自公司职工。国有独资公司的监事会的构成有其特殊性。

重要概念

股东会中心主义、董事会中心主义、经理人中心主义、单层制、双层制、累积投票法、代理投票法、分类投票法、外部董事和内部董事、独立董事、忠实义务、谨慎义务、善管义务（大陆法系）、竞业禁止、监事会、检查人

同步测练与解析

一、不定向选择题

1. 依照我国公司法，你认为我国公司治理结构的“新三会”反映出的特点是（　　）。

A. 股东会中心主义　　B. 董事会中心主义

C. 经理人中心主义　　D. 与“老三会”并存

2. 我国《公司法》规定公司法人代表可为（　　）。

A. 董事长　　B. 执行董事　　C. 总经理　　D. 监事会主席

3. 当公司所有和经营分离时，按照西方法和经济学的理论，将产生（　　）问题。
A. 代理成本　　B. 交易成本　　C. 委托成本　　D. 所有者缺位
4. 董事对公司承担的谨慎义务，其归责原则应为（　　）。
A. 过错责任　　B. 无过错责任　　C. 过错推定责任　　D. 公平责任
5. 某上市公司于2006年6月6日召开股东大会，选举公司的监事，下列人员中可以担任公司监事的是（　　）。
A. 在某国家机关任处长的王某
B. 曾因挪用公款罪被判处有期徒刑，2004年4月10日刑满释放的李某
C. 该公司工会主席张某
D. 该公司合同工赵某
6. 在我国，独立董事在上市公司最长任期为（　　）年。
A. 3　　B. 4　　C. 5　　D. 6

二、简答题

1. 股东临时会议的目的是什么？
2. 独立董事与监事会的职能是否重复？
3. 直接投票法与累计投票法有何不同？
4. 上市公司的代理表决与表决信托有何不同？

三、论述题

请说明公司治理的目的是什么？
我国《公司法》体现的是以哪个机关为公司治理的中心？

四、案例题

某家族企业是一个有限责任公司（或者封闭型公司），甲、乙夫妇二人是创始股东和董事，但妻子乙长期并不出席董事会议，也不懂财务报表。当丈夫甲去世后，三个儿子继承父亲的股权并成为公司的董事和管理人员。因经营不善，该公司资不抵债，已经无法偿还债权人。公司债权人认为，董事乙长期不出席董事会议，对公司经营漠不关心，应对公司的负债局面承担个人责任。请问：如果说乙违反董事职责，她违反的是哪一种具体职责？如果按照我国《公司法》，你认为乙应当承担责任吗？

参考答案

一、不定向选择题

1. AD　2. ABC　3. A　4. A　5. CD　6. D

二、简答题（略）

三、论述题（略）

四、案例题

本题目测试学生对董事谨慎义务的理解。

董事应为公司及全体股东利益最大化行事，应具备与其职务相关的知识与技能。如果长期出席董事会议，对公司事务漠不关心，都表明董事未能承担其谨慎职责。对其为履行职责而给公司造成的损失，应当承担责任。

董事一般对公司承担责任，但本案中所涉及的公司资不抵债，对公司的责任实际上也是对债权人的责任，所以公司债权人有关追究乙的责任。

第六章

CHAPTER SIX

公司的合并与分立

学习目标

通过本章内容的学习，熟悉公司合并的定义、分类和作用；把握公司敌意并购中目标公司董事与高管的义务和责任；了解公司分立的定义与分类。

重点难点提示

- 公司的合并
- 吸收合并与新设合并的区别
- 公司合并的程序
- 公司分立的定义与种类
- 公司分立的程序
- 公司合并、分立中对利益相关者的权益的维护
- 股份评估权

第一节 公司的合并

一、公司合并概述

（一）公司合并的定义

按照我国《公司法》的规定，合并是指两个或两个以上公司订立合同，依照法定程序合为一个公司的法律行为。各个参与合并的公司在合并前的债权债务，直接由合并后存续或新设的公司承受。

在公司立法和实务中，一直有一个非常引人关注的话题，即并购（Merger and Acquisition，简称 M & A）。Merger 多译为“兼并”，一般指一家公司吸收另外一家公司，在兼并完成之后被吸收公司（Absorbed Companies）消失，而吸收对方的公司成为存续公司（Surviving Companies）。原被吸收公司的股东成为存续公司的股东。在英美国家的立法中，少有对兼并的成文法解释。兼并也常与其他几个有关合并的词汇混用，如，Consolidation 和 Amalgamation。收购（Acquisition）是一公司以现金或股份等形式收买其他公司的业务、资产、股份等等。收购并不必然导致合并。请注意将合并与收购加以区别，前者导致合并前的一家公司或全部公司法人资格的消灭，其权利义务由存续公司或新设公司概括承受；而后者只是买方公司购买卖方公司的有形或无形财产，并不当然导致卖方公司法人人格的消失。除了买卖合同项下的权利义务关系外，买方和卖方可再无其他权利义务的联系。

（二）公司合并的特征

1. 公司合并必须依法律程序完成

公司合并要充分体现出“私法自治”的精神，因而公司合并要基于合并各方之间的合同，为契约行为。但是，合并的过程必须符合公司法律规定的强制性条件和履行法律规定的程序。法律之所以规定合并的程序，比如，股东（大）会的决议和表决程序、债权人的权利、少数股东的股份回购请求权等等，是为了保护合并过程中各方当事人的合法权利，而且在涉及合并的主体之间出现利益冲突时，维护合并交易过程的公平和公正。

2. 公司合并带来资产的整体移转

正如前面分析兼并与收购的差异时所介绍的，合并意味着合并一方、几方甚至全部各方的财产整体移转至存续公司或新设公司。所以，合并对于参与其中的部分或全部公司的正常存续、这些公司的股东和债权人都带来重大影响。为了保护公司债权人的利益，即将消失的公司应依法将其财产、附着于财产上的权利和义务一并移转给存续公司或新设公司，此为财产的概括承受。

3. 合并不导致清算

按照早期西方国家的公司法，特别是英美国家公司法的规定，合并属于公司的重大变故（Fundamental Changes），应取得各合并公司股东的一致同意或绝对多数股东（2/3以上）的同意。这种规定使得合并的程序并不容易完成。但是随着公司的发展，人们逐渐认识到公司的扩张和蚕食也属于正常的经营战略，所以，应当相对简化公司合并的内部程序，同时降低合并的成本。从上个世纪中期以来，西方国家的并购浪潮已经几起几落。对于公司和投资者来说，合并已经不是陌生的纸上概念，而是公司壮大或消亡的现实。为了保证合并的顺利进行，各国法律多规定，合并应按不经清算而直接解散的途径来实现。

4. 合并可在多种类型的公司之间完成

各国公司类型多种多样，除了同类型公司合并而合并后的公司仍维持原类型外，不同类型之间的公司也可能实现合并。但是，合并之后的公司属于何种公司类型呢？下面，以我国台湾地区"公司法"的规定为例加以说明：

（1）无限公司与两合公司合并，合并后的公司类型为无限公司或两合公司；

（2）有限公司与两合公司合并，合并后的公司类型为两合公司；

（3）股份公司与有限公司合并，合并后的公司类型为股份公司。

我国《公司法》未规定不同种类公司之间合并后的公司类型问题，可以借鉴上面（3）的规定。至于其他几种情形，因为我国不存在无限公司和两合公司，所以可以不予考虑。

（三）公司合并的意义

公司合并是各公司优化产业结构和企业组织结构的重要手段，也是公司实现扩张的有效工具。尽管参与合并的各个公司的具体动因会有所不同，但一般来说，公司合并的动因一般包括以下几个方面：（1）迅速扩展产品种类，扩大市场占有率；（2）取得规模效益、组合效益，实现资源的优化配置；（3）帮助在市场上处于劣势地位的公司走出困境，避免彼此间的竞争；（4）有利于优化产业结构。

近年来，随着我国经济的快速发展，公司合并作为一种重要的资本运营手段，正好适应了公司发展的这一需要。整体来说，公司合并具有实现社会资源优化配置、调整市场结构、促进生产要素合理分配的战略作用，但另一方面也要防止产生垄断的负面效应，同时要注意保护公司内外部各个利益相关者的合法权益。

二、合并的方式

（一）新设合并（Consolidation）与吸收合并（Merger）

以公司合并后是否创制新的公司为标准，可将公司合并分为新设合并和吸收合并。根据《公司法》第173条的规定，公司合并可以采取吸收合并或者新设合并。

所谓新设合并，是指两个或两个以上公司按协议合并，并于合并后设立一个新公司；合并前的各家公司解散，所有合并方均丧失法人资格。如果合并前各家公司的股东未在合并之时退出，即成为新公司的股东。

两个或两个以上公司按协议合并，一个公司吸收其他公司的为吸收合并，被吸收的公司解散，吸收他公司的为存续公司。如被吸收公司的股东未退出，即成为存续公司的股东，按合并协议的约定，以其持有的被吸收公司的股份换取存续公司的股份。下面以简单公式说明：

假设A、B两家公司合并，新设合并的等式可以表示为：

A + B = C

吸收合并的等式可以表示为：

A + B = A（A公司为存续公司，但因为B公司的资产整体并入A，B的股东也成为A的股东，所以，A公司的股东构成、资本结构，等等都会有所改变，须办理变更登记。）

我国《公司法》第184条第1款和第2款将新设合并与吸收合并规定为合并的法定形式。《德国公司改组法》、《法国商事公司法》、《日本商法典》、《韩国商法典》和我国台湾地区"公司法"都规定了这两种公司合并的方式。以《德国公司改组法》的规定为例，该法第2条规定，采取吸收途径，可以通过将一个权利承担人或数个权利承担人（移转财产的权利承担人）的财产作为整体移转于另外一个现存的权利承担人（承受财产的权利承担人）。

在英美国家的立法和实践中，合并通常是指"merger"和"consolidation"。"merger"是指"一个企业被另外一个企业吸收，后者保留自身的名称、实体资格，取得前者的资产、责任、特许权和权力，同时被吸收企业丧失独立的商业资格。"① "consolidation"是指两个或两个以上的企业解散，同时成立一个新的企业，并接管解散企业的资产和承担的责任。可以看出，"merger"类似于我国《公司法》上的吸收合并，而"consolidation"更接近于我国《公司法》上的新设合并。

（二）横向合并、纵向合并和混合合并

按照合并公司的行业特点可将合并分为横向合并（Horizontal Merger）、纵向合并（Vertical Merger）和混合合并（Conglomerate Merger）。横向合并是指处于相同营业领域的公司之间的合并，可以达到消除竞争、增加市场占有率、实现规模效益和增强垄断实力的

① Black's Law Dictionary, 5th ed., West Publishing Co., 1979。

目的。早期的合并多属于横向合并。横向合并容易破坏竞争和形成垄断的局面，所以，各国反垄断法都对此类合并加以限制。纵向合并是指处于不同生产阶段的公司之间的合并，比如，生产产品的公司与其原材料或技术供应商，或与其产品的运输商或销售商的合并，以实现合并后公司对产品不同生产、销售和服务阶段的整体控制、提高效率、降低成本等目的。既非横向合并又非纵向合并的，属于混合合并。混合合并多是通过合并实现在不同领域和行业的投资，以实现多元化经营战略和分散经营风险。这种合并形式是近些年来出现的企业合并的主要方式。

（三）三角合并与反向三角合并

因为税收、监管或合同安排等方面的考虑，两家公司可能不选择彼此直接的合并，而是通过其中一家公司的全资子公司实现合并，此为三角合并。因为三角合并都采用吸收合并的形式，所以也叫做三角兼并。按照三角合并（兼并）的方向，可将三角合并分为正向三角合并（Triangular Merger）与反向三角合并（Reverse Triangular Merger）。正向三角合并也简称为“三角合并”。它是指，为了实现吸收另一家公司的目的，合并公司先以股权或其他资产投资设一家全资子公司或利用原已存在的子公司，由其子公司出面吸收另一家公司（第三方公司），吸收了第三方公司的子公司和其母公司仍彼此独立。当然，如果母公司愿意，它可以随时再和子公司合并。采用正向三角合并的目的是为了避开母公司股东大会的表决程序，减少合并成本和加快合并进度，由子公司的股东（母公司）的经营管理层或董事会直接决定合并方案。而且，由于母子公司彼此独立，所以，母公司也不受子公司吸收过来的债务的影响。

反向三角合并是由第三方吸纳合并公司的子公司，这样，子公司的股东（母公司）成为第三方的股东，第三方在合并完成后仍是独立的公司实体。如果母公司持有该第三方股份达一定比例，它就成为该第三方的控股公司或母公司甚或唯一的股东，可以决定该第三方是否继续存在或消亡。采用反向三角合并的好处是，因为是第三方吸纳子公司，该第三方公司的股东多不享有决定权和异议股东的回购请求权，只需由该第三方公司经营管理层或董事会作出决定，所以减少了合并的阻力和成本。

三、公司合并的程序

为了确保合并的顺利进行，有效保护合并过程中各方当事人的合法权利，公司合并必须按照法定的程序进行。根据我国公司法的规定，公司合并的程序是：

（一）董事会提出合并方案

公司合并时，由参与合并的公司的董事会或执行董事提出合并方案。我国《公司法》第47条规定的董事会的职责中，其中一项是制订公司合并、分立、变更公司形式、解散的方案。在实践中，往往是公司管理层在获得公司董事会的授权后，进行合并谈判，代表双方公司拟定合并方案。

关于合并方案的内容，我国公司法基于鼓励当事人意思自治的精神，没有做出规定。而如《欧共体第3号公司法指令》第5条、我国台湾地区“公司法”第317条、“澳门商法典”第273条都对合并协议的内容做出了规定。“澳门商法典”规定，合并公司的行政管理机关应当共同编制合并协议，其内容除记载合并所需的资料外，还应当载有（1）所有参与公司的合并方式、动机、条件及目的；（2）每一公司的商业名称、住所、资本额及登记编号；（3）存续公司或新设公司分配股份的条件；（4）存续公司或新设公司章程修改或设定的方案；（5）保障债权人权利的措施等。

合并方案拟定后，董事会应在向股东发送召集通知时，将该方案一并发送给股东，已给股东提供充分的时间，决定是否行使股份回购请求权。

（二）股东（大）会作出合并决议

合并的意向多由公司经营管理层或董事会或大股东先行提出，董事会提出具体合并方案，交股东（大）会表决。在各国公司法的规定中，合并多被视为公司的重大事项，属于股东（大）会特别决议事项。合并方案必须经各股东（大）会以特别决议的形式表决通过。如《欧共体第3号公司法指令》第7条规定：“公司合并至少须经合并各方公司的股东大会同意。各成员国的法律应当规定，股东大会作出公司合并协议，必须经具有表决权的股份总数或公司认购股本的三分之二以上通过。”按照我国《公司法》的规定，股东（大）会作出公司合并的决议时，必须经代表2/3以上有表决权的股东通过，或者由出席会议的股东所持表决权的2/3以上通过。另外按照《公司法》第67条，国有独资公司的合并应由国资委决定，其中重要的国有独资公司合并时，应当由国资委审核后报本级人民政府批准。我国台湾地区“公司法”的规定则更为灵活，更为实用，对出席股东大会的有效出席比例作出规定。根据该法第316条规定：“股东大会对于公司解散、合并或分割之决议，应有代表已发行股份总数三分之二以上股东之出席，以出席股东表决权过半数之同意行之。公开发行股票之公司，出席股东之股份总数不足前项定额者，得以有代表已发行股份总数过半数股东之出席，出席股东表决权三分之二以上之同意行之。”但是，在美国的公司法规定中，吸收合并的方案应提交被吸收公司股东会，由股东按法定或章程规定的程序通过；而吸收合并的方案并不提交兼并公司的股东会，只需由该公司董事会决定即可，所以，兼并公司的股东不享有异议股东的回购请求权。

（三）签署合并协议

合并各方董事会负责执行股东（大）会的决议，董事长或其授权代表为公司签署合并协议。

（四）编制资产负债表和财产清单

无论采新设合并还是吸收合并，合并各方都须编制资产负债表和财产清单，为合并作好内部准备。我国台湾地区的“公司法”第73条也规定，公司决议合并时，应立即编制资产负债表及财产目录。

（五）公告债权人及债权人异议

各参与合并公司应当自作出合并决议之日起10日内通知其各自的债权人，并于30日内在报纸上公告。债权人自接到通知书之日30日起，未接到通知书的自公告之日起45日内，可以要求公司清偿债务或者提供相应的担保。债权人在此期间内未提出异议的，视为承认合并。需要注意的是，目前我国的《公司法》简化了1993年规定的“在30日内在报纸上至少公告三次”的程序要求。

（六）公司登记

公司合并，必然发生法定登记事项的变动，所以，应履行公司登记程序。按照我国《公司法》和《公司登记管理条例》的规定，因合并而存续的公司，其登记事项发生变化的，应申请办理变更登记；因合并而解散的公司，应当申请注销登记；因合并而新设的公司，应当申请设立登记。

四、合并的法律效果

公司合并的法律效力主要表现在以下几个方面：

（一）公司人格的变化

无论何种形式的合并，都会使公司的人格发生变化。（1）公司消灭。公司合并中，必然有公司归于消灭。在新设合并中，参加合并公司的法人资格均自动丧失；在吸收合并中，被吸收的公司丧失法人资格。（2）公司变更。在吸收合并中，存续公司的章程、股东、资产或股权结构等都发生变更，需要办理变更登记。（3）公司设立。在新设合并中，新公司因合并而设立。

（二）股东身份的变化

合并公司的股东将成为存续公司或新设公司的股东。当然，如果股东对公司合并决议持异议，有权要求公司收购其所持的股权（股份）。

（三）权利义务的概括转移

公司合并将导致消亡公司的权利义务概括的转移给存续公司或新设公司。《欧共体第3号公司法指令》第19条规定，公司合并时，被合并公司的全部资产和债务，都转移给存续公司。这种转移不仅在存续公司与被合并公司之间生效，而且对第三方也生效。我国《公司法》第175条也规定，公司合并时，合并各方的债权、债务，都应当由合并后存续的公司或者新设的公司承继。同时，根据我国《合同法》第90条也能得出相同的结论。

五、对合并中各利益相关者的保护

公司合并作为重大的法律行为，涉及众多相关主体的利益，公司法对这些利益相关者提供了制度上的保护，以维护公平正义的交易秩序。

（一）保护债权人的程序

公司合并中因合并各方公司财产的变化会直接影响到债权人的利益，因此各国公司法都制定了保护债权人的法律制度。

1. 告知制度

在合并过程中，合并各方有义务向债权人公告，通知合并事宜及债权人享有的权利，以保护债权人对合并事项的知情权。关于告知的方式和内容，《日本商法典》规定，公司应自合并决议日起 2 周内，在官报上向债权人公告，告知其如对合并有异议的，应当在一定期间（不少于 1 个月）内并分别向公司陈述意旨。并且对已知的债权人应分别催告。① 我国《公司法》第 174 条也规定了告知的时间和方式，前文已有所论述，故在此不再赘述。但我国《公司法》并没有对告知的效力以及违反告知义务的民事责任作出规定。②

2. 债权人异议制度

在公司合并中，债权人并不参与合并表决，也无权反对股东（大）会的合并决议，因此公司法赋予债权人事后的异议申诉制度，以提供制度上的保护。

（1）异议的构成要件。异议能否成立是债权人能否行使异议权的关键。关于异议的构成要件，主要有两种立法体例。一种以法国为代表，以合并对其债权产生危害为条件。《欧盟第 3 号公司法指令》第 13 条也规定，当合并各方公司的财务状况使得对债权人的保护有必要时，并且当债权人没有获得债权担保时，债权人有权获得充分的债权担保。另一种以我国为代表，只要债权人按照相应的程序提出异议，公司就有义务清偿债务或提供担保，并不以合并对债权产生危害为异议的构成要件。

（2）异议的效力。债权人异议成立后，就会产生债务人公司对债权人清偿债务或提供担保的效力。《日本商法典》第 100 条规定，债权人提出异议时，公司应当实行清偿，或者提供担保，或把与债务相当的财产信托于信托公司。我国《公司法》第 174 条规定，债权人自接到通知书之日起 30 日内，未接到通知书的自公告之日起 45 日内，可以要求公司清偿债务或者提供相应的担保。

但是如果公司不履行清偿、担保的义务，公司应如何承担责任呢？我国现行《公司法》删去了 1993 年版的《公司法》对这一问题的规定——“不清偿债务或者不提供债务担保的，公司不得合并。”但遗憾的是，现行公司法没有进一步规定在公司不予理会债权人异议的情况下，债权人异议权如何得到救济。而对于这一问题，德国规定，如果将来债权人不能得到及时、充分的清偿，对此负有责任的合并公司各方的股东、董事或者监事应

---

① 《日本商法典》第 100 条。

② 《公司法》仅规定了行政责任，请见《公司法》第 205 条。

当对债权人承担连带赔偿责任。

（二）少数股东请求公司回购股份的权利（Appraisal）

除了债权人可能合并提出异议外，公司内部也可能出现反对合并决议的少数股东（Minority Shareholders）。特别是在吸收合并的情况下，被吸收的公司必须由股东在股东会议上投票表决是否同意吸收合并，即是否同意让本公司消亡。此时，可能有少数股东不同意吸收合并，他们成为对合并持异议的少数股东。对于他们的权益，法律如何加以保护呢？按照西方国家公司法的普遍做法，一般是赋予这些股东表达异议的权利，并允许他们提请公司按公平价值（Fair Value）回购其持有的股份。这种请求可以依法或公司章程直接向公司提出，由公司与股东按照章程的规定或双方协商决定回购价格，或在双方无法达成一致时，由异议股东向法院提出申请，主张公司按照公平价值回购其股份。对于少数股东来说，在这个时候，他最关心的是公司以何种方式评估股份的价格，所以，法律对于公司估价的合法性和公平性都须加以规定。我国《公司法》第75条规定，自股东会会议决议通过之日起60日内，股东与公司不能达成股权收购协议的，股东可以自股东会会议决议通过之日起90日内向人民法院提起诉讼。在实践中，公司董事和多数股东（或控股股东）违反职责的一个场合就是出现在合并前公司对少数股东的股份估价之时。

少数股东请求回购股份的权利属于股东的自益权，可由股东单独行使。

（三）职工利益的保护

公司合并会影响到职工利益，如劳资问题、劳动关系变更、职工安置等问题，如果不对这些问题进行妥善解决，很容易损害职工的合法权益。根据我国现行《公司法》的规定，公司合并中职工的利益保护制度主要包括：

1. 职工的建议权和知悉权

对于职工的这一权利，《德国企业组织法》规定，企业合并时，对影响职工利益的各有关问题应当告知代表职工利益的组织并征求意见。我国《公司法》第18条规定："公司研究决定改制以及经营方面的重大问题、制定重要的规章制度时，应当听取公司工会的意见，并通过职工代表大会或者其他形式听取职工的意见和建议。"而公司的合并显然是属于"经营方面的重大问题"。

2. 劳动债务的处理

当公司合并时，合并各方的债权、债务，应当由合并后存续的公司或者新设的公司承继。因此，劳动债务也应有合并后存续的公司或者新设的公司概括承继。

3. 劳动关系的处理

关于劳动合同关系的继承，从各国法律的规定来看，主要有两种立法模式。一种是直接继承模式，规定合并后存续公司继承原公司与其职工的劳动合同。另一种是间接继承模式，即法律不直接规定劳动合同的承继，而是在劳动合同解除方面予以限制，间接规定了职工权益的保护问题。我国《公司法》对此未作明确的规定，但其他法律中有相关规定。如《劳动合同法》第34条规定，用人单位发生合并或者分立等情况，原劳动合同继续有效。劳动合同由承继其权利和义务的用人单位继续履行。由此可以看出，公司合并时公司有义务安置其职工。

五、反垄断规制

公司合并作为经营者追求利润最大化的重要手段之一，对竞争既有积极促进的作用，也有消极妨碍的影响。一方面公司合并可以优化企业的组织结构，实现规模经济，提高市场占有率，增强企业在市场上的竞争力；另一方面过度的合并会形成少数企业垄断市场的格局，从而妨碍了市场竞争。因而，公司合并会受到反垄断法的规制。各国的做法基本上也都是通过公司法之外的反垄断法来规制的。如美国的《谢尔曼法》、《克莱顿法》和《兼并指南》、日本的《禁止私人垄断及确保公正交易法》、德国的《反对限制竞争法》、欧盟的《欧共体企业合并控制法》等都有关于公司合并的规定。我国《反垄断法》中第四章“经营者集中”对公司合并中的反垄断问题进行了规制。

六、公司合并的案例

（一）上市公司利用资本市场进行合并

1998年上市公司清华同方吸收合并“挂牌公司”鲁颖电子，揭开了我国上市公司利用资本市场进行换股合并的大幕。在这次合并中，清华同方作为合并方，采用吸收合并的方式，合并被合并方鲁颖电子的所有债权债务及其他权益，合并完成后，鲁颖电子注销其法人资格。清华同方采用了向鲁颖电子股东定向增发新股的方式，以1:1.8的比例换取鲁颖电子股东所持股票；清华同方因合并而新增1 517万股，其中社会个人股956.7万股，社会个人股自股权变更登记之日起三年后上市流通，用增发的清华同方股票换取鲁颖电子股东所持有的股权，从而取得对鲁颖电子的控制权，完成将鲁颖电子资产并入清华同方的合并过程，鲁颖电子的原股东也变成清华同方的股东。这次合并案最大的创新之处是在于通过定向增发，以股换股方式完成。以股权作为对价，使清华同方避免了6 800万元的现金流出，为企业日后的经营创造了宽松的环境。①

（二）针对上市公司换股合并同时上市

2003年9月，TCL集团股份有限公司（以下简称“TCL集团”），作为合并方，采用吸收合并的方式，合并了TCL通讯股份有限公司（以下简称“TCL通讯”）。这次合并开

---

① “清华同方（600100）吸收合并山东鲁颖电子的启示”，http://new.cgws.com/cgi-bin/stock/Stock? function = forwardArticleContent&articleId = gsbd_ {8E32E5BC-9BE0-4A3D-BA40-3BE27C878048}，最后访问时间：2012年8月31日。

创了我国资本市场上针对上市公司换股合并并且同时上市的先河。此次并购对股东权益的保护制度很值得借鉴。第一，运用公开征集投票权制度，由独立董事向中小股东公开征集投票权，使无法出席股东大会的中小股东可以自主表达意见，确保公司重大问题决策的民主性，保障中小股东的合法权益；第二，采取股东大会催告程序，如果预计参会的股东所代表的股份比例不到流通股总数的50%，TCL通讯将发布公告，催告股东参加股东大会，督促股东积极参与决策；第三，采用控股股东回避表决制。TCL集团作为控股股东，在股东大会上表决时予以回避，将合并的决定权交给具有利害关系的流通股股东作出；第四，确立异议股东的特殊保护制度。异议股东在不愿意参加合并的情况下可以通过二级市场卖出股份而退出等。①

（三）上市公司之间的合并

2004年4月的上海第一百货商店股份有限公司（以下简称“第一百货”）和上海华联商厦股份有限公司（以下简称“华联商厦”）吸收合并项目是我国首例上市公司之间的成功合并。第一百货与华联商厦都是百联集团有限公司（以下简称“百联集团”）旗下的两家上市公司，百联集团则为国有独资有限公司。根据合并方案，第一百货吸收合并华联商厦，华联商厦将其所有已发行股份按比例折成第一百货股份，并于合并后注销其法人资格，合并后存续公司将更名为“上海百联集团股份有限公司”。此次合并方案的核心是“两个折股比例和一个现金选择权”。鉴于当时资本市场股权分置的现实，此次吸收合并区别非流通股和流通股确定了两个折股比例。对于不愿意换股的华联商厦股东，合并方案为股东还设计了一个现金选择权，股东可以将手中股票直接换成现金。此次合并项目的一个特点是，两个公司没有经过董事会提出各自的预案并进行谈判协商的过程，而是直接提出了一个共同的合并预案。②

第二节　公司的分立

一、公司分立的概述

（一）公司分立的定义

依照法律规定，公司无须经清算程序而将其营业分为两个或两个以上的部分，该公司相应转变为两个或两个以上的公司，此为公司的分立。自1966年《法国商事公司法》规

---

① “TCL集团股份有限公司吸收合并TCL通讯设备股份有限公司合并报告书”，http：//app.finance.ifeng.com/data/stock/ggzw/000542/11473259，最后访问时间：2012年8月31日。

② “第一百货吸收合并上海华联商厦股份有限公司合并报告书”，http：//business.sohu.com/20041116/n223012808.shtml，最后访问时间：2012年8月31日。

定公司分立制度以来，世界各国公司法大多规定了公司分离制度。但是各个国家对公司分立的具体形态有所差异。

《德国公司改组法》、《法国商事公司法》都没有明确地对分立作出定义，只对分立类型作出了规定。《欧共体第6号公司法指令》在区分分立类型时对分立作了定义，即分立是指一公司不经过清算程序而解散，其全部资产和负债转移给一家以上的公司，被分立公司的股东则取得继受公司的股份。我国台湾地区“公司法”对公司分立也无定义，只在其立法理由中解释到，该法中的“公司分立”是指一个公司将其经济上成为一个整体的营业部门的财产（含资产及负债），以对既存公司（即吸收分立）或新设公司（即新设分立）为现物出资的方式，而由该公司或其股东取得他公司新设发行或发行新股的股份，并由他公司概括承继该营业部门的资产或负债。与大陆法相比，美国的公司分立又有所不同，美国将分立过程分为两阶段：“第一阶段为设立子公司并转移部分营业至该子公司；第二阶段为以股票股利形式转移股权与股东。”①

在我国公司运作实践中，还经常看到公司转投资、资产剥离等概念。公司分离部分营业资产并折股成立新公司，是一般意义上的营业资产转让，属于公司的转投资行为。在转投资行为下，转让方转让部分营业资产，获得新设公司的股权，但其行为并不会会影响原公司的组织结构和公司的股东地位。资产剥离是指母公司或者控股公司将子公司、部门、产品生产线等出售给其他公司以取得现金回报，多数情况下的资产剥离都是给现存的其他公司，不会产生新的法律实体；而公司分立不一定会涉及现金交易，但肯定会产生一个或多个新的法律实体。

（二）公司分立的特征

公司分立的法律特征主要有以下几个方面：

（1）公司分立必须依照法律程序完成。公司分立必然涉及公司相关利益者的合法权益，为了维护分立交易过程的公平公正，保护相关利害人的权益，分立的过程必须符合法律规定的强制性条件和履行法律规定的程序。

（2）公司分立属于公司法上的组织变更行为，与单纯的交易法律行为不同。公司分立，在实践中除了涉及转移营业部门财产的物权与债权行为外，还可能涉及到组织设立行为，会使公司发生人格变动。此外分立的实行，还会发生财产承受与股东地位取得的效果。

（3）公司分立仅仅根据分立前公司的意思表示即可以生效。

（4）从客体角度考察，公司分立是公司将其营业财产的全部或一部作为出资，而由其他公司取得的企业组织行为。对于公司分立的客体，各国立法的规定并不一致，依据《欧共体公司法指令》，公司分立的客体是资产和负债。《德国公司改组法》规定，德国法

① 江平．法人制度论．北京：中国政法大学出版社，1994．

中的公司分立客体是作为整体的各个部分财产。依据《日本公司法》规定，其分立客体为全部或部分营业。我国台湾地区“公司法”认为分立客体也是营业，即经济上成为一个整体的营业部门的财产，包含资产及负债。因而，在学理上一般认为分立的对象并非是单纯的财产，而应当是营业。

（三）公司分立的意义

公司分立是公司发展中不可避免的现象。公司分立通过对公司资产的重组，使公司适应经营环境的变化，消除公司规模过大带来的负面影响，从而降低管理成本，提升公司整体竞争力。第一，从公司自身管理方面来说，公司分立有利于提高管理效率。具有多元化经营特点的公司将其经营活动按业务领域加以分割，成立业务不同的几家公司，彼此独立，既可分散风险，也可实现经营专门化，提高经营效率。第二，公司分立可以作为反击敌意收购的一种防御手段，公司在收购方采取行动前，通过公司分立的手段，以阻止收购方的收购。第三，公司分立也可以实现规避政府的行政管制的手段。比如美国的一些管制政策禁止母公司从事特定的商务活动，但却允许其子公司从事该活动。在这种情况下，公司会主动采取公司分立的手段。第四，公司分立可以作为避免反垄断法规制的手段。比如因国家反垄断法的规定，被强制要求分割公司，或者为避免违反国家反垄断法的规定而由公司自行分割业务，削减公司规模。

二、公司分立的种类

《法国商事公司法》最早在成文法中规定了公司分立的情形，后影响到其他大陆法系国家。按照这些国家成文法的内容，公司分立主要有以下两种情况：（1）消灭分立：消灭分立也称解散分立或者新设分立，是指一个公司解散，同时分立出两个以上的公司，比如A公司分立为B公司和C公司，A公司丧失法人资格。（2）存续分立：存续分立又称派生分立，指从原公司分出设立一个或几个新公司，原公司继续存在。比如A公司分立出B公司，但A公司自身仍然存在。这种划分方法主要体现在公司分立的法律效果上，《德国公司改组法》第123条也规定了该种划分方法。我国在学理上，也将公司法上的分立理解为这两种形式。①

美国比较常见的分立类型主要有股份偿还型公司分立（split-off）、母公司清偿型公司分立（split-up）、比例分配型公司分立（spin-off）。股份偿还型公司分立指原公司将某部门的营业或财产，以现物出资方式，移转给其他的既存子公司，从而取得子公司依分立程序而发行的全部股份，之后原公司需将该全部股份分配给股东；作为对价，股东将持有的原公司的股份返还给原公司，此时原公司办理减资手续。母公司清偿型公司分立是指母公司将全部的营业或财产，以现物出资的方式，分离移转给另外设立的数家新公司，取得各

① 江平，方流芳．新编公司法教程．北京：法律出版社，2001：151－152.

家新公司所发行之股份。之后母公司按股东的持股比例，将各家新公司的股份分配给给股东，同时母公司并办理解散清算而消灭。需要指出的是，《欧盟公司法第6号指令》第21条所规范之公司分立，原则上也是此种类型之分立。比例分配型公司分立指被分立公司将某部门的营业或财产，以现物出资的方式，分离移转给另设立的新公司，取得新公司所发行的股份，再按股东的持股比例，将新公司的股份分配给股东。

三、公司分立的程序

为了有效保护分立过程中各方当事人的合法权利，公司分立必须按照法定的程序进行。根据我国公司法的规定，公司分立的程序是：

（一）董事会提出分立方案

公司分立时，由参与分立的公司的董事会或执行董事提出分立方案。我国《公司法》第47条规定的董事会的职责中，其中一项是制订公司合并、分立、变更公司形式、解散的方案。分立方案拟定后，董事会应在股东大会会议召开之前按法定程序提前将合并方案通知给公司全体股东。

需要指出的是，我国现行《公司法》并没有规定公司分立时，分立方案应当记载的法定事项。①

（二）股东（大）会作出分立决议

同公司合并一样，公司分立属于公司重大变更事项，属于股东（大）会特别决议事项，分立方案必须经各股东（大）会以特别决议的形式表决通过。如我国台湾地区“公司法”第316条、《欧共体第6号公司法指令》第5条、《日本商法》第374条、《德国公司改组法》第125条等对此都有规定。我国《公司法》规定，股东（大）会作出公司分立的决议时，必须经代表2/3以上有表决权的股东通过，或者由出席会议的股东所持表决权的2/3以上通过。另外按照《公司法》第67条，国有独资公司的分立应由国资委决定，其中重要的国有独资公司分立时，应当由国资委审核后报本级人民政府批准。

（三）签署分立协议

分立各方董事会负责执行股东（大）会的决议，董事长或其授权代表为公司签署分立协议。

（四）编制资产负债表和财产清单

我国《公司法》第176条规定，公司分立应对财产进行分割，分立各方都须编制资产负债表和财产清单。

（五）公告债权人

现行《公司法》对1993年《公司法》中规定的关于公示公告程序作了和公司合并一

① 《关于外商投资企业合并与分立的规定》中规定了分立协议应当记载的事项。

样的修改，即公司分立决定作出后，应在10日内通知其各自的债权人，并于30日内在报纸上公告。值得注意的是，与公司合并不同，我国公司法没有规定公司分立时，债权人享有事前提出异议，要求公司清偿债务或提供担保的权利。

（六）办理公司分立登记

公司分立，应履行公司登记程序。按照我国《公司法》和《公司登记管理条例》的规定，在派生分立中，原公司的登记事项发生变化的，应该办理变更登记；分立出来的设立的新公司，应当依法办理设立登记。在新设分立中，原公司解散，办理注销登记，分立出来的设立的新公司，应当依法办理设立登记。

四、分立的法律效果

公司分立的法律效果主要表现在以下几个方面：

（一）公司人格的变化

公司的分立涉及公司主体的变更。（1）公司消灭。在新设分立中，被分立的原公司的法人资格自动丧失。（2）公司变更。在派生分立中，原公司的登记事的章程、股东、资产或股权结构等都发生变更，需要办理变更登记。（3）公司设立。在新设分立和派生分立中，均设立了新的公司。

（二）股东身份的变化

被分立公司的股东将成为存续公司或新设公司的股东，但是，如果股东对公司分立决议持异议，有权要求公司收购其所持的股权（股份）。

（三）权利义务的概括转移

公司分立将导致被分立公司的权利义务概括的转移给存续公司或新设公司。也就是说，公司分立前的资产和债务分别转移给存续公司或新设公司。这种转移不仅仅在被分立公司与存续公司或新设公司之间发生效力，对第三人也发生法律效力。同时，根据我国《公司法》第177条规定，公司分立前的债务由分立后的公司承担连带责任，但公司分立前与债权人就债务清偿达成的书面协议另有约定的除外。

五、对合并中各利益相关者的保护

公司分立的性质是公司分割其全部资产，存续公司或新设公司取得分离公司的财产，概括继承被分立公司的全部债权债务，这就决定了公司分立时应对债权人予以保护。同时，尽管公司分立是当事人自由意思的表达，但更多代表着多数股东的意志，因而，法律也规定了保护少数股东的程序和制度。

（一）保护债权人的合法权益

公司分立是分立公司的营业或资产，而公司是以其全部资产作为其债务的一般担保，对于债权人而言，分立使得作为债权的一般担保的公司资产发生变更，因而需要对债权人利益加以保护。

1. 告知制度

当公司进行分立时，应当按照法律规定，将分立相关事宜向社会公开，在报纸上进行公告。各国公司法关于分立制度普遍规定了信息告知制度，例如《欧共体第 6 号公司法指令》① 作了此规定。《日本公司法》第 789 条规定，公司应于股东会决议同意分立之日起 2 周内在政府公报上公告。我国《公司法》为保护债权人的知情权，在第 176 条也作出了类似的规定，即公司应当自作出分立决议之日起 10 日内通知债权人，并于 30 日内在报纸上公告。

2. 债权人异议制度

债权人异议制度，即如果债权人对公司分立提出异议，公司就有义务清偿债务或提供担保。比如《日本公司法》第 374 条规定，公司在股东会决议分立之日起两周内，需要在政府公报上公告公司债权人，在一定的期间内债权人有权对公司分立提出异议。《德国公司改组法》第 22 条规定，参与分立的公司在分立登记后，应当在公告之日起六个月内，告知债权人有提出异议的权利，对于提出异议的债权人，参与分立的公司应当予以清偿或者提供担保。我国现行《公司法》取消了 1993 年《公司法》中规定的债权人异议制度，目前仅规定了公告制度。

3. 连带清偿责任

连带清偿责任，指公司分立前的债务由分立后的公司承担连带责任。该制度突破了债权的相对性，使分立后的公司对公司分立前的债务承担责任，减小了债权人的风险。《德国公司改组法》第 133 条规定，公司分立后，新设公司或存续公司应当在公司分立生效之日起五年内，以公司分立时所承继的资产为限，与被分立的公司承担连带清偿责任。《欧共体公司法第 6 号指令》除赋予债权人享有告知权和异议权之外，明确规定了新设公司或存续公司应当在公司分立日起 5 年内，或在承继的资产限额内，与分立公司承担清偿责任。我国《公司法》也作出了相似的规定，即公司分立前的债务由分立后的公司承担连带责任。但是，公司法中又处处体现着公法与私法交织的性质，因此，对于这一连带责任，我国《公司法》也作了补充，即公司在分立前与债权人就债务清偿达成的书面协议另有约定的除外。

（二）保护中小股东的合法权益

公司分立可能会对公司未来的发展和股东的权益产生影响，因而，在公司分立中，如何保护中小股东的合法权益成为各国立法者关注的一个焦点问题。

---

① 请参阅“欧共体理事会基于《欧共体条约》第五十四条第 3 项第 7 目关于股份有限公司分立的第六号公司法指令（欧共体理事会 1982 年 12 月 17 日，第 82/811 条）”。

1. 知情权

为了让股东在股东（大）会表决时作出合理的判断，充分的信息披露和告知制度是十分必要的。我国台湾地区的“公司法”第 172 条和第 317 条规定，公司分立应于股东（大）会召集通知中列举，不得以临时动议提出。分立计划书应在通知召开股东（大）会的时候，一并发送给股东。《日本公司法》规定，除了在股东开会前，应将分立计划书发送给股东或债权人通知或公告外，还应当制作配发新股比率理由书、清偿债务能力说明书、被分立公司的资产负债表、损益表以及主要财产目录等财务报表，并备置在公司，以供股东或债权人等阅览或抄阅。《欧共体第 6 号公司法指令》规定，参与分立的公司应当至少在召开股东（大）会前一个月内，将公司分立协议告知各股东。对于股东的知情权，我国《公司法》规定，公司分立，应当编制资产负债表及财产清单，公司应当自作出分立决议之日起 10 日内通知债权人，并于 30 日内在报纸上公告。由此可见，我国《公司法》在公司分立信息披露告知制度上，没有明确规定股东的知情权，更倾向于偏重对债权人的保护。同时，我国《证券法》第 62 条规定：“发生可能对上市公司股票交易价格产生较大影响的重大事件，投资者尚未得知时，上市公司应当立即将有关该重大事件的情况向国务院证券监督管理机构和证券交易所报送临时报告，并予公告，说明事件的起因、目前的状态和可能产生的法律后果。下列事件为前款所称重大事件：……（九）公司减资、合并、分立、解散及申请破产的决定……”。然而，对公司分立进行公开的这一规定也仅仅适用于上市公司。

2. 股东请求回购股份的权利

同公司合并一样，在股东（大）会就合并、分立等重大事项进行表决前或表决时，如果有股东持对该决议持异议，可以请求公司按照合理的价格收购其股权。股东请求回购股份的制度一方面可以充分保护中小股东的权利，另一方面，对于公司来说，也可以提高公司经营决策的效率。我国《公司法》第 75 条和 143 条对此作出了规定。欧盟和美国对于公司分立也赋予了少数股东股份回购请求权，使得异议股东可以退出公司。我国台湾地区“公司法”也规定，公司进行分立时，股东如果不同意公司分立事项，以书面或口头表示异议，并且放弃表决权的，可以请求公司按照当时的公平价格，收购该股东持有的股份。

（三）职工利益的保护

公司分立会影响到职工利益，如果不能对职工问题进行妥善解决，很容易影响到公司的稳定经营。根据我国现行《公司法》的规定，公司合并中职工的利益保护制度主要包括：

1. 职工的建议权和知悉权

对于职工的这一权利，《欧共体第 6 号公司法指令》规定，公司的职工有权参与公司的经营与决策。在公司分立时，公司的职工也应当参与管理部门的决定中，或以股东身份参加股东（大）会。我国《公司法》虽然没有明确规定公司分立情形下，职工所享有建议权和知悉权，但第18条规定："公司研究决定改制以及经营方面的重大问题、制定重要的规章制度时，应当听取公司工会的意见，并通过职工代表大会或者其他形式听取职工的意见和建议。"这些规定的目的都在于规范、保障职工所享有的知悉权。

2. 劳动关系的继承

关于劳动合同关系的继承，公司分立和公司合并一样，各国法律的规定主要有两种立法模式。一种是直接继承模式，规定分立后存续公司继承原公司与其职工的劳动合同。另一种是间接继承模式，即法律不直接规定劳动合同的承继，而是在劳动合同解除方面予以限制，间接规定了职工权益的保护问题。我国《公司法》对此未作明确的规定，但其他法律中有相关规定。如《劳动合同法》第34条规定，用人单位发生合并或者分立等情况，原劳动合同继续有效。劳动合同由承继其权利和义务的用人单位继续履行。由此可以看出，公司分立时公司有义务安置其职工。

本章小结

公司合并与分立是近几年发展较快的一个公司制度，也是具有很强的实践操作性的领域。同时，公司合并与分立对于现代化公司实现优化产业结构和企业组织结构的目标具有重要的现实意义。

新设合并是指两个或两个以上公司按协议合并，并于合并后设立一个新公司的为新设合并，合并前的各家公司解散，所有合并方均丧失法人资格。如果合并前各家公司的股东未在合并之时退出，即成为新公司的股东。

两个或两个以上公司按协议合并，一个公司吸收其他公司的为吸收合并，被吸收的公司解散，吸收他公司的为存续公司。公司分立是指公司无须经清算程序而将其营业分为两个或两个以上的部分，该公司相应转变为两个或两个以上的公司。公司分立总会涉及一个或一个以上新公司的成立。

公司合并与分立是公司发展过程中都可能遇到的形态变化。对于公司合并与分立的立法规制，都涉及必要的法定条件与程序，目的是保护公司、股东、公司债权人的合法权益，比如，对异议股东立法提供的股份回购的请求权。

近年来，随着反垄断法的实施，对于公司合并可能带来的经营者集中的问题，也使得公司合并反垄断审查成为了必然。

重要概念

新设合并、吸收合并、合并程序、分立、分立程序、债权人异议制度

同步测练与解析

一、不定项选择题

1. 我国上市公司发生（　　）时须作出公告。

A. 合并　　B. 分立　　C. 减资　　D. 裁员

2. 存续分立又称为（　　）。

A. 派生分立　　B. 消灭分立

C. 比例分配型公司分立　　D. 股份偿还型公司分立

3. 某两家有限责任公司决定合并，应在合并协议作出之日起（　　）日内通知各自的债权人。

A. 5　　B. 10　　C. 20　　D. 30

4. 某股东不同意其所投资的公司与另一家公司的合并决定，他希望公司回购他的股份，这一请求应在公司股东大会决议之日起（　　）日内提出。

A. 30　　B. 45　　C. 60　　D. 90

5. 在公司合并的情形下，可能发生以下法律意义上的变化的是（　　）。

A. 公司法人格消灭　　B. 新公司成立

C. 公司办理变更登记　　D. 公司清算

二、简答题

公司的吸收合并与新设合并的差异。

三、论述题

如何理解在公司合并与分立中保护债权人的制度设计理念？

四、案例题

甲、乙两家有限责任公司的董事会在近两年的时间里一直洽商两家公司的合并事宜，最终征得两家公司的主要股东同意，合并协议得以顺利签署。双方一致同意：合并后的公司以乙公司的房地产开发业务为主，对两边的业务、资产以及人员进行重新组合。原甲公司的流动资产和一部分营销人员都转入房地产业务部。因为对合并后的前景不乐观，原甲公司的大部分业务骨干已经在两年中纷纷离职，造成甲公司的业务急剧萎缩。合并后，新公司拟终止原甲公司的业务并解聘部分职工。甲、乙之间的合并遭到两家公司的部分小股东、原甲公司的贷款银行和职工的反对。请问：结合我国《公司法》以及其他相关法律的规定，此两家公司的合并过程有哪些方面不符法律规定？

参考答案

一、不定项选择题

1. ABC 2. A 3. B 4. C 5. ABC

二、简答题（略）

三、论述题（略）

四、案例题

应考虑以下几个方面：

（1）合并的法定程序包括，合并协议应征得两家公司的股东会同意，必须经代表2/3以上有表决权的股东通过，主要股东同意不等于股东会决议。

（2）通知债权人。各参与合并公司应当自作出合并决议之日起10日内通知其各自的债权人，并于30日内在报纸上公告。债权人自接到通知书之日30日起，未接到通知书的自公告之日起45日内，可以要求公司清偿债务或者提供相应的担保。债权人在此期间内未提出异议的，视为承认合并。

（3）职工利益的保护。用人单位发生合并或者分立等情况，原劳动合同继续有效。劳动合同由承继其权利和义务的用人单位继续履行。

第七章

CHAPTER SEVEN

公司的解散与清算

学习目标

通过本章的学习，掌握解散与清算的关系、公司解散的不同划分标准、公司清算的法定程序及债权人的救济途径。

重点难点提示

- 公司解散的定义
- 公司解散的理由
- 公司清算的定义、特点与分类
- 公司僵局的形成原因与处理办法
- 公司清算人的义务与责任
- 公司资产的分配顺序

第一节 公司的解散

一、公司解散的概述

公司作为法律拟制的“人”，是我国市场经济发展中最重要的民事主体之一。尽管在理论上，公司具有永久存续性；然而，公司在实践中有时会因为各种原因而退出市场。公司解散和清算制度关系着公司正常退出市场，关系着债权人、股东合法权益的保护，同时也关系着我国市场经济的稳定发展。

（一）公司解散的概述

公司解散是因法律规定或章程约定的事由发生，导致公司法人格消灭的过程。一旦出现公司解散的事由，公司就进入了特殊的法律状态，公司的法人格并未立即消失，只有完成清算程序并缴销公司的营业执照或法人资格证书，公司才归于消灭。可见，公司解散事由的出现，只是公司走向消亡的起点。只有履行了法定的解散程序，公司法人格才终止。

要想更准确地界定公司解散的概念，必须先厘清“公司解散”和“公司清算”之间的关系。对于二者的关系，各国立法主要采用了两种不同的立法模式，即“先算后散”模式和“先散后算”模式。英国是“先算后散”模式的代表，即公司必须完成清算之后才能解散。比如根据《英国破产法》的规定，在自愿清算的场合，一旦清算人将最后的报告和收入递交给登记处，从登记一开始3个月期满后，公司就被认为解散了，除非法院根据清算人或任何其他出庭的相关人的申请发出推迟解散日期的命令。在这种立法体例下，公司解散和公司人格消灭紧密相连。多数大陆法国家采取了“先散后算”的模式，即公司先宣布解散，再进行清算，比如德国和日本。在这种模式下，公司解散只是构成公司进入清算的原因，清算终结后，公司方进行注销登记。

根据我国《公司法》第184条的规定，公司应当先宣告解散，然后进行清算，采取了“先散后算”的模式。在这种模式下，我国公司解散具有以下特征：

1. 公司的解散基于一定的事由而发生

公司解散的事由一般包括公司章程的规定、出资者的意志、法律的直接规定或行政机关的命令等等。

2. 解散中的公司依然存续

在公司宣告解散后，法律视公司的法人格仍然存续。但是，公司的正常经营活动必须停止，公司只能依法从事特定目的（消灭公司）的活动。为了便利此目的的实现，公司的法人格是由法律在一段期间内继续赋予公司的。我国《公司法》第187条规定，清算期间，公司存续，但不得开展与清算无关的经营活动。与1993年《公司法》第195条相比较，增加了“公司存续”的规定，此次规定也是我国第一次从立法上明确了解散后公司的法律性质和地位，即公司法人资格依然存续，只是导致公司丧失营业资格，权利能力受到限制。

3. 公司解散是公司法人资格消灭的原因

我国采用了“先散后算”的立法模式，公司解散是公司清算的原因，公司清算是公司解散的后果。而公司清算的后果是公司终止。公司解散只是引起公司最终消灭的前置性法律程序。

（二）公司解散与公司终止

公司终止是指公司停止其存续状态，法人资格消灭，是公司在实体上的消灭。我国《公司法》第189条规定，公司清算结束后，清算组应当制作清算报告，报股东会、股东大会或者人民法院确认，并报送公司登记机关，申请注销公司登记，公告公司终止。由此可以看出，公司解散并不意味着公司的终止，公司终止要经过清算程序并以注销登记为其外在标志。

二、公司的解散事由

按照解散事由是否必然导致公司解散的效果，可将解散事由分为绝对解散事由和相对解散事由，分述如下：

（一）相对解散事由

相对解散事由也被称为“任意解散”事由，是指公司基于自己的意志（公司章程、股东会决议）而解散公司。这种解散属于公司的自愿行为。根据各国的立法规定，相对解散的具体事由包括：

1. 公司章程规定的解散事由出现

（1）公司章程规定的经营期限届满。公司在理论上具有永续性，因而大多数国家的公司法一般都没有对公司的存续期限设置限制，但是规定公司章程可以对公司经营期限作出规定。当然，仍有一些国家的公司法对公司存续时间作出强制性规定，比如《法国商事公司法》规定公司经营期限不得超过99年。在我国，公司法并没有对公司营业期限作出规定[①]，公司经营期限属于公司章程的任意记载事项。只有公司章程的规定经营期限届满，公司又没有通过修改公司章程延长经营期限的，公司即可解散。很多国家的立法都将经营期限届满作为公司解散的原因。《日本公司法》第404条规定当公司章程规定的公司

---

① 需要特别说明的是，我国《中外合资经营企业法》作出了特别的规定。根据合营企业的不同，有关法规对合营期限作了分类规定，即有的行业应当约定合营期限，有的可以约定也可以不约定合营期限。对于约定合营期限的，如果各方同意延长，应当在合营期满6个月前向审批机关申请延期；期满前未申请延期的，合营期限一届满，公司即宣告解散。

存续时间到期时，公司解散。《德国股份法》第260条也将章程规定的时间期满作为公司的解散事由。

（2）公司章程规定的其他解散事由出现。公司章程规定的其他的解散事由一般是公司章程相对必要记载事项，可包括公司经营目的无法实现或者已经实现，经营条件发生重大变化等等；一旦章程中所规定的解散事由出现，公司宣告解散。

2. 公司股东（大）会特别决议解散的

公司法规定，公司股东（大）会有权通过决议解散公司，也体现了公司法具有私法性质的一面。公司可以依照股东的意志而设立，当然也可以依照股东的意志而解散，只是公司的解散决议必须采用特别决议方式，而非简单多数决的普通决议方式。《德国有限责任公司法》规定，公司解散至少应由代表公司资本3/4的多数股东同意，公司章程可以规定更高的资本多数和其他条件。《日本公司法》第309条的规定，股份有限公司的解散决议，须由在该股东大会上可行使表决权的过半数的股东出席，并以出席会议的股东2/3以上多数表决权通过。我国《公司法》规定，有限责任公司作出公司解散的决议，必须经代表2/3以上表决权的股东通过。国有独资公司的解散必须由国有资产监督管理机构决定，重要的国有独资公司解散，还须由国有资产监督管理机构审核后，报本级人民政府批准。股份有限公司作出解散公司的决议的，要经出席会议的股东所持表决权的2/3通过。

3. 公司合并、分立需要解散的

在公司合并、分立情况下，并非任何形式下的参与合并和分立的公司都需要解散。在公司吸收合并中，吸收公司合并，被吸收公司解散；在新设合并中，合并各方解散。在公司分立中，采取派生分立模式的，不存在公司解散的问题；在新设分立中，原公司解散。公司的合并和分立都是公司股东（大）会经过特别决议表决通过的，因此，本质上属于自愿解散的范畴。无论是合并还是分立所导致的解散，都不必经过清算程序。

（二）绝对解散事由

绝对解散事由，又称强制解散或法定解散，它不是因公司自己的意志，而是按照法律规定、法院判决或者行政主管机关做出的行政处罚决定而导致公司解散。强制解散事由主要包括两个方面：

1. 行政解散

行政解散，指由于公司违反法律或行政法规中的强制性规定，为了维护经济秩序，行政主管机关作出行政处罚决定而解散公司。我国《公司法》第181条规定的解散事由之一“依法被吊销营业执照、责令关闭或者被撤销”，即为行政解散。同时，我国《公司法》第199条规定，公司违反公司法的规定，虚报注册资本、提交虚假材料或者采取其他欺诈手段隐瞒重要事实取得公司登记的，情节严重的，撤销公司登记或者吊销营业执照。该规定也属于行政解散。在我国，除了公司法之外，其他多个部门法中也规定了“责令公司关闭、撤销公司登记或吊销营业执照”的行政处罚，如《环境保护法》、《反不正当竞争法》、《水污染防治法》等等。

《美国示范商事公司法》也规定了行政解散。其规定在下列情形下，州务卿可以行政方式解散公司：公司依法应交的特许税及罚款在到期后 60 天内不予支付；到期后 60 天内公司未向州务卿送交年度报告书；在 60 天内公司未在本州设注册代理人或注册办事处；在注册代理人更改或辞职，注册办事处更改或停止办事后 60 天内未通知州务卿；公司组织章程规定的经营期限届满的。州务卿确认公司存在上述一项或多项解散公司的根据时，事先应向公司发出整改通知书。如果公司不予改正或无法说明解散根据不存在，便可以签发一份解散证书，该证书载明解散根据及生效时间、证书原件归档，副本送交公司，解散便告完成。

2. 司法解散

我国《公司法》第 183 条规定：公司经营管理发生严重困难，继续存续会使股东利益受到重大损失，通过其他途径不能解决的，持有公司全部股东表决权的 10% 以上的股东，可以请求人民法院解散公司。我国《公司法》的这一规定即为“公司司法解散制度”，它赋予适格股东以权利，可以请求法院或仲裁机构解散公司。这一规定的立法价值在于，当公司出现僵局时，为股东（尤其是中小股东）提供一个法定的退出机制，以防止大股东滥用“资本多数决”所带来的问题，但同时在运用这一制度的时候，又要防止股东诉权的滥用。

三、公司的司法解散

公司司法解散制度源于英国，通过英美法系的判例而不断完善、成熟。英国的司法解散制度基于《英国破产法》中的“正义与衡平清算”制度而发展起来。在“正义与衡平清算”制度下，如果公司正在或已经或将要对对公司成员的整体利益或部分成员的利益造成不公平的损害，公司成员可以向法院提出申请，解散公司，分配公司的剩余财产。而法院为了谨慎行事，认定当公司发生以下情形时，解散公司是正当与公平的：（1）公司行为违反小股东的基本权利和合法期望；（2）公司经营超越章程和章程细则所规定的范围或公司设立的目的已无法实现；（3）公司实际上是大股东、董事谋取个人利益的“工具”。之后，美国、日本、德国、韩国和我国台湾地区的公司法也作出了类似的规定。我国《公司法》第 183 条的规定确认了我国司法解散制度，最高人民法院《公司法司法解释（二）》则细化了我国司法解散制度的适用条件和程序。

（一）公司司法解散事由

公司司法解散制度，体现了国家公权对私权的适度干预，也再次体现了公司法兼具公法与私法的这一性质。尽管公司司法解散制度能够很好地保护中小股东的权益，但是由于公司解散会深刻影响到公司相关利益者的切身利益，因而，我国《公司法》对公司司法解散的适用要件作出了严格的规定。

1. 公司经营管理发生严重困难

何为公司的经营管理？严重困难的具体判断标准又如何界定？2008 年 5 月 12 日发布的《公司法司法解释（二）》对经营管理发生严重困难明确列举了四种情形：（1）公司持续两年以上无法召开股东会或者股东大会，公司经营管理发生严重困难的；（2）股东表决时无法达到法定或者公司章程规定的比例，持续两年以上不能作出有效的股东会或者股东大会决议，公司经营管理发生严重困难的；（3）公司董事长期冲突，且无法通过股东会或者股东大会解决，公司经营管理发生严重困难的；（4）经营管理发生其他严重困难，公司继续存续会使股东利益受到重大损失的情形。从上述规定中不难看出，这四种情形主要体现的是股东僵局和董事僵局所造成的公司经营管理上的严重困难，公司内部发生矛盾，公司人合性的丧失，从而导致公司处于事实上的瘫痪状态，公司治理结构完全失灵，公司的继续存续将会给股东利益带来重大的损失。在这些情形下，应当赋予股东提起解散公司诉讼、保护自身合法权益的救济渠道。这四项事由，一方面是受理解散公司诉讼案件时法院进行形式审查的依据，另一方面也是判决是否解散公司时实体审查的标准。①

但是同时，为了避免司法解散诉讼权的滥用，《公司法司法解释（二）》明确规定，股东以知情权、利润分配请求权等权益受到损害，或者公司亏损、财产不足以偿还全部债务，以及公司被吊销企业法人营业执照未进行清算等为由，提起解散公司诉讼的，人民法院不予受理。

针对公司僵局作为司法解散的事由，国外公司法也作出了类似的规定，《德国有限责任公司法》第 61 条规定，如果公司所追求的目的不可能达到，或者公司经营情况出现严重困难或公司经营出现的其他应予解散的重大事由，公司可以通过法院的判决而解散。《日本有限责任公司法》第 71 条规定，公司业务执行遇到显著困难，使公司发生不可恢复的损害，或损害之虞等，可向法院申请解散公司。上述规定中解散公司的事由都包括公司僵局的情形。《美国示范商事公司法》第 14 章也规定了公司司法解散的情形，其中很重要的便是股东会僵局和董事会僵局：（1）董事在经营公司事务中已经陷入僵局，而股东不能打破该僵局，并且由于该僵局的出现，该公司很可能要遭受或正在遭受损害，或者由于僵局，公司的经营业务不再以有利于股东利益的方式而运作；（2）公司股东在行使投票权方面已经陷入僵局，且在至少两次连续召开的股东年会的期限内，未能为任期届满的董事选举出继任者。

2. 公司继续存续会使股东利益受到重大损失

公司资合性的这一性质实质上是，各个股东共同出资形成独立的公司法人财产，股东的财产权在出资后转化为收益权，如果公司的存续而使股东受到重大损失，那么股东投资公司获利的期望也无法实现，公司资合性的这一性质也必然丧失。另外，此处的“重大

---

① 规范审理公司解散和清算案件——最高人民法院民二庭负责人答本报记者问．人民法院报，2008－05－19.

损失”是相对于“一般损失”或“轻微损失”而言的，这一规定也体现着我国司法对于解散公司这一重大事项的谨慎态度。

需要说明的是，在我国公司司法解散制度中，股东利益受到重大损失的主要原因是指公司僵局，而英美国家所规定的原因更为宽泛，一般还包括大股东滥权、股东压迫等原因。《美国示范商事公司法》规定的司法解散事由中包括：（1）董事或控股股东已经或正在或将会以非法的或欺诈的方式而行事；（2）公司资产正被滥用或浪费。《日本公司法》中规定的司法解散事由如下：（1）基于非法目的设立公司；（2）公司无正当理由，自成立之日起一年之内未开始其事业，或连续一年以上休业时；（3）业务执行董事、执行官或业务执行股东，实施超越或滥用法令或公司章程规定的公司权限的行为，或者触犯刑罚法令的行为的场合，尽管受到法务大臣的书面警告，但仍继续或反复实施该行为。

3. 通过其他途径不能解决

这个要件的目的在于，司法机构在宣告公司解散之前，应对用尽其他的、能够维护中小股东和公司利益的救济措施，而非轻易地赋予股东通过司法程序强制解散公司的权利，从而使公司能够通过自治的方式实现继续运行的目的，也符合公司永久存续性的特点。然而，对于何为“通过其他途径不能解决”，司法解释没有再作解释。人民法院可能更多的是形式审查。对于起诉股东而言，其声明应归结为其已经采取了能够采取的其他方法而不能得到解决，“不得不”寻求司法救济的表述，该前置性程序的意义更多在于其导向性。[①]

（二）公司司法解散的当事人

1. 原告

由于司法的被动性，我国法院必须要基于特定请求权主体的请求才可以介入公司解散纠纷，而不能采取主动的方式直接介入公司事务对公司解散纠纷进行裁判。因而，究竟哪些主体拥有解散公司的请求权便是我们启动公司解散程序的一个关键所在。

国外司法解散的立法中，适格原告的范围较广。根据《英国公司法》及《英国破产法》的规定，以下人员可以请求法院强制解散公司：公司、公司的债权人、对公司债务负连带清偿责任的（多为公司之前和现在的公司股东）、任何债权人）、在公司自动停止营业或者法院监督下停止营业时的财产管理人、贸易部、检察长。《美国示范商事公司法》规定的有权提起解散公司的申请人包括公司、股东、债权人、检察长。德国相对来说，采取了保守的态度，对股东的资本额进行了规定，其《有限责任公司法》规定有权提请法院解散公司的股东的资本额须占公司总资本额的比例规定在1/10以上。而《日本公司法》受美国的影响，因而其申请解散的主体的规定与德国相比则更为广泛，涵盖法务大臣、股东、债权人及其他利害关系者。另外，我国台湾地区的“公司法”规定提请解散之诉的申请人只能是股东，同时法律针对不同公司类型，对可以提请解散的股东也进

① 规范审理公司解散和清算案件——最高人民法院民二庭负责人答本报记者问．人民法院报，2008-05-19.

行了分别立法。无限公司、两合公司及有限责任公司均没有股东人数、出资额以及加入公司期间的限制，只要具备公司股东资格，便依法具有提请法院解散公司的权利。但是，就股份有限公司的股东而言，却必须连续6个月以上持有已发行股份总数10%以上的股东，才有权提出声请。

与国外及我国台湾地区相关立法相比，我国《公司法》对请求权主体范围的规定较窄，也更为保守。我国《公司法》将司法解散请求权的主体限于持有公司全部股东表决权10%以上的股东，《公司法司法解释（二）》进一步解释为“单独或合计持有公司全部股东表决权百分之十以上的股东”，即不管是单独的股东还是多名股东，只要持有的表决权达到公司全部表决权10%以上，就可以在发生公司司法解散事由的情形下，向法院提起公司解散之诉。

2. 被告

《公司法司法解释（二）》第4条规定，股东提起解散公司诉讼应当以公司为被告。原告以其他股东为被告一并提起诉讼的，人民法院应当告知原告将其他股东变更为第三人；原告坚持不予变更的，人民法院应当驳回原告对其他股东的起诉。国外立法中也多以公司作为司法解散诉讼的被告。比如《德国有限责任公司法》第61条规定，司法解散之诉应当指向公司。《日本公司法》规定，在公司解散之诉中，公司应当作为被告。

至于为什么公司是适格的被告，我国最高人民法院曾作出过解释。解散公司之诉在性质上属于变更之诉，它变更了股东和公司之间的出资与被出资的法律关系，因此，股东请求解散公司诉讼的被告应当是公司。而股东之间的出资协议随着公司的成立已经履行完毕，不存在解除出资的问题，因此其他股东不应作为解散公司诉讼案件的被告。①

（三）公司司法解散的管辖

司法解散案件的管辖主要涉及两个方面：一是地域管辖；二是级别管辖。对于地域管辖，一方面要考虑到便于当事人参加诉讼和法院行使管辖权，另一方面还要尽可能地保证案件的公正审判，维护各方当事人的合法权益。我国《公司法司法解释（二）》规定，解散公司诉讼案件由公司住所地人民法院管辖。公司住所地是指公司主要办事机构所在地。公司办事机构所在地不明确的，由其注册地人民法院管辖。之所以将被告所在地，即公司所在地法院作为管辖法院，一方面方便法院审理的顺利进行，另一方面也节约了诉讼成本。国外公司法中，对于司法解散诉讼一般都有专属管辖权的规定。如《德国有限责任公司法》第61条规定，司法解散诉讼由公司住所所在辖区的州法院专属管辖。《日本公司法典》第835条规定，有关公司组织之诉，专属管理被告的公司的总公司所在地的地方法院管辖。美国明尼苏达州的立法则规定，司法解散诉讼应向公司注册办公所在地的县级法院提起。

① 规范审理公司解散和清算案件——最高人民法院民二庭负责人答本报记者问. 人民法院报，2008-05-19.

就级别管辖而言，主要考虑的是诉讼标的额和各级人民法院的职能及工作量的均衡问题。一般来说，公司解散案件会涉及较多的程序性的事务，因而管辖的法院最好能够和公司住所地处于同一行政辖区。我国《公司法司法解释（二）》规定，基层人民法院管辖县、县级市或者区的公司登记机关核准登记公司的解散诉讼案件和公司清算案件；中级人民法院管辖地区、地级市以上的公司登记机关核准登记公司的解散诉讼案件和公司清算案件。国外关于公司解散的级别管辖，也都直接作出了规定。在美国各州立法中，司法解散诉讼一般向县级法院提出。如明尼苏达州立法规定，司法解散诉讼应向公司注册办公所在地的县级法院提起。《德国有限责任公司法》第61条规定，司法解散诉讼由公司住所地的州法院管辖。

（四）调解

《公司法司法解释（二）》规定，人民法院审理解散公司诉讼案件，应当注重调解。当事人协商同意由公司或者股东收购股份，或者以减资等方式使公司存续，且不违反法律、行政法规强制性规定的，人民法院应予支持。当事人不能协商一致使公司存续的，人民法院应当及时判决。经人民法院调解公司收购原告股份的，公司应当自调解书生效之日起六个月内将股份转让或者注销。股份转让或者注销之前，原告不得以公司收购其股份为由对抗公司债权人。

从以上司法解释中可以看出，人民法院在审理解散公司诉讼时特别注重调解。这是因为，一般情况下，只要公司没有违反法律强制性规定，在其非自愿解散时，公权力机关应尽可能不去强制其解散，这也符合公司永久存续性的特点。因而，当出现公司股东僵局或董事僵局时，只要还有其他途径能够解决僵局问题，应尽可能采取其他方式解决，从而使公司免于遭受解散。这也是《公司法》第183条规定“通过其他途径不能解决”时，股东才有权申请司法解散公司的原因所在。而且，即使股东依法诉诸人民法院，法院仍有必要通过公权力的介入，尽可能鼓励股东协商解决矛盾，避免使用公司解散的方式，从而一方面解决了公司僵局问题，另一方面又维系了公司的正常运行。

外国的立法中，尽管没有强调法院调解的方式，但各国对公司司法解散均采取小心、谨慎的态度，纷纷规定了其他的替代解散措施的救济手段。在英国，法庭最经常使用的替代性救济措施就是颁发命令，要求公司或公司股东购买存在争议一方所拥有的出资或股份。《美国示范商事公司法》规定的替代性救济方法主要有非司法性和解、仲裁、任命临时董事、任命临时监管人等，其中以股份强制回购制度最为常用。德国法院在司法实践中，创设了公司股东的退出制度和除名制度两项替代性救济制度。退出制度是指在一定条件下，股东可以要求退出公司并要求公司支付相应的补偿金的制度。除名制度，即当某股东本身存在着重要问题，公司其他股东或者公司难以继续容忍该股东在公司的存在，而又没有更好的办法解决问题，那么其他股东或者公司有权要求该股东向其他股东或公司出售股份，并予以除名的制度。日本规定了反对股东股份回购请求权制度和股东退股制度。我国台湾地区也规定了股东退股权制度、除名制度、股东出资转让制度、和反对股东的股份回购请求权制度以及选任公司临时管理人的制度等，以上方法均可以在法官自由裁量的基础上作为公司司法解散的替代性救济加以适用。

（五）保全

《公司法司法解释（二）》规定，股东提起解散公司诉讼时，向人民法院申请财产保全或者证据保全的，在股东提供担保且不影响公司正常经营的情形下，人民法院可予以保全。

司法解散程序的启动虽然并不一定会导致公司清算，但是，股东提起解散公司诉讼是基于股东之间或董事之间的僵局，因而只要启动司法解散程序，公司就有可能走向清算。为了确保公司清算程序的顺利进行，防止公司或者实际控制人恶意隐匿或者处分公司资产，同时为了保护公司、股东、债权人及其他利害关系人的合法权益，法院可以进行财产保全，只要股东提供了担保并且不影响公司的正常运行。从国外立法、司法来看，无论是英美法系主要国家还是大陆法系主要国家在公司司法解散立法和司法实践中，都非常注意对公司财产的保全，以保证将来公司强制清算的顺利进行和股东利益的保护。

《英国公司法》非常注意对涉案公司财产的保全及其对其营业的维持。在法院审理公司解散案件前，公司、债权人、公司股东都可以向法院提出请求，要求法院在审理前委派一个临时清算人以维护公司的资产。在美国公司立法、司法中，法院有权任命接管人或者监管人，以更好地保全公司财产和维持公司的营业。根据《美国示范商事公司法》第 14 章的规定，在司法解散公司的程序中，法院可以指定一个接管人或者监管人，采取必要的行动和措施以保全公司的资产，直到法院对案件审理结束为止。日本法律规定，在公司司法解散程序中，法院可以依照法务大臣、股东、债权人及其他利害关系人的申请或依职权，指定一名管理人，对公司的财产进行保全或处分。

（六）判决效力

《公司法司法解释（二）》第 6 条规定，人民法院关于解散公司诉讼作出的判决，对公司全体股东具有法律约束力。人民法院判决驳回解散公司诉讼请求后，提起该诉讼的股东或者其他股东又以同一事实和理由提起解散公司诉讼的，人民法院不予受理。因此，人民法院就是否解散公司作出的生效判决对参加诉讼的当事人和未参加诉讼的公司其他股东具有当然的既判力，既及于参与诉讼的各当事人，还及于当事人之外的与公司存在利害关系的第三人。这是因为，一方面公司司法解散之诉属于形成之诉，而形成之诉具有对世效力。另一方面，公司具有团体性的特征，即使仅有某一个股东提起解散之诉，但判决结果必然影响到公司、其他股东、董事、监事、高管人员和职工等。对于涉及公司诉讼的判决效力，《日本公司法典》第 838 条也作出了类似的规定："认可有关公司组织的诉讼请求的生效判决，对第三人也产生效力。"

如果法院判决驳回原告股东的诉讼请求的，因为人民法院对原告据以提起解散公司的具体事实和理由已经作出了生效判决，在其据以主张解散公司的事实和理由不能得到法院支持的情况下，根据一事不再理的原则，提起该诉讼的股东和公司的其他股东不能再以相同的事实和理由向人民法院提起诉讼请求解散公司。需要注意的是：之所以将“提起该诉讼的股东”和“公司其他股东”分别列举表述，意在强调对其他股东的法律约束力，即人民法院判决驳回原告股东的诉讼请求后，不仅该原告股东不得再以同一事实和理由提起解散公司诉讼，其他公司股东亦不得再以同一事实和理由提起解散公司诉讼。①

第二节　公司的清算

一、清算概述

公司清算制度作为公司法人格存续的最后阶段，对于能否有效保护股东、债权人及利益相关人的权益，能否使公司顺利退出市场，维护市场经济秩序的流畅都有着十分重要的意义。

（一）清算的概念

除了公司合并、分立和破产（破产有专门的破产清算程序）外，公司因其他事由进入解散状态，必须履行清算程序。公司清算是指公司依法解散后，公司清算主体按照法定方式、法定程序对公司的资产、债权债务、股东权益等公司的具体情况进行处置，清理公司债权债务，处理公司财产，清理公司尚未了结的事务，并最终消灭公司法人资格的一种法律行为和程序。

（二）清算的特征

1. 公司清算发生在公司解散之后

公司宣布解散之后，才得以进入清算程序。公司解散事由的发生是公司清算的前提，公司完成清算是公司终止必经的法定阶段（合并、分立和破产事由除外）。

2. 公司清算需遵守严格的法定程序

公司清算要处理公司一系列的法律关系，如公司与债权人之间的债务清偿关系、公司与其债务人之间的债权实现关系、公司与雇员之间的劳动法律关系、公司与国家之间的税收法律关系、公司与股东之间的剩余财产分配关系等等。因而，公司清算涉及众多主体的切身利益，需要遵守严格的法定程序。

---

① 规范审理公司解散和清算案件——最高人民法院民二庭负责人答本报记者问．人民法院报，2008－05－19．

3. 公司清算具有双重目的

一方面，公司清算通过清理债权债务，处分公司剩余财产，实现终止公司，消灭其法人资格的目的。另一方面，通过公司清算程序，可以防止公司恶意逃避债务、转移资产等行为，以保护公司债权人、中小股东、公司雇员等相关利益者的合法权益。最后，通过清算程序，实现公司法上各种利益关系主体之间的利益平衡。

二、公司清算的分类

（一）任意清算和法定清算

按照公司清算是否依照法定程序，可以将公司清算分为任意清算和法定清算。

任意清算是指公司不依照法定程序，而是按照股东的意志和公司章程的规定来了结公司事务，清偿公司债务，分配公司财产。任意清算适用于无限公司、两合公司等股东承担无限责任的公司。因为这些公司的全部或部分股东承担无限责任，即使债权人不能从公司的财产中获得全部清偿，也可以在公司终止之后要求股东对其承担清偿责任，债权人实现债权的保障比较充分，因而，在任意清算的场合，可以不按法律规定的方式进行清算。因为我国不存在此类公司，因而不适用任意清算。

法定清算指公司清算的程序必须按照法律的规定进行。法定清算适用于任何公司，但资合公司只能进行法定清算。其原因在于，在资合公司中，股东承担有限责任，公司资产是债权人债权得到清偿的唯一担保，因此，此时立法排除了完全按照股东意志进行的任意清算，而要求清算必须严格按照法定的程序进行，以防止股东滥用有限责任原则，损及债权人的利益。

《日本商法典》中明确规定了任意清算和法定清算的两种模式。德国尽管没有明确规定这二者的划分，但其实在立法上也承认任意清算和法定清算的分类。但从各国立法来看，大多数国家都采取了法定清算的模式，要求公司依照立法给出的明确规则进行清算，保证清算的有效进行。

（二）自愿清算和强制清算

根据清算的启动是否基于股东自愿，可以分为自愿清算和强制清算。

自愿清算是指由股东（大）会主动要求对公司债权债务进行处理，进入清算程序，适用自愿清算的一个条件是股东必须保证在一定的时间内偿还所有的债务，否则司法权将对清算程序进行干预，不适用自愿清算的模式。强制清算是指当出现法律规定的事由时，由公司或其债权人向法院提出申请，人民法院决定对公司强制解散，进入清算程序。

英国公司法采取了和大陆法系国家不同的分类模式，将公司清算分为自愿清算和强制清算两类，其中自愿清算又分为债权人自愿清算和股东自愿清算。

（三）普通清算和特别清算

按照清算组组织方式和对债权人保护的不同，法定清算又分为普通清算和特别清算。

普通清算，是指公司自行组成清算机构进行清算。在普通清算中，公司资产一般都具有偿还其所有债务的能力，所以法院并不直接干预其清算事务，仅进行一般性监督。我国《公司法》第184条规定，公司因公司章程规定的营业期限届满或者公司章程规定的其他解散事由出现，股东会或者股东大会决议解散，依法被吊销营业执照、责令关闭或者被撤销和司法解散的，应当在解散事由出现之日起15日内成立清算组，开始清算。有限责任公司的清算组由股东组成，股份有限公司的清算组由董事或者股东大会确定的人员组成。由此可见，不管是自愿解散还是强制解散，都适用普通清算模式。

特别清算，是指在普通清算程序开始后，因法定事由的出现或普通清算发生显著障碍时，法院介入公司清算程序，对其进行严格监督，转入特别清算程序的清算。我国1993年《公司法》第191、192条规定了特别清算的两种情形：（1）公司自愿解散后逾期不成立清算组的，债权人可以申请法院组织清算；（2）公司违反法律、行政法规被依法责令关闭而解散的，由有关主管机关组织股东、有关机关及有关专业人员成立清算组，进行清算。但1993年《公司法》采取了弹性条款的形式，使这一条款具有了广泛的适用性，导致在适用上存在不确定性。我国现行《公司法》对其进行了修改，第184条规定，逾期不成立清算组进行清算的，债权人可以申请人民法院指定有关人员组成清算组进行清算。人民法院应当受理该申请，并及时组织清算组进行清算。另外，《公司法司法解释（二）》还进一步规定了适用特别清算的情形：（1）公司解散逾期不成立清算组进行清算的；（2）虽然成立清算组但故意拖延清算的；（3）违法清算可能严重损害债权人或者股东利益的。有上述三种情形之一的，债权人都可以申请人民法院指定清算组进行清算。而且，对于公司成立清算组但故意拖延清算的，即使债权人未提起清算申请，公司股东也可以申请人民法院指定清算组对公司进行清算的。

日本同样也将法定清算程序分为了普通清算和特别清算两种类型。《韩国公司法》和我国台湾地区的公司立法都深受日本的影响，但是又都进行了保留。《韩国公司法》将清算划分为任意清算和法定清算，摒弃了特别清算，只保留了普通清算。而我国台湾地区的公司法采用了日本公司法上有关普通清算和特别清算的划分方式，却摒弃了任意清算，而只承认法定清算。

三、清算组

（一）清算组的概念

清算组，又称清算人，清算机构，即清算事务的执行人。清算人可以是自然人，也可以是法人。各国法律对于清算人的称谓都各不相同，德国法称为“清算人”，美国法称为“财产管理人及保管人”，我国台湾地区法律称为“清算人”，我国香港地区法律称为“清盘官”，这种称谓使得在以上各国和地区中，出现清算人可以由一人担当的现象。我国公司法使用了“清算组”的称谓，一般情况下排除了有一个自然人组成清算机构的情形。但对于一人有限公司来说，清算组可以由一人组成，因为我国《公司法》第184条规定，有限责任公司的清算组由股东组成。

（二）清算组的地位

在公司清算之时，清算人是联系清算中公司与债权人的纽带，其既要维护公司利益，又要维护全体债权人的合法权益，因此各国立法都非常关注清算组的法律地位问题。清算人法律地位的核心问题是清算人与清算中公司的法律关系。

外国立法体例一般比照董事与公司的关系，基于代理和信托制度，将清算人视为公司的代理人和受托人；代理人在代理关系权限内，以被代理人名义实行民事法律关系，其行为后果由被代理人承担。因此，清算人取得公司清算事务的决策权和执行权，得以处分公司全部和部分资产，但资产的所有权仍属公司所有；资产出售以公司名义作出，行为结果也由公司承担；清算人作为代理人对外签订的合同，其权利义务也由公司承担。

我国并没有从立法上明确规定清算人的法律地位，但学理上一般将清算组视为清算中公司的临时机关，与公司解散前的机构具有同样的法律地位，对内执行清算事务，对外代表清算中的公司，以实现公司清算过程中各方利益的平衡。

（三）清算组的组成

1. 组成方式

由于公司解散的原因、清算的类型不同，因而清算组的组成而有所不同。一般而言，大致有以下几种情况：（1）法定清算人。法定清算人是指由法律直接规定公司清算人的担当人选。一般由股东或董事担当清算人。（2）选定清算人。选定清算人是指股东或债权人可以通过合意的方式选择法定清算人之外的人来担任清算人。在这种情况下，一般是按照公司章程的规定来选择清算人，或者通过股东会议来决定，有时债权人也可以选定清算人。在这种模式下，更多的体现的是股东或债权人的意思自治。（3）指定清算人。指定清算人是指在既没有法定清算人，又没有选定清算人的情况下，法院或行政机关来指定清算人的人选。

在我国，依据《公司法》第 184 条的规定，可以总结出：（1）只要适用普通清算模式，不论是自愿解散还是强制解散，都可以依照股东的意志来选定。有限公司解散的，清算组由股东组成。股份有限公司的清算组由董事或者股东大会确定的人员组成。与 1993 年《公司法》相比，现行《公司法》将董事明确纳入了清算人的主体范围之内。（2）在特别清算的情形下，适用指定清算，由债权人向人民法院申请，人民法院指定有关人员组成清算组进行清算。

在英美法系中，公司自愿解散或依行政命令解散时，公司自行处理清算事务，指定清算人；而在公司司法解散的情况下，清算人由法院指定的财产管理人担当，也可由债权人会议选任。例如美国《特拉华州普通公司法》规定，衡平法院按照任何一位债权人、股东或公司董事或其他利害关系人的申请，可以在任何时候指派一位或多位公司董事成为公司清算人，或指派一位或多位其他人成为公司的清算人。

大陆法系国家基于立法和行政权力不应过分干预股东的意思自治的考虑，一般以选定、法定、指定的顺序来确定清算人的人选。如《德国有限责任公司法》第 66 条规定：“除宣告破产外，在其余的解散情形，若公司合同或股东会决议没有把清算委托给其他人员，则由股东进行清算。在股份相加至少占基本资本 10% 的股东申请，可以因重大理由而由法院任命清算人。”《法国民法典》规定：“清算人按章程的规定任命。章程未做规定的，由全体股东任命；股东未能任命的，由司法判决任命。”日本的法律规定，公司清算的时候，首先依法产生法定清算人，然后股东经过合意可选定法定清算人之外的人担任清算人，但在公司强制解散的情况下，只能由法院指定清算人。《韩国商法典》规定，原则上，董事当然成为清算人，但章程中另外规定清算人或股东大会选任清算人时，可以依章程规定或股东大会决议来决定清算人。在公司内部未定清算人时，根据利害关系人的申请，由法院选任清算人。但在依解散命令或解散判决而解散的情况下，董事不能担任清算人，此时，由法院根据股东、监事、或其他利害关系人的请求，或依职权选任清算人。

2. 组成人员

我国《公司法司法解释（二）》第 8 条规定，清算组成员可以从下列人员或者机构中产生：（1）公司股东、董事、监事、高级管理人员；（2）依法设立的律师事务所、会计师事务所、破产清算事务所等社会中介机构；（3）依法设立的律师事务所、会计师事务所、破产清算事务所等社会中介机构中具备相关专业知识并取得执业资格的人员。因而，在我国，清算人可以是自然人，也可以是法人。

美国法律规定，在自愿解散的情况下，清算人一般由公司的董事的担任，而《美国示范商事公司法》和《美国特拉华州普通公司法》明确规定，董事必须由“个人”（individual）或“人”（person）担任，不得由持有公司股票的其他公司或企业担任，因此，在公司自愿清算的情况下，清算人一般由自然人担任。然而在法院裁判解散的情况下，《美国示范商事公司法》规定，清算人可以是公司法人。《德国股份公司法》规定，公司的法定清算人是董事，董事只能由自然人担任。但公司章程和股东大会可以任命董事会之外的人作为清算人，并且明确规定法人可以担任清算人。因而，在德国，清算人也可以由法人充任。法国的规定显然比较德国的要略显宽松，法国规定法人可以被任命为董事。因此，在自愿清算的时候，法人完全有可能因其董事的身份而成为清算人。《日本商法典》对于法人可否充任清算人的问题没有涉及，但学说通常认为法人不能担任清算人。

对于清算人的专业能力，各国法律并没有作出强行性规定，只是清算组成员需要有相应的能力或专业知识。对于清算人的消极资格，大多数国家也没有作出规定，但是我国、日本、德国和我国台湾地区的公司立法有明确的要求。

针对人民法院指定的清算人，《公司法司法解释（二）》规定，当清算组成员有下列情形的，人民法院可以根据债权人、股东的申请，或者依职权更换清算组成员：（1）有违反法律或者行政法规的行为；（2）丧失执业能力或者民事行为能力；（3）有严重损害公司或者债权人利益的行为。《德国有限责任公司法》规定，下列人员不得担任德国有限责任公司的清算人：① 曾因一项犯罪行为而依照《刑法典》第 283 – 283d 条受到判决者，在自该判决生效之后的 5 年内不得担任清算人；② 因法院判决或因行政机构的可以执行的裁决而不得从事某项职业或某项支系职业、或不得在某一行业或某一支系行业中从业者，在该禁令生效期间，不得在其经营对象全部或部分为禁止对象的公司中担任清算人。《日本商法典》规定，下列人员不得担任公司清算人：① 禁治产人或准禁治产人；② 受到破产宣告而未恢复权利者；③ 因商法、与股份有限公司的监察相关和与商法的特例相关的法律、或股份有限公司法规定的罪名而被处以刑罚，其执行终了之日或不再执行之日起，未经过两年者；

（四）清算组成员的职权

公司清算组是公司解散阶段的特殊机关，也是这一特定时期的法定必备机关。一旦组成清算组，公司正常经营的机关停止执行职务，由清算组来履行特定的清算职权。公司的对外代表机关不再是董事长，而是公司的清算组。按照我国《公司法》第 193 条的规定，清算组的职权如下：

（1）清理公司财产、分别编制资产负债表和财产清单。清算组一经成立，应立即接管公司并对财产进行全面清理和核查，在查实公司全部资产及负债的基础上分别编制资产负债表和财产清单。

（2）通知、公告债权人。债权人享有告知权，通知、公告是为了向债权人以及其他利害关系人告知公司进入清算状态的事实，债权人能够及时行使权利。我国《公司法》第 186 条规定，清算组应当自成立之日起 10 日内通知债权人，并于 60 日内在报纸上公告。债权人应当在接到通知 30 日内，未接到通知书的自公告之日起 45 日内提供相关的证明材料向清算组申报债权。《公司法司法解释（二）》对作了进一步的明确，即要根据公司规模和营业地域范围在全国或者公司注册登记地省级有影响的报纸上进行公告。

（3）处理与清算有关的公司未了结的业务。公司在解散如果存在尚未了结的业务或交易，清算组有权根据清算工作的实际需要，对公司尚在履行的合同决定继续履行或者终止履行，但是，不得开展与清算无关的新的业务。

（4）清缴所欠税款以及清算过程中产生的税款。在公司解散时，清算组应当清查公司的纳税情况，查清是否存在欠缴国家税款的情况，如果有的话，则应当及时报请国家税务机关查实，并将所欠税款缴入国库。

（5）清理债权、债务。清算组接管公司后开始清查公司的债权、债务，收取公司的债权，清理公司的债务。但是，在债权申报期间，清算组不允许对债权人进行清偿，以保护全体债权人的利益。

（6）处理公司清偿债务后的剩余财产。剩余财产是指公司的财产在支付清算费用、职工工资和社会保险费用、缴纳所欠税款，清偿公司债务后余下的财产。这部分财产属于所有者权益，应当退还股东。

（7）代表公司参与民事诉讼活动。在清算期间，如果公司出现诉讼纠纷，清算组作为代表向法院起诉或者应诉。因此产生的法律后果当然由公司承担。但是需要注意，清算组应当在法律规定的职权范围内代表公司参与民事诉讼活动，否则不受法律保护。《德国商法典》第 149 条规定“清算人在其事务范围之内，在诉讼上和诉讼外代表公司”，《德国股份公司法》第 269 条规定的更为具体，“清算人在法院内外代表公司”。

其他国家对清算组职权的规定和我国基本类似。《德国商法典》第 149 条规定清算人在清算事务上的执行权主要包括终结现存事务、收取债权、清偿债权人。第 157 条规定了清算人申报商业登记的权利。《德国股份公司法》第 268 条规定了清算人在业务范围内享有董事会的权利。《日本商法典》第 124 条对清算人的职权进行了概括规定。其主要赋予了清算人如下的三项权利：（1）完成现有职务；（2）收回债权及清偿债务；（3）剩余财产的分配。1986 年《英国破产法》对于清算人的清算事务执行权进行了规定，概括起来，主要包括：（1）偿付债权人的债务；（2）在清算范围内为公司经营业务的权利；（3）签署协议、收据和任何法律文件的权利。我国台湾地区的“公司法”第 84 条对于清算人的职务规定主要包括以下四项：（1）了结现务；（2）收取债权，清偿债务；（3）分派盈余或亏损；（4）分派剩余财产。

（五）清算组成员的法定义务和责任

清算组虽然是公司特殊阶段的特殊机关，但其成员也应像正常经营时期的其他公司机关的成员一样，遵守法律、行政法规和公司章程的规定，忠于职守。在履行职务时，不得违法清偿或不作清偿而直接向股东分配公司财产。而且，清算组负责整个清算工作，其从事清算事务的工作直接决定着公司能否依法清算，意义非常重大。我国《公司法》第 190 条规定，清算组成员应当忠于职守，依法履行清算义务。清算组成员不得利用职权收受贿赂或者其他非法收入，不得侵占公司财产。因而，清算人义务，主要表现为注意义务和忠实义务。注意义务，也叫谨慎义务或者尽职义务，是指清算人在执行清算事务时，应达到一个理性之人在相同情况下应有的勤勉、谨慎的程度。忠实义务则是指清算人应忠实履行其职务，不得使自身利益与公司利益、债权人利益相冲突，不得为自己受益而使公司、债权人受损。各国公司立法基本上都援引了董事对公司的义务来规范清算人对于公司所应承担的义务。例如，《日本商法典》对清算人的注意义务的规定通过援引董事的注意义务来实现的。《德国有限责任公司法》第 71 条规定，清算人适用关于公司董事权利义务的有关规定。

我国《公司法》第 190 条还规定，清算组成员因故意或者重大过失给公司或者债权人造成损失的，应当承担赔偿责任。需要注意的是，当清算组从事清算事务时，违反法律、行政法规或者公司章程给公司或者债权人造成损失时，其民事责任落实到清算组成员身上。在对外关系上，清算组成员的责任应该是连带责任。为了进一步细化清算组成员的责任，《公司法司法解释（二）》第11条第2款规定，清算组未按照规定履行通知和公告义务，导致债权人未及时申报债权而未获清偿，债权人主张清算组成员对因此造成的损失承担赔偿责任的，人民法院应依法予以支持。《公司法司法解释（二）》第15条规定，清算组执行未经确认的清算方案给公司或者债权人造成损失，公司、股东或者债权人主张清算组成员承担赔偿责任的，人民法院应依法予以支持。《公司法司法解释（二）》第23条规定，清算组成员从事清算事务时，违反法律、行政法规或者公司章程给公司或者债权人造成损失，公司或者债权人主张其承担赔偿责任的，人民法院应依法予以支持。此外，如果公司怠于向清算组成员主张权利的，股东有权参照《公司法》第152条的规定，以自己的名义直接向人民法院提起诉讼。此为股东代表诉讼制度在公司清算期间的特殊体现。当公司已经因清算完毕而注销终止后，股东发现清算组成员从事清算事务不当造成其损失的（无剩余财产分配或者数额不足），亦可参照《公司法》第152条有关派生诉讼的规定直接向清算组成员主张权利。

另外，《公司法》第207条还规定了清算组成员违法行为的行政责任，即清算组不依照《公司法》规定向公司登记机关报送清算报告，或者报送清算报告隐瞒重要事实或者有重大遗漏的，由公司登记机关责令改正。清算组成员利用职权徇私舞弊、谋取非法收入或者侵占公司财产的，由公司登记机关责令退还公司财产，没收违法所得，并可以处以违法所得一倍以上五倍以下的罚款。

四、清算程序

整个公司清算程序最重要的部分是公司清算事务的具体履行，清算组在公司清算的整个过程中，其工作的主要内容即为执行公司清算事务。根据我国《公司法》和《公司法司法解释（二）》的规定，清算程序包括以下几个方面：

（一）清算开始，成立清算组

除公司因合并或分立或公司破产外，其余一切情况下公司解散后，均应依法进行公司清算。根据《公司法》第184条规定，公司应在公司解散事由出现之日起15日内成立清算组，开始公司清算。有限责任公司的清算组由公司股东组成，股份有限公司的清算组由公司董事或者股东大会确定的人员组成。逾期不成立清算组进行公司清算的，债权人可申请人民法院指定有关人员组成清算组进行公司清算。人民法院应受理此申请，并及时组织清算组进行公司清算。

（二）债权通知

我国《公司法》186条和《公司法司法解释（二）》第11条规定，清算组应当自成立之日起10日内将公司解散清算事宜书面通知债权人，并于60日内在报纸上公告，公告应当根据公司规模和营业地域范围在全国或者公司注册登记地省级有影响的报纸上进行公告。清算组未按规定履行通知和公告义务，导致债权人未及时申报债权而未获清偿，债权人主张清算组成员对因此造成的损失承担赔偿责任的，人民法院应依法予以支持。需要注意的是，此次规定修改了 1993 年《公司法》规定至少公告 3 次的要求。

各国立法中对于通知和公告债权人的规定都非常重视。《日本商法典》分别规定了对债权人和对已知债权人的催告制度：清算人于其就职之日起的两个月内，须至少向债权人催告三次，催告在一定期间内申报其债权等事项。但期间不得超过两个月。清算人须向已知的债权人分别进行其债权申报的催告。美国国家统一州法委员会制定的《统一有限责任公司法》（简称 ULLCA）中将公司债权人分为已知债权人和未知债权人两类，并规定对于已知债权人可以以书面通知的方式告知公司解散的情况要求其申报债权，而对于未知债权人，则采取公告的形式。我国台湾地区的“公司法”对债权催报制度区分了有限责任公司和股份有限公司，其中规定：清算人就任后，应以公告方法，催告债权人报明债权，对于明知之债权人，并应分别通知。而对于股份有限公司，则单独适用该地区《公司法》第 327 条的规定：清算人于就任后，应即以三次以上之公告，催告债权人申报其债权。

（三）债权申报与登记

根据我国《公司法》186 条和《公司法司法解释（二）》第 12 条、13 条、14 条的规定，债权人应当自接到通知书之日起 30 日内，未接到通知书的自公告之日起 45 日内，向清算组申报其债权。债权人在申报债权的时候，应当说明债权的有关事项，并提供证明材料。清算组应当对债权进行登记。但是在申报债权期间，清算组不得对债权人进行清偿。

公司清算时，入股债权人对清算组核定的债权有异议的，可以要求清算组重新核定。清算组不予重新核定，或者债权人对重新核定的债权仍有异议，债权人以公司为被告向人民法院提起诉讼请求确认的，人民法院应予受理。

债权人在规定的期限内未申报债权，在公司清算程序终结前补充申报的，清算组应予登记。公司清算程序终结，是指清算报告经股东会、股东大会或者人民法院确认完毕。债权人补充申报的债权，可以在公司尚未分配财产中依法清偿。公司尚未分配财产不能全额清偿，债权人主张股东以其在剩余财产分配中已经取得的财产予以清偿的，人民法院应予以支持；但债权人因重大过错未在规定期限内申报债权的除外。债权人或者清算组，以公司尚未分配财产和股东在剩余财产分配中已经取得的财产，不能全额清偿补充申报的债权为由，向人民法院提出破产清算申请的，人民法院不予受理。

（四）清算方案的制定和确认

清算人接管公司之后，应对公司财产进行全面的清查，了解公司的财产状况，为之后清算组进行财产估价和提出清算方案提供基础。在清查公司财产的基础上，清算人应制作资产负债表和财产清单等表册。根据我国《公司法》第 187 条的规定，清算组在清理公司财产、编制资产负债表和财产清单后，应当制定清算方案，并报股东（大）会（普通清算）或者人民法院确认（强制清算）。公司自行清算的，清算方案应当报股东会或者股东大会决议确认；人民法院组织清算的，清算方案应当报人民法院确认。

未经确认的清算方案，清算组不得执行。执行未经确认的清算方案给公司或者债权人造成损失，公司、股东或者债权人主张清算组成员承担赔偿责任的，人民法院应依法予以支持。①

如果清算组在清理公司财产、编制资产负债表和财产清单后，发现公司财产不足清偿债务的，应当依法向人民法院申请宣告破产。公司经人民法院裁定宣告破产后，清算组应当将清算事务移交给人民法院。

针对清算人应制作的公司财务状况的表册种类，以及报送的机关，各国公司法有不同的规定。《德国股份公司法》第 270 条规定："在开始清算时，清算人要提交一份资产负债表（开始时的资产负债表）和一份说明开始时的资产负债表的报告，以及在年度结束时，要提交一份年度账目和一份情况报告。"《德国有限责任公司法》第 71 条规定："清算人须为开始清算制作一份资产负债表（开始清算资产负债表）和一份阐述开始清算资产负债表的报告以及为该年度的结束制作年度结算和现状报告。"同时，这两部法律都规定了资产负债表及其说明、年度报告等表册须报股东大会求得确认。《日本商法典》第 419 条是有关股份有限公司的清算中表册提交的规定："（1）清算人就职后，须立即调查公司财产的状况，制作财产目录及资产负债表，并将其向股东大会提出，求得股东大会承认。（2）清算人取得前项的承认后，须立即将财产目录及资产负债表提交给法院。

（五）公司财产的分配

1. 分配顺序

我国必须依据公司法规定的相关分配规则进行公司清算的财产分配。根据《公司法》第 187 条的规定，分配公司剩余财产的顺序是：① 支付清算费用；② 支付职工工资和劳动保险费用；③ 缴纳所欠税款；④ 清偿公司债务，有抵押的债权人排在无抵押的债权人之前得到清偿；⑤ 将前四项款项清偿完毕后，再行分配剩余财产。

2. 剩余财产的分配方法

有限责任公司按照股东出资的比例来进行分配，股份有限公司按照股东持有的股份比例进行分配。清算期间，公司继续存续，但其不得开展与公司清算无关的任何经营活动。公司财产在未按照前款的规定清偿前，不得分配给任何股东。

各国关于剩余财产分配方法的普遍是按股份比例为标准进行分配，这样一方面符合投资和收益相一致的原则，另一方面也体现出了财产分配的公平性。《日本商法典》第 425 条规定，剩余财产按各股东持有的股份数分配给股东。《德国有限责任公司法》规定，公司的财产，按照股东的股份比例在股东中分配。可以通过公司合同对分配规定另外的比例。

---

① 《公司法司法解释（二）》第 15 条。

（六）清算结束，办理公司注销登记

按照我国《公司法》和《公司登记管理条例》的规定，公司清算结束后，清算组应当制作清算报告，报股东（大）会（普通清算）或者人民法院（特别清算）确认，并报送公司登记机关，申请注销公司登记，公告公司终止。其中，公司清算组应当在公司清算结束之日起30日内，向原公司登记机关申请注销登记。

对于清算程序的期限，我国《公司法司法解释（二）》第16条对特别清算的期间作出了明确的规定，人民法院组织清算的，清算组应当自成立之日起六个月内清算完毕。因特殊情况无法在六个月内完成清算的，清算组应当向人民法院申请延长。

各国立法和我国立法基本相似，《德国有限责任公司法》第74条规定："如果清算结束，并且最后的会计账簿制作完毕，则清算人必须申报清算终结以登记入商业登记簿。该公司应当予以注销。"《法国商事公司法》第399条规定"清算结束的通告根据法令确定的方式进行公告。"《韩国商法典》第542条第1款规定清算人经决算报告书的承认之后，应当进行清算终结的登记。

（七）特别清算和破产清算的关系

如果公司资不抵债，不能清偿到期债务，达到破产界限，就应当适用破产清算，其由《企业破产法》专门规定。《公司法》第188条规定，如果清算组在清理公司财产、编制资产负债表和财产清单后，发现公司财产不足清偿债务的，应当依法向人民法院申请宣告破产。公司经人民法院裁定宣告破产后，清算组应当将清算事务移交给人民法院。《公司法》第191条规定，公司被依法宣告破产的，依照有关企业破产的法律实施破产清算。为了更好地衔接公司清算与破产清算的关系，《公司法司法解释（二）》作了进一步的规定，债权人或者清算组，以公司尚未分配财产和股东在剩余财产分配中已经取得的财产，不能全额清偿补充申报的债权为由，向人民法院提出破产清算申请的，人民法院不予受理（第14条）。《公司法司法解释（二）》第17条规定，人民法院指定的清算组在清理公司财产、编制资产负债表和财产清单时，发现公司财产不足清偿债务的，可以与债权人协商制作有关债务清偿方案。债务清偿方案经全体债权人确认且不损害其他利害关系人利益的，人民法院可依清算组的申请裁定予以认可。清算组依据该清偿方案清偿债务后，应当向人民法院申请裁定终结清算程序。债权人对债务清偿方案不予确认或者人民法院不予认可的，清算组应当依法向人民法院申请宣告破产。

五、清算中的公司

（一）清算中公司的法律地位

处在清算中的公司在学理上称为"清算中的公司"。有关清算中的公司的法律地位问题，学理上没有做出定论，各国的立法规定也不统一。理论界观点主要有以下几种：

1. 同一人格说

此种观点认为，清算中公司与清算前的公司是同一个法人，他们都具有法人地位。只是清算中公司只能开展与清算相关的经营活动，在清算活动范围内享有与原公司一样的权利能力，但不能再进行任何其他与清算无关的活动。

2. 拟制法人说

持此种观点认为，公司在解散后本应丧失权利能力，但是由于清算的需要，拟定公司在处理有关清算事务时，仍然保有法人资格。

3. 清算法人说

该学说认为，公司解散时法人资格消灭，法律为了法人清算的目的而设立了清算法人，清算法人与解散前的公司法人是相互独立的，清算中公司的财产由该清算法人处理。

4. 消灭说

其认为，公司一旦解散即丧失法人资格，公司的财产就转移为股东的共同财产，股东为清算事务的主体。

我国1993年《公司法》没有对清算中公司的法律地位问题做出明确规定。实践中，工商行政管理部门、人民法院等对此问题的处理也比较混乱，并不统一。工商行政管理部门认为，公司被吊销营业执照后，法人资格消灭；审判实践中，对于涉及公司债权人起诉清算中公司的案件，有的法院将清算组列为诉讼主体，有的法院直接将公司股东列为当事人。我国现行《公司法》采用了“同一人格说”，即清算中公司仍然具有法人资格，公司在注销公司登记后，法律人格消灭。我国现行《公司法》第187条明确规定，在清算期间，公司继续存在，但只能从事与清算相关的事务。我国现行《公司法》第189条规定，公司在清算工作完成后，要将清算报告报送给公司登记机关，并向公司登记机关申请注销登记，只有登记机关批准了公司的注销登记，清算中公司才终止，法人地位消灭。《公司法司法解释（二)》第10条还规定，公司依法清算结束并办理注销登记前，有关公司的民事诉讼，应当以公司的名义进行。

综上所述，对于公司在清算阶段的是否具有法人格的问题，目前大陆法系学理多采纳同一体说（存续说)，即清算中的公司与公司进入解散状态以前的公司属于同一法人实体，只不过清算中的公司的权利能力仅限于清算范围而已。公司仍可为清算目的，在公司内部由特殊的清算机关履行清理公司业务和事务的职权，对外由该机关代表公司与债权人及债务人交涉，并可代表公司起诉或应诉。如《德国股份公司法》第264条规定：“对于公司，在清算结束前继续适用关于未被解散的公司的规定。”我国台湾地区“公司法”采取“拟制法人说”，第25条规定，公司在解散后，处理清算事务时，视公司为继续存在；同理，《美国示范商事公司法》第14章规定：“被解散的公司继续以公司的形式存在，但不得从事任何业务，除与结业和清算的业务以及事务相关的业务。”

（二）清算中公司的权利能力

公司的权利能力，是指公司具有的享受权利和承担义务的法律资格。清算中的公司仍然是法人，仍有作为法人所具有的权利能力，仍然能以自己的名义享有权利、负担义务、承担责任，但是，清算中公司的权利能力受到了限制，我国《公司法》第 187 条中规定，清算期间，公司存续，但不得开展与清算无关的经营活动。也就是说，解散后的公司的权利能力和行为能力，由原来的营业执照中规定的经营范围缩减为与清算相关的经营活动。相比之下，1993 年《公司法》第 195 条规定，清算期间，公司不得开展新的经营活动。应当说，现行《公司法》将“新的经营活动”修改“与清算无关的经营活动”更为合理、科学。

为了更好地保护交易中的第三人，有的国家在解散登记的同时，将公司的名称后加上“清算中”字样并在公告中予以公告，如法国 1966 年《商事公司法》第 391 条规定，解散后“该公司的字号或名称上应加上‘清算中的公司’字样。这样一方面可以规范公司清算行为，避免清算中的公司超越清算范围而继续从事经营活动，另一方面，可以减少交易第三人的交易风险。

（三）债权人救济

1. 未在法定期限执行清算

《公司法司法解释（二）》第 18 条规定，有限责任公司的股东、股份有限公司的董事和控股股东未在法定期限内成立清算组开始清算，导致公司财产贬值、流失、毁损或者灭失，债权人主张其在造成损失范围内对公司债务承担赔偿责任的，人民法院应依法予以支持。上述情形系实际控制人的原因造成的，债权人主张实际控制人对公司债务承担相应民事责任的，人民法院应依法予以支持。

2. 怠于执行清算

根据《公司法司法解释（二）》第 18 条，有限责任公司的股东、股份有限公司的董事和控股股东因怠于履行义务，导致公司主要财产、账册、重要文件等灭失，无法进行清算，债权人主张其对公司债务承担连带清偿责任的，人民法院应依法予以支持。上述情形系实际控制人的原因造成，债权人主张实际控制人对公司债务承担相应民事责任的，人民法院应依法予以支持。该司法解释还在第 21 条中补充如下内容：有限责任公司的股东、股份有限公司的董事和控股股东，以及公司的实际控制人为二人以上的，其中一人或者数人按照本规定承担民事责任后，主张其他人员按照过错大小分担责任的，人民法院应依法予以支持。

3. 未经清算而注销公司

《公司法司法解释（二）》第 20 条规定，公司解散应当在依法清算完毕后，申请办理注销登记。公司未经清算即办理注销登记，导致公司无法进行清算，债权人主张有限责任公司的股东、股份有限公司的董事和控股股东，以及公司的实际控制人对公司债务承担清偿责任的，人民法院应依法予以支持。

4. 未经依法清算而注销公司

《公司法司法解释（二）》第 19 条规定，有限责任公司的股东、股份有限公司的董事和控股股东，以及公司的实际控制人在公司解散后，恶意处置公司财产给债权人造成损失，或者未经依法清算，以虚假的清算报告骗取公司登记机关办理法人注销登记，债权人主张其对公司债务承担相应赔偿责任的，人民法院应依法予以支持。

《公司法司法解释（二）》第 20 条第 2 款规定，公司未经依法清算即办理注销登记，股东或者第三人在公司登记机关办理注销登记时承诺对公司债务承担责任，债权人主张其对公司债务承担相应民事责任的，人民法院应依法予以支持。

另外补充一点的是，《公司法司法解释（二）》第 22 条规定，公司解散时，股东尚未缴纳的出资均应作为清算财产。股东尚未缴纳的出资，包括到期应缴未缴的出资以及依照我国《公司法》第 26 条和第 81 条的规定分期缴纳尚未届满缴纳期限的出资。公司财产不足以清偿债务时，债权人主张未缴出资股东以及公司设立时的其他股东或者发起人在未缴出资范围内对公司债务承担连带清偿责任的，人民法院应依法予以支持。

本章小结

市场合理有序的退出制度对于完善市场经济法律体系具有不容忽视的作用。公司解散和清算是其中的关键所在。

公司解散是因法律规定或章程约定的事由发生，导致公司法人格消灭的过程。一旦出现公司解散的事由，公司就进入了特殊的法律状态，公司的法人格并不立即消失，只有完成清算程序并缴销公司的营业执照或法人资格证书，公司才归于消灭。公司解散和清算制度关系着公司正常退出市场，关系着债权人、股东合法权益的保护，同时也关系着我国市场经济的稳定发展。

公司解散与公司清算密切相关。我国采用的是“先散后算”的模式。公司清算是指公司依法解散后，公司清算主体按照法定方式、法定程序对公司的资产、债权债务、股东权益等公司的具体情况进行处置，清理公司债权债务，处理公司财产，清理公司尚未了结的事务，并最终消灭公司法人资格的一种法律行为和程序。公司清算组成员对清算事务负有法定的义务和责任，他们也要承担对公司的信义义务。

公司终止是指公司停止其存续状态，法人资格消灭是公司在实体上的消灭。

重要概念

解散、绝对解散事由、相对解散事由、司法解散、公司僵局、清算、清算顺序、清算中的公司

同步测练与解析

一、不定项选择题

1. 我国有限责任公司的清算组是由（　　）担任的。

A. 股东　　B. 董事　　C. 监事　　D. 职工

2. 某有限责任公司由当地法院组织清算组进行清算，该清算组应在（　　）内完成清算工作。

A. 1 个月　　B. 3 个月　　C. 6 个月　　D. 12 个月

3. 我国《公司法》规定：公司经营管理发生严重困难，继续存续会使股东利益受到重大损失，通过其他途径不能解决的，持有公司全部股东表决权的（　　）以上的股东，可以请求人民法院解散公司。

A. 5%　　B. 10%　　C. 15%　　D. 20%

4. 我国《公司法》对“清算中的公司”采用（　　）加以解释。

A. 同一人格说　　B. 拟制法人说

C. 清算法人说　　D. 消灭说

5. 某有限责任公司未经清算即注销登记，由此给该公司债权人－当地一家银行造成贷款余额无法收回的困境，该银行依法可向（　　）提起诉讼。

A. 股东　　B. 董事　　C. 监事　　D. 实际控制人

6. 某股份有限公司正在清算当中，需要向其他公司追偿对方拖欠的货款。因此，该公司向对方公司所在地法院提起诉讼。则该诉讼的原告是（　　）。

A. 公司　　B. 股东　　C. 董事　　D. 清算组

7. 清算因（　　）而发生。

A. 合并　　B. 分立　　C. 自愿解散　　D. 法定解散

二、简答题

1. 请比较自愿解散与司法解散的不同。
2. 请比较普通清算与特别清算的差异。

三、论述题

1. 请说明解散、清算与公司终止的关系。
2. 请分析我国《公司法》清算顺序的立法意义。

四、案例题

某有限公司有三位股东：甲乙丙。三人投入资本 100 万元注册了该公司。甲投资 50 万元，其他两人分别投入 25 万元。甲担任公司董事长。公司于 2006 年 5 月 8 日成立。两年后三方因经营决策发生矛盾造成公司陷入混乱状态。到 2008 年年底，公司几乎停产。甲向法院提起诉讼，被告为其他两位股东，要求解散公司。请问：（1）原告的理由是什么？（2）经过法院调解，三方都表示对继续经营没有信心，也没有任何一方愿意收购其他两方的股权。被告两方提出要对公司过去经营的盈亏情况进行调查。如果你是法官，你认为该公司应否解散？（3）公司应以何种身份参加诉讼？

参考答案

一、不定项选择题

1. A　2. C　3. B　4. A　5. AD　6. A　7. CD

二、简答题（略）

三、论述题（略）

四、案例题

（1）原告依据的我国《公司法》关于“公司僵局”的规定，特别是根据《公司法司法解释（二）》的细化性的处理，即对“经营管理发生严重困难”明确列举了四种情形：①公司持续两年以上无法召开股东会或者股东大会，公司经营管理发生严重困难的；②股东表决时无法达到法定或者公司章程规定的比例，持续两年以上不能做出有效的股东会或者股东大会决议，公司经营管理发生严重困难的；③公司董事长期冲突，且无法通过股东会或者股东大会解决，公司经营管理发生严重困难的；④经营管理发生其他严重困难，公司继续存续会使股东利益受到重大损失的情形。原告根据上述规定能够找到相应的证据，即可要求法院解散公司。

（2）从法院调查的情况看，三方对公司解散都没有意见，不想继续经营下去，也没有任何一方愿意以收购股权的方式接管公司，那么，法院为避免股东利益面临更大的损失，应当解散公司。

（3）第三人。

综合测练与解析

综合测练与解析（一）

一、判断题（标注“对”或“错”，无须说明理由，本题 10 分）

1. 公司法定代表人依照公司章程的规定，由董事长、执行董事担任，并依法登记。

2. 公司为公司股东或实际控制人提供担保的，依照公司章程的规定，由董事会或股东会、股东大会决议。

3. 股东可以用货币出资，也可用实物、知识产权、土地使用权、劳务等非货币财产作价出资。

4. “揭开公司面试原则”是英美判例法的规则，此规则在我国的公司法中有相应的规定。

5. 股东应当按期足额缴纳公司章程中规定的各自认缴的出资额。股东未按期足额缴纳出资额的，应当向公司承担违约责任。

6. 根据我国《公司法》的规定，有限责任公司的股东有权查阅、复制财务会计报告。

7. 有限责任公司的股东可以约定不按照出资比例分取红利。

8. 对发行公司债券作出决议是公司股东会或股东大会的职权之一。

9. 一人有限责任公司是指只有一个自然人股东的有限责任公司。

10. 有限责任公司必须设股东会。

二、选择题（包括单项和多项选择题目；每个题目 2 分，合计 20 分）

1. 有限责任公司的股东若选择下列几种出资形式，需要进行评估作价的是（　　）

　A. 货币　　　　B. 实物

　C. 商标　　　　D. 土地使用权

2. 按照我国《公司法》的规定，有限责任公司章程应当记载的事项有（　　）

A. 公司的经营范围　　B. 公司的基本管理制度

C. 利润分配和亏损分担的办法　　D. 公司的法定代表人

3. 股份有限公司的股东大会是（　　）

A. 全体股东组成的机构　　B. 公司的经营决策机构

C. 公司的权力机构　　D. 公司的对外代表机构

4. 出资人不依有限责任原则承担责任的企业有（　　）

A. 个人独资企业　　B. 有限责任公司

C. 合伙　　D. 股份有限公司

5. 下列属于有限责任公司股东会行使的职权有（　　）

A. 决定公司的经营计划和投资方案

B. 对公司增加或减少注册资本作出决议

C. 决定公司的经营方针和投资计划

D. 决定公司内部管理机构的设置

6. 资本维持原则的意图是（　　）

A. 便于公司设立，降低公司设立成本

B. 防止公司随意变更公司注册资本，损害股东利益

C. 保证公司的偿债能力，防止股东过度分配盈余造成公司资本的实质性减少

7. 有限责任公司的“有限责任”是指（　　）

A. 公司责任有限　　B. 股东责任有限　　C. 董事责任有限

8. 我国《公司法》对下列各种出资形式占公司注册资本的比例有最低要求的是（　　）

A. 货币　　B. 专利权　　C. 土地使用权

9. 有限责任公司签发给公司的出资证明书是一种（　　）

A. 证明文书　　B. 有价证券　　C. 流通证券

10. 公司股东人数的复数，体现了公司的（　　）

A. 合法性特征　　B. 社团性特征　　C. 独立性特征

三、名词解释（每个 5 分，合计 20 分）

1. 企业法人
2. 可转换公司债
3. 注册资本
4. 优先股
5. 发起设立

四、论述题（每个题目 10 分，合计 30 分）

1. 请谈谈你对我国《公司法》采纳的资本三原则的理解。

2. 请分析董事的注意义务与忠实义务的区别。

3. 请归纳公司僵局的特点。

五、案例题（本题 20 分）

某有限责任公司有 A 和 B 两位股东，他们分别向该公司投资 800 万元与 200 万元。该公司章程规定："公司董事会有权制定公司利润分配方案和弥补亏损方案"、"公司年终分配方案由董事会讨论决定、""公司总经理由 A 或者 B 轮流担任或者派员担任，每位总经理任期三年" 等等。

2007 年到 2009 年三年期间为小股东 B 派人担任总经理期间。在这一期间，该公司每年 3 月召开董事会，讨论并一致通过公司利润分配方案并逐年分配利润。从 2009 年下半年开始，总经理由大股东 A 派出。2010 年 3 月，公司董事会制定了利润分配方案，并在董事会决议中写入"报公司股东会批准通过。"但公司后来一直未向小股东 B 分配利润，也未向其提供资产负债表等财务报表。为此，B 提起诉讼，将该公司和大股东 A 告上法院。法院受理该案后，该公司又通知 B 拟召开临时股东大会，议题是中止公司董事会在 2010 年 3 月会议上制定的利润分配方案，该公司已将会议通知以及股东会会议决议送达 B，但 B 未出席临时股东会。

依据我国《公司法》的相关规定，请回答：

1. 谁有权批准公司的利润分配方案，依据何在？

2. B 主张分红的请求应否得到法院的支持？依据何在？

参考答案

一、判断题

1. 错　《公司法》第 13 条
2. 错　《公司法》第 16 条第 2 款
3. 错　《公司法》第 27 条第 1 款"可用货币估价并可以依法转让"劳务不可出资
4. 对　《公司法》第 20 条
5. 错　《公司法》第 28 条
6. 对　《公司法》第 34 条
7. 对　《公司法》第 35 条
8. 对　《公司法》第 38 条、第 100 条
9. 错　《公司法》第 58 条
10. 错　《公司法》第 62 条

二、选择题

1. BCD 2. ABD 3. AC 4. AC 5. BC 6. C 7. B 8. A 9. A 10. B

三、名词解释（略）

四、简述题（略）

五、案例题

参考要点：1. 一是我国《公司法》第38条第6项对公司股东会审议批准公司的利润分配方案和弥补亏损方案的规定，同时在第47条第5项规定了“董事会对股东会负责，制订公司的利润分配方案和弥补亏损方案”的内容；二是该公司的章程没有否认公司的股东会批准分红方案的权力；因此，该公司2010年董事会会议决议中关于“报股东会批准”的内容符合我国《公司法》和该公司章程的规定，应视为有效。

2. 临时股东会的通知、召集和决议议程没有违反法律和章程之处，没有瑕疵，该次会议通过的决议合法有效，因此，B无权请求给付利润，其主张应予以驳回。

综合测练与解析（二）

一、判断题（标注“对”或“错”，无须说明理由；本题 10 分）

1. 募集设立，是指发起人认购公司应发行股份的一部分，其余股份向社会公开募集或向特定对象募集而设立公司。

2. 有限责任公司是以人合为主兼具资合性质的公司，股份有限公司是资合为主兼具人合性质的公司。

3. 股份有限公司采取发起方式设立的，注册资本为在公司登记机关登记的实收股本总额。

4. 设立股份有限公司的发起人须有半数以上具有中国国籍。

5. 公司是依照法定的条件与程序设立的、以营利为目的的社团法人。

6. 召开创立大会是设立股份有限公司的必经程序。

7. 以公司之间的组织关系为标准，公司可以分为总公司和分公司、母公司和子公司。

8. 根据我国《公司法》的规定，监事会或不设监事会的公司监事有依照《公司法》152 条的规定对董事、高级管理人员提起诉讼的权利。

9. 高级管理人员，是指公司的经理、副经理、财务负责人，上市公司董事会秘书和公司章程规定的其他人员。

10. 有限责任公司的股东会应当对所议事项的决定作成会议记录，所有的股东应当在会议记录上签名。

二、选择题（包括单项和多项选择题目；每题 2 分，合计 20 分）

1. 股东会或者股东大会、董事会的会议召集程序、表决方式违反法律、行政法规或公司章程，或者决议内容违反公司章程的，股东可以自决议作出之日起（　　）内，请求人民法院撤销。

   A. 30 日　　B. 60 日　　C. 90 日　　D. 120 日

2. 下列所做的各种关于公司的分类，哪一种是以公司的信用基础为标准的分类？（　　）

   A. 总公司与分公司　　B. 母公司与子公司
   C. 人合公司与资合公司　　D. 本国公司与外国公司

3. 在我国，一人有限责任公司的注册资本最低限额为人民币（　　）。

   A. 10 万元　　B. 3 万元　　C. 5 万元　　D. 50 万元

4. 根据我国《公司法》的规定，有限责任公司的股东有查阅公司会计账簿的权力。公司有合理根据认为股东查阅会计账簿有不正当目的，可能损害公司合法利益的，可以拒绝提供查阅，并应当自股东提出书面请求之日起（　　）日内书面答复股东并说明理由。

A. 10 日　　B. 15 日　　C. 30 日　　D. 45 日

5. 某股份有限公司依照法定程序设立，根据法律规定，该公司取得民事主体资格的日期以下列哪一个为准？（　　）

A. 公司成立公告发布之日　　B. 公司创立大会召开之日

C. 公司营业执照签发之日　　D. 公司发布公告之日

6. 股份有限公司在下列哪种情况下，应当在两个月内召开临时股东大会？（　　）

A. 董事人数不足本法规定人数或公司章程所定人数的 2/3 时

B. 公司未弥补的亏损达实收股本总额 1/3 时

C. 单独或合计持有公司 10% 以上股份的股东请求时

D. 监事会提议召开时

7. 根据我国公司法的规定，下列哪些属于监事会的职权（　　）：

A. 检查公司财务

B. 制定公司的基本管理制度

C. 当董事、高级管理人员的行为损害公司的利益时，要求董事、高级管理人员予以纠正

D. 决定聘任或者解聘公司经理及其报酬事项

8. 关于我国《公司法》上的一人公司，下列说法正确的有：（　　）

A. 一个自然人股东可以分别设立一个一人有限责任公司和一个股份有限公司

B. 一人公司的注册资本必须在设立时一次缴足

C. 法人一人公司还可以设立自己的全资子公司

D. 第三人可以在公司营业执照中看得出来一个公司是自然人独资还是法人独资

9. 下列哪些文件是股份有限公司股东有权查阅的？（　　）

A. 公司章程、股东名册　　B. 公司债券存根、财务会计报告

C. 股东大会会议记录　　D. 董事会会议记录、监事会会议记录

10. 甲、乙二公司拟募集设立一股份有限公司。他们在获准向社会募股后实施的下列哪些行为是违法的？（　　）

A. 其认股书上记载：认股人一旦认购股份就不得撤回

B. 与某银行签订承销股份和代收股款协议，由该银行代售股份和代收股款

C. 在招股说明书上告知：发起人认购的股份数

D. 在招股说明书上告知：募集资金的用途

三、名词解释（每题 5 分，合计 20 分）

1. 任意清算

2. 公司章程必备事项
3. 公司的营利性
4. 资合公司
5. 公司的特许设立

四、论述题（每题 10 分，合计 30 分）

1. 请你谈谈对我国《公司法》规定的清算顺序的理解。
2. 公司法与证券法是什么关系？
3. 请区分股东的直接诉讼与派生诉讼。

五、案例题（本题 20 分）

某服装加工厂为私营企业，后欲转制为股份有限公司。为扩大股东规模，该公司现有三位股东 A、B、C 一致同意再增加三位股东 D、E、F，其中，A 和 D 两人为夫妻关系。三人并未实际交付出资，而是由公司财务人员从账上拿出 30 万元，按每人 10 万元分别交付给 D、E、F，再由他们向公司账户上汇款，以现金解款单作为三人的出资证明。该三人的名字未记载在公司名册中，他们从未参与公司分红，也未出席过公司的股东大会和行使其他股东权利。该公司的决策与管理机构也一直只有 A、B、C 三人，他们三人都是公司董事。

后来，在工商年检中，经当地工商局查证，证实该公司后来加入的三位股东都是“挂名”的，既未真正出资，也未从公司取得出资证明书，因此，工商局认定该公司存在虚报注册资本和提供虚假注册材料的情形，并对该服装公司给予处罚。于是，该公司召开股东大会，A、B、C 一致同意不再保留“挂名”股东。该公司随后向法院提起诉讼，要求确认公司的股东资格，主张 D、E、F 不具有该公司的股东资格。

经法院调查，E 和 F 都表示同意原告的主张，但是 D 提出异议，并出具一份 A 和 D 之间的股份转让协议，证明 A 同意将其 50% 的股份转让给了自己，主张自己的股东资格和权利。该协议从未告知给公司的其他股东，也未向当地工商局办理变更登记。但该公司章程有如下规定：股权证可以在董事会规定的范围内转让，允许继承和馈赠，但本企业的董事等人员的股份在任职期间不得转让，股份转移必须办理过户手续。

D 主张法院应认定其股东身份，因为其他股东事实上都知晓前述股份转让协议且未提出异议。

请问：如果你是本案的主审法官，你认为应支持哪方的主张？请说明你的理由。

参考答案

一、判断题

1. 对　《公司法》第 78 条
2. 对

3. 错　《公司法》第 81 条
4. 错　《公司法》第 79 条
5. 对
6. 错
7. 对
8. 对　《公司法》第 54 条
9. 对　《公司法》第 217 条
10. 错　《公司法》第 42 条

二、选择题

1. B　2. C　3. A　4. B　5. C　6. ABCD　7. AC　8. BCD　9. ABCD　10. AB

三、名词解释（略）

四、论述题（略）

五、案例题

要点：D 的主张不应得到支持。原因可从两个方面分析：一是所谓“挂名”股东或者名义股东的资格认定，应综合考量多种因素，比如，是否出资、工商登记是否有记载、是否有出资证明书、股东名册是否记载、是否行使股东权利等等，其中，实际出资是实质要件。从这一层面分析，D 并不是公司的股东。二是 D 所提出的股份转让协议。二是分析股权转让协议的效力。固然我国《公司法》对于本案的股份公司并未详细规定股份转让的条件与程序，但是该公司章程有规定，应按公司章程执行。公司章程明禁止董事在任职期间内转让股份，而且要求必须办理过户手续。而本案 A 和 D 之间并为按照公司章程的要求执行，该协议的效力不应给予认可。D 不具备公司股东的资格。

综合测练与解析（三）

一、判断题（标注“对”或“错”，无须说明理由；本题 10 分）

1. 募集设立，是指发起人认购公司应发行股份的一部分，其余股份向社会公开募集或向特定对象募集而设立公司。

2. 有限责任公司是以人合为主兼具资合性质的公司，股份有限公司是资合为主兼具人合性质的公司。

3. 股份有限公司采取发起方式设立的，注册资本为在公司登记机关登记的实收股本总额。

4. 设立股份有限公司的发起人须有半数以上具有中国国籍。

5. 公司是依照法定的条件与程序设立的、以营利为目的的社团法人。

6. 召开创立大会是设立股份有限公司的必经程序。

7. 以公司之间的股权关联关系为标准，公司可以分为总公司和分公司、母公司和子公司。

8. 根据我国《公司法》的规定，监事会或不设监事会的公司监事有依照《公司法》152 条的规定对董事、高级管理人员提起诉讼的权利。

9. 高级管理人员，是指公司的经理、副经理、财务负责人，上市公司董事会秘书和公司章程规定的其他人员。

10. 有限责任公司的股东会应当对所议事项的决定作成会议记录，所有的股东应当在会议记录上签名。

二、选择题（包括单项和多项选择题目；每题 2 分，合计 20 分）

1. 有限责任公司股东会会议分为定期会议和临时会议。下列有权提议召开临时会议的是：（　　）

   A. 代表 1/10 以上表决权的股东　　B. 董事会

   C. 监事会　　D. 不设监事会的公司的监事

2. 下列股东会会议的职权，必须经代表 2/3 以上表决权的股东通过的是：（　　）

   A. 修改公司章程

   B. 增加或减少注册资本的决议

   C. 审议批准公司的利润分配方案和弥补亏损方案

   D. 公司合并、分立、解散或变更公司形式的决议

3. 下列关于公司的属性说法正确的是：（　　）

   A. 公司具有独立法人资格　　B. 公司享有独立的财产权

C. 公司承担有限责任　　D. 公司独立承担民事责任

4. 关于公司设立和公司成立的区别，下列说法正确的是：(　　)

A. 公司设立是一种多方行为（一人公司除外），而公司成立是一种事实状态

B. 设立是过程，成立是结果

C. 设立阶段公司不享有法人资格，公司依法成立后享有法人资格

D. 设立阶段产生的债权债务暂时由设立人或发起人承担，公司成立后由公司继受，如果公司最终没有成立，则由发起人或设立人承担。公司成立后的法律行为由公司承担。

5. 下列关于法人机关的表述哪些是正确的？(　　)

A. 法人机关无独立人格

B. 财团法人没有自己的意思机关

C. 法人的分支机构为法人机关的一种

D. 监督机关不是法人的必设机关

6. 装修公司甲在完成一项工程后，将剩余的木地板、厨卫用具等卖给了物业管理公司乙。但甲营业执照上的核准经营范围并无销售木地板、厨卫用具等业务。甲乙买卖行为法律效力如何？(　　)

A. 有效　　B. 无效

C. 效力待定　　D. 可撤销的合同

7. 股份有限公司的董事会组成人员为（　　）。

A. 3 人至 13 人　　B. 5 人至 19 人

C. 3 人至 19 人　　D. 5 人至 13 人

8. 公司为公司股东或实际控制人提供担保的，该股东或受实际控制人控制的股东不得参加担保决议的表决。该表决由出席会议的其他股东所持表决权的（　　）通过。

A. 一致　　B. 过半数　　C. 1/3　　D. 3/4

9. 监事会应当包括股东代表和适当比例的公司职工代表，其中职工代表的比例不得低于（　　）

A. 1/2　　B. 1/3　　C. 1/4　　D. 1/5

10. 下列属于我国《公司法》规定的公司类型包括（　　）

A. 有限责任公司　　B. 两合公司

C. 股份有限公司　　D. 注册公司

三、名词解释（每题 5 分，合计 20 分）

1. 发起人

2. 公益法人

3. 清算组
4. 特别股
5. 独立董事

四、论述题（每题10分，合计30分）

1. 请比较发起设立与募集设立的差别。
2. 公司的社团性与一人公司是什么关系？
3. 如何理解公司法人代表的作用？

五、案例题（本题20分）

甲与乙兄弟二人各自出自50万元成立了一家有限责任公司。甲某担任公司董事长兼总经理，乙不怎么过问公司的经营管理。甲认为公司就是自家的，所以常常将个人消费在公司报账，对外接受货款时，既用公司账号，也用个人银行账户与客户往来。在公司成立后的两年时间里，因业务稳定，公司运作正常。从第三年开始，因为市场竞争激烈，业务量下滑明显，客户多为其他竞争对手拉走。看到经营形势不好，甲开始转移公司财产。因为未能及时偿还当地银行的贷款，该银行多次与甲交涉，甲都表示公司账户上只有不到一万元，确实无法清偿债务。该银行遂将公司与甲某诉至法院。请问，依据我国《公司法》，甲某是否需要承担赔偿责任？请说明理由。

参考答案

一、判断题

1. 对　2. 对　3. 错　4. 错　5. 对　6. 错　7. 对　8. 对　9. 对　10. 错

二、选择题

1. ACD　2. ABD　3. ABD　4. ABCD　5. ABD　6. A　7. B　8. B　9. A　10. AC

三、名词解释（略）

四、论述题（略）

五、案例题

要点：该题目考察的是公司法上的“揭开公司面纱原则”，请参阅我国《公司法》第20条的规定。甲某应承担连带赔偿责任。

参 考 书 目

布莱恩 R·柴芬斯. 公司法：理论、结构和运作. 北京：法律出版社，2001.

曹康泰. 新公司法修订研究报告. 北京：中国法制出版社，2005.

丁丁. 商业判断规则研究. 长春：吉林人民出版社，2004.

范健，王建文. 公司法. 北京：法律出版社，2006.

范健. 公司法教学案例. 北京：高等教育出版社，2005.

冯果. 公司法. 第2版. 武汉：武汉大学出版社，2007.

弗兰克·伊斯特布鲁克. 公司法的经济结构. 张建伟，罗培新，译. 北京：北京大学出版社，2005.

江平. 新编公司法教程.（第二版）. 北京：法律出版社，2003.

蒋大兴. 公司法的观念与解释. 北京：法律出版社，2009.

焦津洪，丁丁. 比较公司治理——欧洲的理论与实践. 北京：中国友谊出版公司，2004.

李哲松. 韩国公司法. 吴日焕，译. 北京：中国政法大学出版社，2000.

刘俊海. 公司法. 北京：中国法制出版社，1999.

刘俊海. 公司的社会责任. 北京：法律出版社，2008.

罗伯塔·罗曼诺. 公司法基础. 北京：法律出版社，2005.

罗伯特·克拉克. 公司法则. 北京：工商出版社，1999.

尼科拉斯·波恩. 公司法基础. 武汉：武汉大学出版社，2004.

沈四宝. 揭开公司面纱：法律原则与典型案例选评. 北京：对外经济贸易大学出版社，2006.

沈四宝. 最新美国标准公司法. 北京：法律出版社，2006.

托马斯·莱塞尔，吕迪格·法伊尔. 德国资合公司法. 高旭军，单晓光，等，译.（第3版）. 北京：法律出版社，2005.

王保树. 中国公司法修改草案建议稿. 北京：社会科学出版社，2004.

虞政平. 股东有限责任. 北京：法律出版社，2001.

郁光华. 公司法的本质. 北京：法律出版社，2006.

张开平. 英美公司董事法律制度研究. 北京：法律出版社，1998.

赵旭东. 新公司法讲义. 北京：人民法院出版社，2005.

赵旭东. 境外公司法专题概览. 北京：人民法院出版社，2005.

朱伟一. 美国公司法判例解析. 北京：中国法制出版社，2000.

Janet Dine. *Company Law* (4th Edition), Law Press, 2003.

Reinier R. Kraakman et al. *The Anatomy of Corporate Law*, Oxford University Press, 2004.